Clarice Lispector:
uma literatura pensante

Evando Nascimento

Clarice Lispector:
uma literatura pensante

CIVILIZAÇÃO BRASILEIRA

Rio de Janeiro
2012

Copyright © Evando Nascimento, 2012

PROJETO GRÁFICO DE MIOLO E CAPA
Regina Ferraz

CIP-BRASIL. CATALOGAÇÃO NA FONTE
SINDICATO NACIONAL DOS EDITORES DE LIVROS, RJ

N194c Nascimento, Evando
　　　　Clarice Lispector: uma literatura pensante / por Evando Nascimento. – Rio de Janeiro: Civilização Brasileira, 2012.
　　　　(Coleção contemporânea : Filosofia, literatura e artes)

　　　　Inclui bibliografia
　　　　ISBN 978-85-200-1065-5

　　　　1. Lispector, Clarice, 1925-1977 – Crítica e interpretação. 2. Literatura brasileira – História e crítica. I. Título. II. Série.

　　　　　　　　　　　　　　　　　　　　　CDD: 869.93
12-0437　　　　　　　　　　　　　　　　　CDU: 821.134.3(81)-3

EDITORA AFILIADA

Todos os direitos reservados. Proibida a reprodução, armazenamento ou transmissão de partes deste livro, através de quaisquer meios, sem prévia autorização por escrito.

Texto revisado segundo o novo Acordo Ortográfico da Língua Portuguesa.

Direitos desta edição adquiridos pela
EDITORA CIVILIZAÇÃO BRASILEIRA
Um selo da
EDITORA JOSÉ OLYMPIO LTDA.
Rua Argentina 171 – 20921-380 – Rio de Janeiro, RJ – Tel.: 2585-2000

Seja um leitor preferencial Record.
Cadastre-se e receba informações sobre nossos lançamentos e nossas promoções.

Atendimento e venda direta ao leitor:
mdireto@record.com.br ou (21) 2585-2002

Impresso no Brasil
2012

Sumário

Uma literatura pensante: ética e ficção — 7

PRIMEIRA PARTE
Humanos, animais, plantas & coisas

Como dizia a Outra...	13
Colonização e ferocidade	17
Clarice e o não humano: rastros	24
Visões do esplendor	46
As coisas segundo Clarice	52
Aproximações do olhar	78
Retrato da artista enquanto jovem coisa	89
"Um bando de mulheres loucas"	101
Escritas no feminino e no masculino	124
Pós-colonialismo, pós-história e depois?	130
A estética das sensitivas	141
Entrever pela porta estreita	155
Sincronicidade clariciana	168
Acaso e acontecimento	177
A desnatureza das flores	183
O arquivo e a efêmera memória	186
Acervos de Clarice	205
Os sentidos da vanguarda	213
O inexpressível silêncio	220
Más companhias	222
O verbo e a carne	235
O corpo, seus sabores e dissabores	238

SEGUNDA PARTE
Outros movimentos simulados

1. O Mal como metáfora   251
    A metáfora do Mal   251
    Clarice e o Mal   257
    A cena maligna   264
    Ainda o pior   274

2. O erro de literatura   279

Referências
- De Clarice Lispector   289
- Tradução   290
- Entrevista   290
- Sobre Clarice Lispector (seleção)   290
- Geral   293
- Filmes   299
- Exposições   299

Posfácio – Raúl Antelo   301

Uma literatura pensante: ética e ficção

Mais um livro sobre Clarice Lispector? Certamente, não. Nos últimos anos, com efeito, a fortuna crítica de Clarice tem se ampliado consideravelmente, no Brasil e no exterior. Todavia, aqui não se trata propriamente de um livro *sobre* Clarice, mas *a partir* dela, enxertando sua literatura pensante com citações de textos alheios e outras reflexões.

Clarice Lispector entrou em minha vida muito cedo, no momento em que ingressava na universidade, e desde então a interlocução nunca se interrompeu. Em inúmeros momentos da formação e da vida profissional, detive-me no *corpus* dessa obra, em seu corpo digamos *i-material*, para dele extrair projetos, indagações e sobretudo *ensaios*, que constituem parte importante de minha produção escritural.

A primeira versão do que se tornou o ponto de partida deste volume foi o ensaio "O inumano hoje: a ficção de Clarice Lispector", publicado em 2000, mas escrito um ano antes. Daí se originou a matéria seminal da Primeira Parte. Diversos outros textos antecederam e sucederam a esse acerca do inumano, tendo a literatura ou a "antiliteratura da coisa" de Clarice como lugar de procedência para novas destinações. Dois desses ensaios compõem a Segunda Parte, "O Mal como metáfora" e "O erro de literatura". As duas partes são assimétricas, tanto na extensão quanto numa sutil diferença de modulação. Porém, ambas trabalham na dupla clave da diferença e da repetição, da diferença que se repete, sempre mesma e outra. Nessa perspectiva, alguns temas-forma perpassam todo o livro: a indagação da vida e da morte, o humano e o não humano, a animalidade, as plantas, as coisas e os valores, a estranha instituição literária, a autoria, os afetos, o amor e o Mal.

A Outra que se anuncia logo no início é e não é Clarice. Importava, antes de tudo, não fetichizar a escrita clariciana, mas simplesmente deixar minha própria escrita ser atravessada pelas múltiplas vozes que habitam os textos por ela assinados. Tal é o *ventriloquismo* que articula a ficção da crítica. Entretanto, o que se segue não tem a veleidade de pertencer ao gênero tradicional da crítica literária. Nenhum imperativo de exegese textual. Explicação, se há, faz-se apenas pelo gesto de desdobrar o texto do outro ou da outra, que toda atividade explicativa guarda, com suas dobras implícitas.

Advertiria para que não se entenda *uma literatura pensante* como sinônimo de "filosófica". Literatura, filosofia e artes plásticas constituem aqui discursos provisórios para dar vez a nova fala e escrita, sob a insígnia da Outra. Abre-se um espaço de tensão entre saber e não saber, por meio de um pensar-sentir ou de um sentir-pensar diferencial e afetivo. Articula-se, desse modo, o aspecto ético e político desse pensamento ficcional. Era isso o que já me inquietava em texto publicado bastante jovem: "Trata-se de rastrear a presença de certos *valores*, os quais respondem por uma *ética da escrita* do texto clariciano" (1987, p. 180). Indagar a eticidade da arte ou da antiarte de C.L., mais além de qualquer moral, constitui justamente a matriz e a motriz deste livro.

O estudo se fez também ao longo de uma vida por meio do diálogo dadivoso com amigos, amigas e colegas nos encontros em torno de Clarice. Nomearia em especial: Evelina Hoisel, Maria Clara Castellões de Oliveira, Nonato Gurgel, Italo Moriconi, Nadia Gotlib, Raúl Antelo, Maria Esther Maciel, Wilberth Ferreira, Ana Chiara, Mario Cámara, Celia Pedrosa, Florencia Garramuño, Silviano Santiago, Paloma Vidal, Álvaro Bravo, Eneida Leal Cunha, João Camillo Penna, Nadia Setti, Maria Graciete Besse, Anne-Marie van Bockstaele, Gabriel Giorgi, Rita Schmidt, João Cezar de Castro Rocha, Hélène Cixous e, *last but not least*, Jacques Derrida.

Meus agradecimentos:

Ao CNPq, pelos diversos auxílios que me concedeu durante todos esses anos de pesquisas.

À Fundação Casa de Rui Barbosa e ao Instituto Moreira Salles do Rio de Janeiro, pelo acesso aos arquivos de Clarice Lispector.

Abreviatura dos livros de Clarice Lispector

AV – *Água viva*
ALP – *Uma aprendizagem ou O Livro dos prazeres*
BF – *A bela e a fera*
CPC – *Cartas perto do coração*
CS – *A cidade sitiada*
CL – *Clarice Lispector: encontros*
CE – *Como nasceram as estrelas*
CF – *Correio feminino*
CR – *Correspondências*
DM – *A descoberta do mundo*
E – *Entrevistas*
FC – *Felicidade clandestina*
HE – *A hora da estrela*
LE – *A legião estrangeira*
LF – *Laços de família*
L – *O lustre*
ME – *A maçã no escuro*
MCP – *O mistério do coelho pensante*
MP – *A mulher que matou os peixes*
MQ – *Minhas queridas*
OEN – *Onde estivestes de noite*
OE – *Outros escritos*
PSGH – *A paixão segundo G.H.*
PNE – *Para não esquecer*
PCS – *Perto do coração selvagem*
QV – *Quase de verdade*
SM – *Só para mulheres*
SV – *Um sopro de vida*
VCP – *A via crucis do corpo*
VL – *A vida íntima de Laura*

PRIMEIRA PARTE

Humanos, animais, plantas & coisas

> — Como diz o outro...
> Que outro? E desde quando ele se chama Outro? Estranho nome, este, que não identifica, não responsabiliza, não consta de nenhum registro civil: Outro, nascido em tal data, em tal lugar, do sexo masculino. Por que nunca se diz: Como diz a outra? A outra não diz nada, limita-se a ouvir o Outro, se é que ouve?
>
> Carlos Drummond de Andrade,
> "O Outro"

Como dizia a Outra...

Ironizando quanto ao fato de sempre se falar em nome do outro, sem que jamais se saiba quem é esse Outro, Carlos Drummond de Andrade observa numa crônica bastante poética que nunca se fala em nome da Outra (1979, p. 1.413-1.415). O anonimato, apesar do título genérico que indicaria qualquer um ou qualquer uma, só se refere, em princípio, a um dos gêneros. Tentarei aqui, se não falar em nome da Outra, ao menos recorrer a seu nome, deixando-a guiar-me de ponta a ponta neste percurso.

A fim de modular a entrada dessa Outra, interessa-me em princípio levantar algumas questões relativamente gerais. Tais questões têm a ver com os diversos processos de colonização ou de territorialização por que passam os solos culturais. Nisso, sobressai provavelmente a mais forte das territorializações já ocorridas, a do conceito de Homem e seu correlato humanismo ocidental sobre a face do planeta. Este texto é de certo modo um fragmento um tanto dessituado dessa vasta colonização humanista, com tudo o que ela implica de *valores*, quer dizer, em termos nietzschianos, de diferença e relações de tensão entre forças culturais, históricas, artísticas. Para mim, de saída nem os homens, nem os assim chamados animais (sempre no plural) correspondem a conceitos, mas são antes catalisadores ou feixes de sentido, a que se pode recorrer não sem algum protocolo de leitura. O que se indicia mais além do horizonte humanista, em suas limitações históricas, é justamente algo que antecede estruturalmente a relação homens/animais. Quer o nomeemos "pós-humano", "além-do-homem", "inumano", "anumano" ou simplesmente "não humano" (nenhuma designação é satisfatória), trata-se sempre de uma instância quase transcendental, X, cujo atributo essencial seria preceder estruturalmente a oposição humano/não humano, e até mesmo vivo/não vivo.

Se existe, hoje, uma ética e uma política mundiais que se situariam dentro e mais além das insuficientes críticas ambientalistas, tais dispositivos iriam no sentido de pensar o vivo não simplesmente como o conjunto orgânico dos entes, para lembrar a crítica de Heidegger, mas como uma rede solidária entre tudo o que, de um modo ou de outro, faz parte da esfera do *bíos*, o qual nos habita e no qual também residimos. Mas essa vida pulsante deveria sempre se articular ao seu suposto antagônico, o não vivo, o inorgânico. Pois não há vida sem matéria inerte, que, como se sabe, jamais está de todo imóvel, daí um começo de articulação entre as esferas díspares (vivo/não vivo). Aliado ao questionamento dessa oposição elementar, importa sobremaneira orientar o pensamento no sentido da referida instância "X", assim designada, entre aspas, pelo texto de *Água viva*.

Antecipo que citarei bastante, pois toda citação atende a uma lei incondicional de hospitalidade: acolher o texto do outro ou da outra para reverberar sentidos. A prática da citação descontextualiza para recontextualizar em outro tempo e espaço, inevitavelmente. Daí ser anódina a alegação de que se está citando uma frase "fora de contexto", pois, por definição, citar é retirar do contexto original para dar vez a novas e imprevisíveis significações. Isso é tanto mais decisivo quando *se grifam* sistematicamente as passagens mais relevantes, aquelas que de fato merecem todo relevo.

Faz parte do protocolo de leitura o diálogo com alguns dos autores que, sobretudo após a Segunda Guerra, vêm pondo em questão certo privilégio humanista, muitas vezes com referência a Nietzsche e a Freud. Esses dois pensadores de expressão alemã foram os responsáveis pela terceira "ferida narcísica" da humanidade, após Copérnico e, não por acaso, Darwin. No rastro deles, desenvolveu-se todo um pensamento da diferença, que englobaria, ao menos por hipótese, Heidegger, Benjamin, Derrida, Lyotard e Lévinas, entre outros. Refletir junto e mais além desses autores não implica, em hipótese alguma, resvalar para um anti-humanismo, o qual teria algumas das marcas daquilo que supostamente nega: antes de mais nada, uma posição unitária e monolítica, no limite do irracionalismo, quanto aos destinos da humana espécie no planeta. Pensar a *especificidade da espécie* é também pensar os limites de sua história (minúscula em termos de temporalidade planetária e sobretudo cósmica). Mas significa igualmente pensar o modo genérico e geral como um dos gêneros (o masculino) sequestrou a designação da espécie (humanidade), em proveito de si mesmo (o Homem). É nessa relação intricada entre espécies e gêneros (sexuais, biológicos e discursivos) que se move um pensamento não substancialista das relações entre vivo e não vivo, rumo a uma supervivência que não signifique mais apenas o desejo estanque de sobrevivência. *Superviver* é reinventar a vida, como há muito intuiu a grande poeta Cecília Meireles (1985), pois reinventar é o único modo que vale a pena viver, até a morte — para que a desconstrução do humanismo seja muito mais do que uma destruição niilista da tradição ontológica, atingindo as paragens do poético e do afetivo. Talvez seja isso o que ainda signifique ou se chame de *pensar* (Heidegger), independentemente do poder de nomear, ter, apossar-se, *possuir*, como se verá com "A menor mulher do mundo", de Clarice.

O que para mim está em causa, desde sempre, é entender como certo valor de não humano habita o coração do humano. E mais, talvez o que assim se designa negativamente — o não humano — seja a fonte do próprio homem e de sua humanidade. O não humano seria, eis uma das hipóteses, não só o que não se reduz ao Homem (com maiúscula) historicamente constituído, mas também aquilo que permitiu a emergência, sobretudo a partir do século XIX, do humanismo e seus desdobramentos, como bem critica a teoria machadiana de *humanitas*. O que os animais decerto teriam em comum com o homem seria partilhar essa mesma origem, múltipla, irredutível a um só fundamento, talvez mesmo sem fundamento simples, tão somente um solo instável e sedicioso de multiplicidades. Com tais pensadores e em diálogo intenso com textos literários, pode-se proceder a uma revisão senão da história planetária (tarefa desmesurada e impossível), ou mesmo "latino-americana", mas de um fragmento dessa história, uma pequena parte que pode ajudar a rever o todo em aberto das relações entre humanidade, animalidade, viventes e não viventes em geral. Ou entre os homens e seus outros, já que certa estrutura das coisas ou da Coisa também está em questão. Especificamente, homens e animais, bem longe de se oporem de maneira simplista, cruzam entre si inúmeros fatores nessa epopeia fantástica e fantasiosa, dispersa sobre a face do globo. Uma epopeia sem *télos*, sem "fim final", como diria Guimarães Rosa, feita de cruzamentos, entrecruzamentos e muitas encruzilhadas.

Colonização e ferocidade

Em seu celebérrimo *Discurso sobre o colonialismo*, de 1950, Aimé Césaire compara a empresa colonial de origem europeia sobre o resto do mundo ao nazismo. Com muitas razões e outras tantas desrazões, ali onde outros veem o progresso assentado nas Américas, na Ásia e, particularmente, na África, Césaire apenas consegue divisar a implantação de um longo e cruel genocídio. Citemos um trecho relativamente extenso, a fim de chegarmos ao cerne de sua argumentação:

> Sim, valeria a pena estudar, clínica e detalhadamente, as disposições de Hitler e do hitlerismo, a fim de revelar ao mui distinto e humanista burguês cristão do século XX que traz consigo um Hitler por ele ignorado, que Hitler o *habita*, constituindo seu *demônio* pessoal; e se ele o vitupera é por falta de lógica, pois no fundo o que não perdoa a Hitler não é *o crime* em si, *o crime contra o homem*, nem *a humilhação do homem em si*, mas sim o crime contra o homem branco, a humilhação do homem branco, e o fato de ter aplicado na Europa disposições colonialistas, até então restritas aos árabes da Argélia, aos *coolies* da Índia e aos negros da África.
>
> O que condeno fortemente no pseudo-humanismo foi ter apequenado os direitos humanos, ter tido e ainda ter uma concepção estreita e parcelar, parcial e parcimoniosa deles, bem como, no fim das contas, sordidamente racista (2004, p. 13-14).[*]

---
[*] Salvo indicação contrária nas Referências, todas as traduções são minhas.

Assim, à diferença do argumento humanista, que justificaria a barbárie colonizadora pelos *frutos* (metáfora colonial por excelência), lucros ou benefícios que a civilização traria para a população autóctone, segundo Césaire nada disso ocorreu, visto que tais povos dispunham de um modo de vida satisfatório antes da chegada do colonizador europeu. Embora se possa discordar da generalidade de seus argumentos, que estrategicamente ignoram a especificidade de cada uma das civilizações mencionadas (com seus fatores positivos e destrutivos), ninguém hoje poderia em sã consciência negar o aspecto altamente genocida dos diversos projetos coloniais, pelo menos desde o início das grandes navegações no século XV. E mais, tampouco se pode desconhecer que muitos dos tiranos locais, longe de serem neutralizados, foram aliciados para reforçar o poder igualmente tirânico dos colonizadores. Sabe-se que, nas diversas tribos africanas, líderes conduziam elementos de outras etnias para o tráfico negreiro.

Tudo isso é fato e deve ser mais e mais objeto de estudos, a fim de questionar a supremacia e a universalidade *a priori* dos valores ditos europeus (como bem quis provar a lei francesa de 25 de fevereiro de 2005, "sobre os aspectos positivos da colonização" [sic]). Assinalo como "ditos europeus" porque desconfio que a herança europeia, bárbara ou não, escravizadora ou civilizada, é bastante diversificada no tempo e no espaço. Não se pode jamais falar de *uma* colonização europeia, mas de variados processos de colonização no curso da história moderna, com efeitos comparáveis mas diferenciados, até mesmo contraditórios entre si (bastando lembrar a multiplicidade cultural resultante da colonização nas Américas). No entanto, há um ponto sobre o qual gostaria de me deter. É quando Césaire compara a barbárie colonial à "besta selvagem" ou ao que se chama, em bom português — língua do outro colonizador —, de "fera". Mais uma longa citação, para ver alguns dos valores agregados a esse libelo anticolonialista, que certamente foi uma das fontes dos diversos movimentos póscoloniais da virada do milênio:

> De minha parte, se lembrei alguns detalhes dessas hediondas carnificinas não foi em absoluto para me deleitar melancolicamente, mas por pensar que não nos livraremos sem custo dessas cabeças de homens, dessas coleções de orelhas, dessas casas incendiadas, dessas invasões bárbaras, desse sangue usado como estrume, dessas cidades que se evaporam no gume da espada. Repito: isso tudo prova que a colonização desumaniza mesmo o mais civilizado dos homens; prova também que a empresa e a conquista coloniais, fundadas e justificadas pelo desprezo em relação ao homem nativo, tendem inevitavelmente a modificar quem a empreende; e o colonizador que, para estar em paz com sua consciência, se habitua a ver no outro *a besta*, exercitando-se em tratá-lo como besta, tende objetivamente a se transformar ele próprio *em besta*. Era essa ação, esse choque reversivo da colonização que era importante assinalar (p. 20-21).

Eis um conjunto de valores veiculados no discurso anticolonialista de Césaire que seria preciso ver com a lupa. Destacaria dois argumentos que se aglutinam nessa fala colérica e, repito, plena de razões tanto quanto de desrazões, como todo discurso de denúncia militante. Que a empresa colonialista, em suas inúmeras modalidades, significou um processo de desumanização do colonizado e, de modo retroverso, do próprio colonizador, não há nenhuma dúvida. Seria inconcebível que a carnificina colonialista, como ponto alto da territorialização europeia nos quatro cantos do mundo, não barbarizasse o próprio colonizador. Todo processo de dominação colonial implica, em maior ou menor grau, uma destruição parcial ou total da cultura de chegada e uma brutalização reflexa dos agentes colonizadores. A *barbarização* do outro (por propaganda ou violação) se reflete na barbárie do próprio colonizador. Disso dão testemunho os magníficos romances *Coração das trevas*, de Joseph Conrad, e *Viagem ao fim da noite*, de Louis-Ferdinand Céline. Era fundamental, portanto, que Césaire, no contexto daqueles anos do existencialismo francês, entre outros humanismos, atacasse violentamente os crimes contra a humanidade praticados em nome do processo civilizatório europeu. Crimes esses hoje revogados em território francês pela lei benévola sobre a empreitada colonial. O discurso de Césaire é um marco que delimita a tolerância até então em vigor (e nem de longe inexistente no momento atual) em relação ao que chama, com muitas razões, de hitlerismo do colonizador, abrindo para uma nova reescrita da história do planeta: a da revisão cabal da relação entre a Europa e "seus" outros, ou seja, os territórios de além-mar, alguns até hoje singelamente nomeados como Départements d'Outre-mer (DOM).

Todavia, o que espanta no discurso de Césaire, no momento mesmo em que denuncia o fundamento totalitário da herança humanista irrefletida, é o recurso a uma metáfora que chamaria de colonizadora, territorializante, em suma, desumana em sentido amplo. Trata-se da equiparação do bárbaro colonizador (já a própria designação de bárbaro não passa sem muitos problemas, como se sabe depois de Walter Benjamin) à *bête*, palavra francesa que pode ser traduzida como "besta" e como "fera", ou até mesmo como na expressão original latina, "besta-fera". Tanto em francês quanto em português, à diferença da palavra "animal", que tem predominantemente uma conotação biológica ou, digamos, naturalista, besta e fera nesse contexto de violência e de atrocidades remetem para uma metafórica de caráter moral. A besta, por definição, é cruel, representando o ponto alto da predação natural, no limite da desnatureza ou do desnaturamento. O animal pode ser violento, mas, do ponto de vista da cultura, a besta e a fera são animais por assim dizer desembestados, entregues a seus mais virulentos instintos. Se o termo coloquial "bicho" marca, mais ainda do que animal, um componente afetivo ligado à zoologia, já fera e besta sinalizam uma afetividade negativa, potencialmente destrutiva. Todo bicho tem algo de doméstico, embora nem sempre o seja; enquanto as feras são, por definição, selvagens, ainda quando habitam a cidade e não as selvas... *Bête* tem ainda outro sentido similar a seu equivalente português besta, ou seja, o de "idiota".

Chamaria de *contradição performativa* no texto de Césaire o fato de o mesmo discurso que denuncia o rebaixamento e a destruição do outro recorrer a um termo efetivamente antropocêntrico e colonizador, o de fera ou besta, ainda que numa outra, digamos, esfera. Besta ou fera são os animais vistos como potencialmente vorazes do ponto de vista humano. Correspondem, portanto, literalmente a uma des-humanização e a um rebaixamento da natureza, indigitada como a origem do Mal, o lobo do homem — lobo este que pode ser literalmente animal ou metaforicamente um homem. Literalmente: tais feras nada teriam a ver conosco; onde o reino delas começa, o nosso reino humano, voltado para a paz e para o progresso, acaba, a não ser quando nós mesmos nos convertemos metaforicamente em lobos. Besta são sempre os outros, aqueles com quem não compartilhamos *nossa* humanidade. Humanidade é, pois, uma questão de *propriedade*, em todos os sentidos do termo: o que é próprio a alguém, como sua característica essencial, e o que é posse de alguém, como um bem, natural ou cultural. E, entre esses outros que nos estão muito próximos, os animais, sobretudo certos animais, a besta literal ou metafórica, é que encarnam a crueldade suprema, configurando o intolerável não humano, aquele que, por isso mesmo, pode ser abatido por ser detentor de uma força, de uma "pulsão" (evito de propósito a palavra "instinto") desproporcionalmente destrutiva. O próprio do homem seria, por exemplo, apropriar-se, apossar-se dos animais para interpretá-los como feras bestiais. Observo de passagem que, não sem razão, a psicanálise, sobretudo a lacaniana, tem se esmerado em separar o *instinto*, o qual seria meramente de ordem biológica, portanto herdado e invariável, da *pulsão*, a qual seria uma combinação de algo herdado com todas as vivências próprias ao sujeito humano. Importa aqui, diferentemente e por outras razões, redescobrir certa instintualidade da pulsão dita humana e certa pulsionalidade do instinto dito animal, num cruzamento bastante voluntário entre as espécies de vida. Em outras palavras, está em jogo a convergência entre natureza e civilização como formas elementares do existir no mundo.

Enquanto besta ou fera, os animais se colocam, por oposição binária, na linha de mira de toda a humanidade. Se colonizamos o planeta até hoje, por meio de todo tipo de guerra e espoliação, foi em nome da "bestialidade" (metáfora a ser manuseada doravante com muitas aspas, como forma de citação desarmadora) do outro, sobretudo desses outros que nos são caros, com quem, apesar de tudo, compartilhamos inúmeros traços. O "salto animal", verdadeiro "pulo do gato", significaria, para mim, a possibilidade de dar a volta por cima da tragédia colonizadora do Homem (sujeito masculino e até ontem representante máximo da espécie) sobre as demais espécies animais ou sobre todas as espécies do vivo, em seu limite com o não vivo. São questões graves de *genre* (discursivo) e de *gender* (biológico, antropológico, amplamente cultural). O apossamento e a dominação que ocorrem no nível da espécie (o Homem x animais e não humanos em geral) repercutem no nível do gênero (masculino x feminino).

Interessa, então, falar desse vasto processo de colonização dos homens sobre os animais, a fim de rebaixá-los à condição da besta. Trata-se de um grande aparato discursivo e institucional para justificar todo tipo de atrocidade contra aqueles a quem consideramos demasiado cruéis. Como se uma injusta atribuição de crueldade justificasse a outra... Para tanto, falarei também do ponto de vista de um duplo outro ou de uma dupla outra: a literatura de Clarice Lispector. Um outro ou uma outra discursivos (*genre*): a literatura; e um outro ou uma outra mais além do biocultural (*gender*): Clarice Lispector, escritora judaico-brasileira de origem ucraniana. Porém, como se verá, as duas esferas só artificialmente se separam (gênero discursivo e gênero sexual). Um gênero não deixa de representar o avatar do outro.

Uma literatura pensante como a de Clarice é a que possibilita pensar o impensável; e só pode haver pensamento ali onde se dá o advento da alteridade enquanto tal, o outro como Outro ou Outra, em sua radical diferença. Por exemplo, uma animalidade irredutível ao antropocentrismo; ou uma humanidade totalmente afim da questão animal e do vivo em geral, e não sua inimiga predadora. Pensar o mundo é, pois, possibilitar o próprio pensamento, no limite da impossibilidade e de forma aporética. Como ensinaram Derrida e Lévinas, só há pensamento efetivo nesse encontro com a alteridade radical, alteridade que talvez (o "perigoso talvez" de Nietzsche, sublinhado por Derrida) já esteja em nós mesmos, ou no *mesmo* simplesmente. É essa distante proximidade do outro como estranhamente familiar, ameaçador, portanto, em suas re-duplicações, que me interessa ao menos tangenciar, por um movimento que chamaria, em toda sua ambivalência, de *sondagem* e de *rastreamento*, sem objetivo de caça, porém.

Clarice e o não humano: rastros

Clarice Lispector trabalha a instituição literária a fim de poder *dizer tudo* sobre o humano. *Dizer tudo* no duplo sentido de desrecalcar uma fala e de hipoteticamente esgotar um assunto, sem nunca, neste último caso, atingi-lo de fato. Essa é a expressão utilizada por Derrida (1992) para compreender a emergência dessa *estranha* instituição chamada literatura entre os séculos XVIII e XIX. *Estranha* exatamente pelo motivo de dispor de uma vasta capacidade confessional sobre o muitas vezes socialmente *indizível* (num sentido algo próximo do indizível de Emmanuel Lévinas). Não que esse dizer tudo seja isento de qualquer tipo de sanção. O caso Salman Rushdie provou que as forças reacionárias podem sempre fazer a inquisição do excessivo literário. A literatura de Clarice tem ajudado a questionar os limites do humano, na medida mesma em que traz para seu espaço formas concorrentes em relação à tradição, tais como animais e objetos, texturas, paisagens, cores, trechos musicais, ruídos e silêncios. Uma partitura de matérias e assuntos inusitados para a composição clássica. Textos como "O ovo e a galinha", ou "A quinta história", *Onde estivestes de noite*, "O relatório da coisa", *A paixão segundo G.H.*, *Um sopro de vida*, além do excepcional *Água viva*, ficcionalizam certo não humano não como aquilo que ameaça o homem, mas, ao contrário, contribui para o ultrapasse das barreiras impostas pela civilização dita ocidental no avançado estágio de seu desenvolvimento tecnológico.

Como as linhas anteriores já sugeriam, se há uma categoria que pode ajudar a compreender a questão dos animais (exemplo que interessa de modo particular) em Clarice, essa é a do *unheimlich* freudiano. Não se trata aqui de psicanalisar as relações entre homens e bichos segundo Clarice, mas de compreender como certo "estranho familiar" perpassa a visão dessa nossa alteridade. O bestiário (e seu correlato objetivo, o mundo das coisas em geral) clariciano dispõe a força do literário naquilo que ele excede o humano, abrindo para além do horizonte histórico. Em outras palavras, indagar o bicho ou os bichos e seus homólogos via ficção ajuda a pensar alguns dos aspectos da estranha instituição literária. O valor de estranha familiaridade do bestiário se alinha ao familiarmente estranho da literatura, bastante distinto do beletrismo oficial, cujo mito fundador é o "bem escrever". Lembremos a definição de Schelling citada por Freud: "*unheimlich* é tudo o que deveria ter permanecido secreto e oculto mas veio à luz" (1976, p. 282). A categoria estética e psicanalítica tem a ver até certo ponto com o retorno do recalcado, explicitado na coincidência, em alemão, de um dos sentidos do vocábulo *heimlich* (familiar) e seu presumido oposto *unheimlich* (inquietante, estranho, sinistro, ominoso, assustador). Em determinados contextos, ambos se referem a uma "inquietante estranheza", levando Freud a interpretar *un-heimlich* (literalmente não familiar) como algo que no passado pertenceu à "casa" ou "lar" (*Heim*), foi expulso e retorna como estrangeiro, desestabilizante e questionador. Em português, a tradução para *unheimlich* (adjetivo) ou o *Unheimliche* (substantivo), estudado por Freud no referido ensaio, foi o "estranho", entre aspas. As duas traduções francesas mais correntes são "inquietante estranheza" e "estranho familiar". A última se deve a François Roustang e se aproxima mais da ambivalência do original. Proporia ainda uma quarta tradução como *infamiliar*, quase neologismo que teria a vantagem de permitir o jogo do original alemão: *in-familiar*. Aqui jogarei com todas essas possibilidades, tirando o máximo proveito de cada uma, a depender do contexto. *Unheimlich* tem sido também traduzido como *the uncanny*, em inglês, e *lo siniestro*, em espanhol.

Existe em Clarice uma nostalgia de não ter nascido e crescido bicho de todo, isto é, de se sentir condenada a ser um eterno centauro, metade humana, metade animal (LF, p. 99). Isso se configura no *chamado*, o *apelo* ou a *vocação* (em sentido etimológico: uma questão de *voz*, chamamento, intimação e convite) que sente vindo dos bichos. Ao colocar sua temática animal na perspectiva do chamado, Clarice traz de volta certo recalque fundante de nossos valores culturais: "Não ter nascido bicho parece ser uma de minhas secretas nostalgias. Eles às vezes *clamam do longe* de muitas gerações e eu não posso responder senão ficando desassossegada. *É o chamado*" (DM, p. 524, grifos meus). Essa é a conclusão de duas crônicas, intituladas "Bichos", que listam e comentam diversos tipos de animais — alguns tendo constituído o objeto de história já publicada, como é o caso das galinhas, das quais se diz: "Sobre galinhas e suas relações com elas próprias, com as pessoas e sobretudo com sua gravidez de ovo, escrevi a vida toda, e falar sobre macacos também já falei" (DM, p. 518). Observação semelhante ao da história infantil sobre a vida íntima de um bicho que é meio de estimação, meio de criatório: "Quando eu era do tamanho de você, ficava horas olhando para as galinhas. Não sei por quê. Conheço tanto as galinhas que podia nunca mais parar de contar" (VL, p. 13).

Em síntese, a questão do chamado seria a de que somente os homens são capazes do nome, da palavra, enquanto os bichos, no máximo, convocam e atendem ao chamado. O "outro" apenas chama, grita, berra, urra etc.; o "mesmo" civilizado nomeia, designa, batiza, denomina etc. Mas é preciso ver que as duas performances linguísticas se encontram no ato fundamental de *chamar alguém* ou de alguém *chamar-se*; há nisso algo de humanamente animal, estranhamente familiar — no nome próprio e no potencial *vocativo*. E é o cruzamento dessas duas formas de *vocação*, o nomear e o chamado, a palavra e o afeto, que aqui está em jogo nessa leitura *a partir* de C.L.

A afinidade eletiva para com os bichos por vezes se traduz estrategicamente num anti-intelectualismo fingido: "Ser intelectual é usar sobretudo a inteligência, o que eu não faço: uso é a intuição, o instinto" (DM, p. 216). Não que transpareça a concepção ingênua de que é possível abrir mão do dado civilizador, retornando à natureza em estado puro. A nostalgia vem despida de toda utopia romântica. A ficção clariciana sinaliza uma experiência (no sentido etimológico de "risco" ou "perigo", cujo rastro o *peri* mantém) diferencial para o humano. Não mais estabelecer uma oposição para com os outros animais, não mais simplesmente estudar o comportamento dos bichos no quadro de uma "ciência regional" (biologia, etologia, zoologia, psicologia, ecologia etc.), como diria Husserl, mas experimentar o ser-outro, ou, em termos deleuzianos, o devir-outro, que prefiro renomear como tornar-se-outro. Outrar-se, diriam Pessoa e seus heterônimos.

Vale, sobretudo, compreender como bicho e homem compartilham um legado ancestral, cuja marca retorna como fator familiarmente estranho e até certo ponto relacionável ao *inumano* referido por Lyotard (1988), no sentido excessivo e suplementar, mas que por isso mesmo prefiro nomear como não humano. É o pensamento dessa duplicidade que se coloca na base da autodefinição, procurando se livrar do conceito tradicional em torno do literário:

> Literata também não sou, porque não tornei o fato de escrever livros "uma profissão", nem uma "carreira". Escrevi-os só quando espontaneamente me vieram, e só quando eu realmente quis. *Sou uma amadora?*
> O que sou então? Sou uma pessoa que tem um coração que por vezes percebe, sou uma pessoa que pretendeu pôr em palavras um mundo ininteligível e um mundo impalpável. *Sobretudo uma pessoa cujo coração bate de alegria levíssima quando consegue em uma frase dizer alguma coisa sobre a vida humana ou animal* (DM, p. 216-217, grifos meus).

Segundo Peter Greenaway, em seu belíssimo documentário ficcional de 1992, *Darwin*, desde a publicação de *A origem das espécies* aquilo que se compreende sob o nome de homem mudou bastante. A ferida narcísica provocada por Darwin advém do fato de não se poder mais colocar o homem no topo de um processo de desenvolvimento dos seres vivos, como a razão e a finalidade da vida no planeta. Ao marcar o início e o fim provável do humano (sua imensa *finitude*), como de qualquer outra espécie altamente desenvolvida, o naturalista inglês retirava-o novamente do centro da criação, como já o tinham feito Galileu e Copérnico com suas descobertas. Dessa vez, a ferida parecia definitiva. Sem o dogma criacionista do Gênesis, e consequentemente sem o dogma de um apocalipse glorioso no final dos tempos, o homem emergia como mais um vivente no plano da natureza.

Sua especificidade relativa perdia, assim, todo caráter teo-ontológico, que lhe conferiam tanto certa tradição filosófica quanto o cristianismo, entre outras crenças.

Clarice não está sozinha ao trabalhar (com) os animais. Isso remonta pelo menos às fábulas de Esopo e a toda uma produção que se lhe seguiu, notadamente a grande *finesse* das fábulas de La Fontaine. Em poesia, o *Bestiário* de Apollinaire marcou a necessidade de pensar o bicho em relação ao mito de Orfeu. Na literatura moderna e contemporânea, textos de Kafka, Borges, Cortázar, Guimarães e Coetzee, entre muitos outros, deram um estatuto fortemente questionador à figura do animal, situando-a no mesmo plano clariciano de reflexão. Ou seja, para essa literatura o bicho não é simplesmente um adorno dentro da composição da obra, mas, como aparece explicitamente em *A descoberta do mundo* (p. 519) e *Onde estivestes de noite* (p. 53), ele adquire o caráter de uma esfinge, daquilo que em princípio é ininteligível ou impalpável. Um ser enigmático que nos coloca de pronto em face de um duplo mistério, o da animalidade naquilo que esta se comunica com o mistério da diferença humana. Isso leva a problematizar a delimitação metafísica desses dois grandes territórios. O pensamento da relação homem-animal é o pensamento do limite, das zonas fronteiriças e da impossibilidade de separar completa e simetricamente os dois blocos. É certo animal no homem e certo homem no animal que é visado, sem identidades definitivamente constituídas. Questão, mais uma vez, de devir e de tornar-se, em lugar de identidade. E nisso a desvalorização de certos traços do animal se vê abalada, junto com a insígnia da "besta" ou da "fera".

Com efeito, animalidade e humanidade, em vez de identidades monolíticas, parecem constituir elementos diferenciados (em si mesmos e mutuamente) num vasto conjunto que estou chamando de "não humano". Todavia, por isso mesmo o não humano não é o oposto negativo do humano, nem inversamente sua face melhor. Seria simplesmente, eis a hipótese, aquilo que deu origem à emergência histórica de animais e homens, em sua vasta pluralidade. Uma emergência cujo vigor no entanto se recalca, como uma fabulação do apagamento das origens não cronológicas, mas estruturais: X. Há sempre grande dificuldade de falar daquilo que dá vez e voz às estruturas de existência. É, portanto, desse recalque histórico (e seria mais do que isso, um recalque) de que trata a investigação: aquilo de que não se pode falar é o que estrutura a possibilidade da fala e do humano comportamento; possibilidade do simbólico, da lei, da linguagem, além do vasto espectro animal e mesmo vegetal, como uma origem duplamente bloqueada (por ser origem e por estruturar o existente). Essa instância X seria também o que, a partir de Freud, Heidegger e Derrida, entre outros, se pode denominar a Coisa (*Das Ding*, em alemão): nem animal, nem humano, nem planta, nem objeto apenas, mais além. Derrida nomeia também isso como o anumano:

> Esse lugar do Outro não deve ser an-humano? Se for realmente assim, o anumano, ao menos, numa palavra, a figura de alguma *divinanimalidade*, embora pressentida através do homem, seria o referente quase-transcendental, o fundamento excluído, forcluído, denegado, domado, sacrificado ao que ele funda, a saber, a ordem simbólica, a ordem humana, a lei, a justiça (2008, p. 177, grifo meu).

Observe-se que, em Clarice, não se trata tampouco de analogismo, pois a experiência ficcional e biográfica no plano da animalidade questionadora do humano não se faz por mera comparação. Não é *como* o homem se sentiria no lugar do animal, mas sim de que forma ocorre uma travessia inevitável pelo tornar-se-animal do humano, com todo o *perigo* a que a experiência remete.

> Conheci um "ela" que humanizava bicho conversando com ele e emprestando-lhe as próprias características. Não humanizo bicho porque é ofensa — há que respeitar-lhe a natureza —, eu é que me animalizo. Não é difícil e vem simplesmente. É só não lutar contra e é só entregar-se (AV, p. 50).

A radicalidade dessa experiência está no estranhamento de si mesmo que acontece de maneira não calculada. Se cálculo houvesse, ainda se estaria no reino da razão pura, da *ratio*, do *lógos*, da simples lógica, e a experiência descambaria num "exotismo mental", nada diferente de tantos outros inventados pelas escolas literárias, cujo exemplo mais esclarecedor seria o panteísmo simbolista. Ainda quando existe cálculo, o tornar-se-animal do homem, ou o tornar-se-homem do animal (sem antropomorfismo, contudo), se dá por um encontro totalmente inesperado, um *cruzamento*, por meio do pensar-sentir clariciano. Tudo ocorre nesse momento inevitável em que duas naturezas distintas se chocam por força do *amor*, sempre a motriz que em Clarice instaura a experiência do outrar-se, da transformação sem metamorfose simples (a metamorfose em sentido clássico ainda supõe a passagem de uma identidade a outra, enquanto aqui se trata de uma perda de identidade, tal como apenas se encontra nas metamorfoses extraordinárias de Kafka e nas mutações cinematográficas de David Cronenberg).

Em Clarice, o melhor exemplo disso é a narrativa de "O búfalo", de *Laços de família*. Tem-se a história de uma mulher no zoológico em busca de experimentar o ódio que deveria estar sentindo pelo fato de ter sido recusada por um homem. Para seu azar, é primavera, e tudo em volta lhe desperta um sentimento de amor ou de comiseração. A história enfatiza o acasalamento dos animais, o convite à cópula e ao afeto. Tudo o que a personagem* ressentida não quer. Até que, enfim, encontra o desejado no olhar do búfalo. O choque se faz entre a necessidade desesperada de ainda amar (coisa que recusa) e o desejo intenso de odiar (por ter sido recusada). "Eu te amo, disse ela então com ódio para o homem cujo grande crime impunível era o de não querê-la. Eu te odeio, disse implorando amor ao búfalo" (LF, p. 159). A indecidibilidade de seus sentimentos (amor e/ou ódio) será resolvida sob forma de catástrofe. O búfalo, ao menos por projeção, materializará o ódio que ela deveria sentir pelo homem, mas que ainda então se consumava em amor. Ao experimentar o ódio mesclado de amor pelo búfalo, ela se animaliza (liberando seu "instinto") ao tempo em que o búfalo se humaniza (ao menos provisoriamente e por projeção, assumindo suas "pulsões"). Os papéis prefixados se *intertrocam*, retirando a capa de predeterminação do sentir exclusivo, ou bem humano, ou bem animal. O verbo intertrocar comparece, por exemplo, no

---

* Oriunda do francês, onde é exclusivamente masculina, a palavra *personagem* admite ambos os gêneros em português. Sempre a utilizei no masculino, mas aqui, por todos os motivos que começam a ser expostos e por se tratar de Clarice, optei pelo feminino.

jogo ficcional de *A hora da estrela*, quando o narrador-escritor Rodrigo S.M. fala de sua relação intensiva com a personagem de Macabéa: "Vejo a nordestina se olhando ao espelho e — um rufar de tambor — no espelho aparece meu rosto cansado e barbudo. Tanto nós nos intertrocamos" (HE, p. 28). A intertroca sinaliza o tornar-se-outro, fazendo com que se saia ("vós"), ao menos às vezes, do conforto da poltrona para sentir efetivamente a alteridade. No jogo das máscaras ficcionais, a intertroca é um dispositivo que convoca o leitor para claricianamente se transmutar na diferença não ontológica. Dispositivo de passagem para planos de existência além do que a espécie (o Homem) e o gênero (o hegemônico masculino) determinam.

Pode-se então dizer que em Clarice ocorre um tornar-se-mulher do masculino, e vice-versa. O escritor-narrador Rodrigo S.M., de *A hora da estrela*, é "na verdade Clarice Lispector"; e o leitor, como categoria absoluta da interpretação, se converte em leitor ou leitora *na fábula*. Um tornar-se-mulher que é também um tornar-se-animal, um tornar-se-planta, um tornar-se-coisa etc. Tal essa rosa que se destacou entre as rosas que um psicanalista amigo de Clarice costumava colocar em seu escritório, tão mais exuberante e viçosa que durou além do esperado, agindo "de um modo tal que lembra os mistérios instintivos e intuitivos do animal" (DM, p. 522); uma rosa-animal, portanto. São passagens arriscadas por planos imanentes de existência, visando a transcender justamente a imanência pré-dada e predadora, o dado culturalmente previsível e predeterminado. A intertroca desterritorializa identidades ontológicas, abrindo para diferenças irredutíveis à imanência histórica ou existencial. História e existência significam apenas pontos de partida para a instauração de um tornar-se-outro ou outra, uma *mutação* que desloca o jogo prefixado dos comportamentos, das vontades, das idiossincrasias, em suma das identidades monolíticas. Onde vige a intertroca, abala-se o identitário, que emerge como apenas mais um dos planos de imanência, não o único nem o mais essencial. Identificar-se é apenas um modo instável de atuar no teatro do mundo, assumindo determinada máscara. A intertroca não se reduz tampouco a uma experiência de saber, pois independe do cálculo como ônus da prova; e só a abertura para o não saber, o *irreconhecível*, revalida aquilo que escapa ao controle de certo imaginário. Assim, deslocam-se *patologias* culturais agudas, que nomearia sumariamente como instinto de nacionalidade, privilégios de classe, sectarismo regional, autoafirmação egoica, mundo das celebridades, racismo, etnocentrismo, entre outras formas de assujeitamento e desafeto. *Patologia* não como enfermidade, mas como *páthos*, paixão de afirmação do mesmo, por exclusão e apagamento de alteridades divergentes.

Razão pela qual a figura do animal em Clarice é também intensamente desfigurante. Antes de tudo, desfigura nossos pré-conceitos para com os animais e para com a diferença em geral. Tendemos a rebaixar tudo o que não acreditamos servir como espelho: os animais, as mulheres, os índios, os negros, e todos os grupos étnicos classificados como "minorias", minorizados, portanto, ainda quando constituem efetivamente maioria em determinadas sociedades. Ou seja, desqualifica-se tudo o que a cultura falogocêntrica quer excluir de seu sistema de valores ou, no máximo, incluir como força operante, operária e submissa, em suma, servilizada. Falogocêntrico é o qualificativo derridiano para o centramento no *phállus* e no *lógos*, ou no que chamo de *eu-falo* como reduplicador do eu-penso cartesiano. O bestiário ficcional clariciano promove um abalo em certa tradição metafísica, permitindo pensar o que ficou como resto inaproveitável da história e da filosofia. Com Clarice, a palavra *pensamento* perde sua condição exclusivamente filosofante para ser um dado do sentimento-experiência que a proximidade com os bichos, por exemplo, possibilita.

A palavra a ser empregada nesse contexto, a fim de extrair todo o efeito possível de intertroca, é de fato *bichos* (sempre no plural): algo que nos é muito familiar, mesmo quando vagando no âmago das selvas selvagens. Bichos relevam e revelam o afeto que se encerra no peito humano, afeto positivo e negativo, nesse jogo perpétuo entre afeição e ódio, domesticação e predação, amansamento e caça, que compõe a história complexa dos territórios vicinais: o humano e o não humano animal. Um amor muitas vezes travestido de desafeto pelo que justamente não se deixa domesticar nem amansar, irredutível aos cálculos da tradição logocêntrica. Será preciso pensar igualmente a palavra "bicha", cuja origem remonta ao século XVI, e que hoje, entre outras coisas, remete à designação pejorativa de indivíduos caracterizados como "homossexuais" (designação por si mesma problemática, remetendo a uma fictícia identidade, muito aquém da complexidade sexual). Bicha deriva de bicho, por alteração da vogal temática de o para a, ou seja, por feminização do termo masculino (com sentido próximo do *queer* inglês). Bicho, por sua vez, tem a mesma origem latina de *besta*, embora tenha assumido conotações diferenciadas. Bicha é o indivíduo masculino que se despreza por dois motivos complementares: traiu sua suposta sexualidade natural, masculina; e, por isso mesmo, se identifica com a outra inferiorizada, feminina. Dá muito a pensar a reunião desse rebaixamento dúplice na semântica de bicha: o bicho ou a besta que se efemina...

Ao não mais lidar com o valor de verdade, sempre devedor de uma metafísica da presença humanista, a literatura pensante de Clarice abre a possibilidade de reverter as oposições que, segundo Nietzsche (1996, p. 10), estão na base da vontade de saber filosófica, oposições tais como homem/animal, racional/irracional, bem/mal, inteligível/sensível, vivo/morto, presente/ausente, orgânico/inorgânico, masculino/feminino etc. Por meio dessa crítica radical, nenhum termo pode ser reconhecido em sua configuração acabada, de modo tal que a identidade se torna um efeito do processo geral entre natureza e cultura, e não sua causa e/ou fim. Pondo-nos em contato com o mundo, fazendo-nos redescobrir a força da terra em suas relações com a transcendência, textos como a lindíssima "Doçura da terra" (DM, p. 252-253) promovem a intertroca do humano com seus outros, tão próximos mas mal considerados em nossa escala de valores. É essa estranha proximidade que Emmanuel Lévinas aponta como o imperativo do respeito ao outro ou, como prefere, a Outrem. Esses outros e outras que não se deixam compreender na lógica da consciência hegemônica, pois tais outros e outras se vinculam ao indizível do Dizer.

Cito *Autrement qu'être ou Au-delà de l'essence* [Outramente que ser ou Mais além da essência]:

> [...] O Mesmo se relaciona com Outrem antes que — por um motivo qualquer — o outro apareça a uma consciência. A subjetividade é estruturada como *o outro no Mesmo*, mas segundo um modo diferente do da consciência. Esta é sempre correlata a um tema, a um presente representado — a um tema colocado diante de mim, a um ser que é fenômeno. O modo segundo o qual a subjetividade se estrutura como o Outro no Mesmo difere do da consciência — que é consciência do ser, por mais indireta, tênue e inconsistente que possa ser essa relação entre a consciência e o tema — "colocado" — diante dela: seja essa relação percepção de uma presença "em carne e osso", figuração de uma imagem, simbolização de um simbolizado, transparência e ocultação do fugitivo e do instável na alusão, adivinhação incapaz de objetivação, mas que aspira à objetivação, sendo assim consciência, consciência do ser (1996, p. 46).

A ficção de Clarice desloca a ontologia da consciência ("consciência do ser") em proveito de todo um território que escapa à imanência antropocêntrica, ou seja, ontológica e subjetivante — assujeitadora também. Sinaliza, assim, para um território ilimitado, nem imanente nem puramente transcendental, de uma ética inaugural, mais além de qualquer moral antropológica e metafísica. "O relatório da coisa", de *Onde estivestes de noite*, radicaliza ainda mais o questionamento do humano por meio do não humano, pois sai do plano do vivo e atinge o coração do não vivo: o relógio ou um "determinado relógio" (OEN, p. 75). Esse texto demasiado estranho se refere implicitamente a "O ovo e a galinha", de *A legião estrangeira*: a coisa e o ovo são "óbvios" (OEN, p. 75 e

p. 80-81; LE, p. 49). Em ambos os textos ocorre uma indefinição de gênero (discursivo e biológico, entre outros), isto é, da própria categoria do gênero. O *génos* em Clarice não é nem propriamente cultural nem natural, é *indecidível* (ver Derrida, 1986; Nascimento, 2001, p. 271-334). O Sveglia, também chamado de Coisa ou Objeto, escapa a todas as classificações. Apesar de se identificar a maior parte do tempo com o relógio, é de fato algo sem natureza outra a não ser a continuidade no tempo. Ao romper os limites entre o animal (Sveglia é cavalo) e o humano (Sveglia circula entre os homens, adquirindo algumas de suas propriedades), o vivo e o não vivo (Sveglia é antes de tudo um mecanismo), a Coisa se situa no espaço do ilimitado, rompendo sobretudo com a tradição literária (aquela que se deixa apreender nas classificações culturais preestabelecidas), pois não cabe em nenhum escaninho, apenas na *estranha* forma do *relatório*. Como *Água viva*, gênero também não o pega mais. "Este é um relatório. Sveglia não admite conto ou romance o que quer que seja. Permite apenas *transmissão*. Mal admite que eu chame isto de *relatório*. Chamo de relatório do mistério. E faço o possível para fazer um relatório seco como champanha ultra-seco" (OEN, p. 80, grifos meus). Tudo em Sveglia tende para a impessoalidade. É coisa, não é gente, embora tenha um simulacro de nome próprio; é seco, árido, mas não é indiferente. Apesar de contínuo, é diferenciado, por si e para si, "você apenas é" (p. 76). Um quase não acontecimento, "Escrever é. Mas estilo não é" (p. 81).

Isso tudo abre o espaço da *bio* ou da *autoficção*, em que a suposta autora-narradora indaga se ainda escreverá literatura, ela que escrevia pensando em ganhar dinheiro na revista *Senhor* (p. 63). Realmente, como fazer literatura depois desse pedaço de antiliteratura, de rasura do grande gênero literário em seu sentido mais tradicional? "O meu jogo é aberto: digo logo o que tenho a dizer e sem literatura. Este relatório é a *antiliteratura da coisa*" (p. 75). Ou então: "Qual vai ser o meu futuro passo na literatura? *Desconfio que não escreverei mais*. Mas é verdade que outras vezes desconfiei no entanto escrevi. O que, porém, hei de escrever, meu Deus? Contaminei-me com a matemática do Sveglia e só saberei fazer relatórios" (p. 84). O "relatório do mistério" inviabiliza toda literatura, toda narrativa, toda história como sucessão e linearidade crono-lógica. Esses textos demasiadamente não humanos, nem antropomórficos, rompem com a estrutura mesma dos fatos enquanto construção humana, inserida no tempo para dividir o tecido existencial, constituindo marcos ou verdadeiros ícones de "nossa" verdade como desvelamento do ser. Tais ficções destituem a história como discurso sobre os monumentos temporais, construídos em memória da espécie humana, *mnêmé*. O quase acontecimento se faz no limite da impessoalidade. A marca neutra do it em *Água viva* enfatiza a rasura do ser da pessoa humana em prol de algo fronteiriço entre o vivo (o *bíos*) e o não vivo: "Mas há também *o mistério do impessoal que é o 'it'*: eu tenho o impessoal dentro de mim e não é corrupto e apodrecível pelo pessoal que às vezes me encharca: mas seco-me ao sol e sou um impessoal de caroço seco e germinativo. Meu pessoal é húmus na terra e vive do apodrecimento. Meu 'it' é duro como uma pedra-seixo" (AV, p. 30, grifos meus). Mistério nesse contexto não remete para uma metafísica do oculto, pois trata-se de um claríssimo enigma, dando-se na superfície da textualidade clariciana como reserva sem fundo para o que não se deixa esgotar no campo do saber biopolítico. Tal certo *Mistério do coelho pensante*.

"A quinta história", de *A legião estrangeira*, e *A paixão segundo G.H.* trazem a "impessoalidade doméstica" da barata, essa outra forma quase informe em relação ao humano, ao mesmo tempo extremamente distante (na escala de valores atribuídos ao vivo, os insetos ocupam o último lugar, junto com vírus e bactérias) e próxima (a barata "habita", apesar de tudo, os lares, convivendo como a alteridade no limite do suportável). As baratas, seres também plurais em tipos e formas, configuram o próprio estranho familiar (*Un-heimliche*, o in-familiar), sendo considerado o vivente mais antigo na face do planeta. É como se sempre tivesse havido baratas, bastando haver vida. O *Sabath* que comparece evocado numa das histórias de *A legião estrangeira*, como destruição necessária desse outro-e-mesmo, e por isso tão incômodo, a barata, é um tema clariciano desenvolvido em *Onde estivestes de noite*, que fala justamente do rito em torno de um ser andrógino, o Ele-ela ou o Ela-ele, sem gênero definido. Em "Seco estudo para cavalos", tem-se o *relatório* de um ritual sabático no alto de uma montanha. A estranheza da situação vem do fato de desfilarem animais e seres esdrúxulos como gnomos e anões, sem que nada tenha uma identidade plena. Nada é e tudo se torna, ou vira: "*Todos eram tudo em latência*. 'Não há crime que não tenhamos cometido em pensamento': Goethe. Uma nova e autêntica *história brasileira* era escrita no estrangeiro.

Além disso, os *pesquisadores brasileiros* se queixavam da falta de recursos para o trabalho" (OEN, p. 58-59, grifos meus). É de um crime inominável que se trata aqui e alhures. E "gregotins" se torna o signo enigmático para a indecidibilidade de tudo: "qual era a palavra mais difícil que existia? Qual era? Uma que significava adornos, enfeites, atavios? Ah, sim, gregotins" (p. 68). O dicionário eletrônico *Houaiss* define o termo *gregotim* como "letra malfeita, garatuja"...

Duas histórias são ilustrativas de que a intertroca não resulta em confusão, mas numa experiência de passagem, após a qual se volta diferente, e no entanto de algum modo ainda relacionado a seu lugar de partida. Trata-se de "O crime do professor de matemática", de *Laços de família*, e das duas crônicas sobre o homem que usava um quati como se fosse um cão: "Amor", de 11 de setembro, e "Amor, quati, cão, feminino e masculino", de 9 de outubro de 1971, republicadas em *A descoberta do mundo*. No conto, tem-se a situação de um professor de matemática que se viu na necessidade de enterrar um cão desconhecido como forma de penitência por ter abandonado seu antigo cão, de nome José. A denominação já sinaliza todo o problema. Para o cão não interessava abrir mão de seu papel, mas sim, enquanto cão, poder interagir com o humano, sem a ele ser reduzido:

> "E como cheiravas as ruas!", pensou o homem rindo um pouco, "na verdade não deixaste pedra por cheirar... Este era o teu lado infantil. Ou era o teu verdadeiro cumprimento de ser cão? e o resto apenas brincadeira de ser meu? Porque *eras irredutível*. E, abanando tranquilo o rabo, parecias rejeitar em silêncio o nome que eu te dera". Ah, sim, eras irredutível: eu não queria que co-

messes carne para que não ficasses feroz, mas pulaste um dia sobre a mesa e, entre os gritos felizes das crianças, agarraste a carne e, com uma ferocidade que não vem do que se come, me olhaste mudo e irredutível com a carne na boca (LF, p. 144, grifos meus).

O erro do cão tinha sido o de simplesmente exigir de cada um ser o que se é: "De ti mesmo, exigias que fosse um cão. De mim, exigias que eu fosse um homem" (LF, p. 144). Essa resistência (do) animal levou ao abandono por parte do suposto dono. Já nas duas crônicas referidas, a situação é diversa, mas o problema é o mesmo: o do experimentar, ou experienciar, o outro sem com ele se confundir, intertrocando papéis. Em "Amor" (DM, p. 586-588), a cronista conta que um dia, enquanto conversava com um amigo, viu se aproximar um homem carregando um animal bizarro como se fosse cachorro. Quando a dupla se aproximou, ela criou coragem e indagou que bicho era aquele. Ao que o dono respondeu ser um quati, como tinha imaginado o amigo da cronista. Toda a familiar estranheza vem de o quati agir como se fosse um cão, sendo logrado em sua natureza. O equívoco dessa vez não está no fato de o dono ter traído e abandonado seu animal de estimação, mas em reduzir um animal silvestre à condição de melhor amigo do homem. Assim como o professor de matemática quis humanizar o cão, aqui se tem a redução de um bicho a outro (e qualquer cão antropomórfico já configura uma redução à esfera do humano). É esse "amor ruim" que um leitor da crônica tenta explicar numa história fantasiosa enviada para Clarice e por ela relatada em "Amor, quati, cão, feminino e masculino" (DM, p. 598-600). Como numa espécie de fábula, a narrativa do leitor tenta dar uma genealogia para ambos, dono e animal domesticado, em que origem humana e animal se confundem, e apenas o amor demasiado humano explica a necessidade de reduzir fenomenologicamente o outro ao solo do mesmo, servindo à moral antropocêntrica. Numa perspectiva bastante diferente, o intertrocar clariciano significa experienciar um devir que não se consolida numa nova identidade (o cão assimilado ao homem, o quati, ao cão), inviabilizando a vontade humana de tudo converter a sua natureza e propiciando outra forma de amar, menos antropocêntrica, mais infamiliar e estrangeira.

Mesmo por meio de referências laterais, e não constituindo o motivo principal da trama, como é o caso da visita de Virgínia ao zoo em *O lustre* (p. 189-191), todos esses textos em que aparecem bichos, insetos, coisas e seres fantásticos rasuram o falogocentrismo implicado no nome do Homem, um dos gêneros valendo pela espécie. A galinha sobressai como emblema de certo feminino, historicamente recalcado mas cuja emergência se torna cada vez mais irreprimível. Lembremos que, no português coloquial do Brasil, "galinha" é sinônimo de mulher vulgar e promíscua, segundo a ótica masculina (o mesmo vale para "piranha"). Já o "galo" detém o valor positivo, por ser capaz de dormir com muitas mulheres; só se torna relativamente negativo quando é qualificado no feminino, virando homem "galinha"... Assim, de acordo com o jogo metafórico dos gêneros, o mesmo signo pode conter valor negativo ou positivo, conforme se decline no feminino ou no masculino. Encontra-se aí a marca conflituosa da diferença sexual, a ser explorada em todas as suas conotações. Em Clarice, a figura da galinha se liga duplamente à questão da maternidade e à tentativa de revalorizar o elemento culturalmente rebaixado. O mesmo ocorre com a vaca, outro animal que remete a um tipo de misoginia. Como diz no depoimento ao Museu da Imagem e do Som, em 20 de outubro de 1976:

> [...] Eu fiz [a história infantil *A vida íntima de Laura*] porque galinha sempre me impressionou muito. Quando eu era pequena, eu olhava muito para uma galinha, por muito tempo, *e sabia imitar o bicar do milho, imitar quando ela estava com doença* e isso sempre me impressionou tremendamente. Aliás, eu sou muito ligada a bicho, tremendamente. A vida de uma galinha é oca... uma galinha é oca! (OE, p. 162, grifos meus).

Se, como declara Aristóteles na *Poética*, o homem é o mais mimético dos animais, Clarice está, sem dúvida, entre os mais miméticos dos humanos em relação aos animais, daí sua imensa zoografia ficcional. Ela é a mestra da imitação animal, sua cópia mais fiel, tal como Freud diz que Hoffmann é o mestre inigualável do *Unheimliche*. Sempre que comparecem bichos nessa antiliteratura, a *mímesis* põe para funcionar seus dispositivos de reflexo e de reflexão, quer dizer, de simulação reflexiva. Sublinho, assim, que *oco* na sequência é relacionado positivamente à própria mulher e sua capacidade de pregnância... Mais adiante arremata: "Como você vê, com vaca e com galinha eu me dou muito bem!" (OE, p. 170).

A escrita clariciana constitui então um espaço privilegiado para pensar, a partir do solo das humanidades, os limites inclusive ou sobretudo políticos da tradição humanista. O não humano literário questiona o saber organizado pelo universo do sentido e sua forma acabada, o significado, dentro de certa configuração histórica: arquivamento, redistribuição de dados, atribuição de competências, autenticação, propriedade — *avaliação*, em suma. O que Derrida chama de "ex-apropriação" (ver, por exemplo, 1988, p. 106) se alinha a um processo que não é desumano, mas desconstrutor dos valores humanistas como ordenados elos, supravalores de próprio, propriedade, presença, autenticidade, autoridade, nomeação, nominação, tudo como fator da produtividade, palavra típica do discurso neoliberal. A afirmação clariciana de certo não saber é uma estratégia para des-limitar esse campo fechado, abrindo para o *ilimitado*, um *fora* que o destitui: "*Não entendo. Isso é tão vasto que ultrapassa qualquer entender. Entender é sempre limitado. Mas não entender pode não ter fronteiras. Sinto que sou muito mais completa quando não entendo*" (DM, p. 253-254). A força da não compreensão, própria ao *chamado*, nada tem a ver com um irracionalismo obscurantista, mas com o inaudito e o não repertoriado, ou o irreconhecível, que só a experiência da intertroca permite, como é o caso de Sofia (saber, sabedoria) após seu *desastre* (etimologicamente, a "má estrela") com o professor de redação, no conto de abertura de *A legião estrangeira*: "Nunca saberei o que eu entendo. O que quer que eu tenha entendido no parque foi, com um choque de doçura, entendido pela minha ignorância. [...] a ignorância e a sua verdade incompreensível" (LE, p. 25).

Visões do esplendor

No estudo sobre *Foucault*, Deleuze alinha explicitamente os temas da literatura contemporânea com o além-do-humano ou super-homem (*Übermensch*) nietzschiano:

[...] os contornos da frase na literatura moderna, quando a linguagem "nada mais tem a fazer que recurvar-se num perpétuo retorno a si". Esta literatura moderna abre "uma língua estrangeira na língua" e que, através de um ilimitado número de construções gramaticais sobrepostas, tende para uma expressão atípica, agramatical, como que para o fim da linguagem [...]. E, o finito-ilimitado ou a sobredobra, não será aquilo que Nietzsche delineara já sob o nome de eterno retorno?

[...] O que é o super-homem? É o composto formal das forças no homem com essas novas forças. É a forma que decorre de um novo relacionamento de forças. O homem tende a libertar *nele* a vida, o trabalho e a linguagem (1987, p. 178 e 179).

Mas Clarice não é nem simplesmente moderna, nem modernista nem pós-moderna. Como bem diz, "Não, nunca fui moderna" (AV, p. 85). Situando-se no intervalo entre o alto-modernismo e seu questionamento a partir dos anos 1960, essa ficção reintroduz temas da vanguarda, mas em nova modulação. Por exemplo, o lixo, como veremos adiante.

O tema nietzschiano do super-homem ou do além-do-humano aparece explicitamente em pelo menos duas histórias de Clarice. De maneira irônica, e um tanto negativa, em "A imitação da rosa", de *Laços de família*: "Não mais a facilidade monstruosa e simples de não dormir — nem de dia nem de noite — que na sua discrição a fizera subitamente super-humana em relação a um marido cansado e perplexo" (p. 39-40). E de maneira também irônica, mas tendendo ao *neutro*, em diálogo com a cultura pop dos quadrinhos, em "O relatório da coisa", de *Onde estivestes de noite*: "É super-homem? Não, vem diretamente do planeta Marte, ao que parece" (OEN, p. 76).

O bestiário ficcional clariciano e seus correlatos não destroem o universo humano, mas o relançam no contexto de novas forças históricas, anunciando o advento de outra forma, nem humana, nem anti-humana, mais além. O infamiliar não humano é o que ainda não se conhece de todo, mas que se percebe como parte mais íntima da antiga humanidade. Nisso, ele se alia a uma experiência moderna e agora contemporânea da literatura, irredutível à tradição beletrista. Indagada, no referido depoimento ao MIS, por João Salgueiro sobre se os prêmios literários que recebera a afetavam, responde: "Não, não sei explicar, mas prêmio é fora da literatura — *aliás, literatura é uma palavra detestável* —, é fora do ato de escrever. Você recebe como recebe o abraço de um amigo, com determinado prazer. Mas depende da..." (OE, p. 165, grifos meus). Desqualificando a instituição literatura, ela valoriza o ato de simplesmente escrever, como prática de letra e vida.

 A *assinatura Clarice Lispector* espraia sua fauna nos mais diversos textos, constituindo uma verdadeira *zoo-grafia*, termo que em grego designava a "pintura do vivo". Nisso, o tornar-se-homem passa necessariamente por um tornar-se-mulher, tornar-se-animal, tornar-se-cão, tornar-se-galinha, tornar-se-galo, tornar-se-búfalo, tornar-se-vaca etc. Não há constituição do humano sem passagem e risco pela alteridade, próxima ou distante. "O ovo e a galinha", "O relatório da coisa", *Onde estivestes de noite* e, finalmente, *Um sopro de vida*, entre inúmeros outros, extrapolam essa escrita zoográfica, introduzindo, além do animal, o tornar-se-objeto (Sveglia) e o tornar-se-gnomo, fadas, pirilampos, por meio do princípio sem princípio simples da intertroca que promove os inusitados cruzamentos, refazendo as genealogias e abrindo para o campo ilimitado do não humano. São *escritas imperfeitas* por não mimetizarem nada que lhes seja prévio, nenhuma identidade pré-constituída, levando assim a linguagem verbal e seu aparato demasiado humano à derrisão. Abre-se, inclusive, a possibilidade de mimetizar o que ainda não existe, ou seja, a forma informe do porvir. Histórias sem narrativa linear possível, em que toda diegese tradicional se encontra fora de operação; o maquinário ficcional arma suas peças por meio de fragmentos de textos, pedaços, corpos sem membros, órgãos sem corpo próprio, todos índices de uma literatura pensante não mais inserida no painel das grandes literaturas. Seus signos são *gregotins*, no sentido do *Houaiss*, garatujas, rabiscos, promovendo rasuras dos "adornos, enfeites, atavios". Essa literatura é necessariamente *estranha*, pois trabalha desde dentro, virando ao avesso a grande língua da literatura ocidental, as Belas-Letras. O ato fingido e repetido de Clarice como voz textual, nas crônicas, por exemplo, de dizer que leu muito pouco e sobretudo não leu as grandes obras da humanidade tem a ver com essa força de pensamento desgarrada de todo cânone, inventora de seus próprios paradigmas, de uma nova genealogia, a da alteridade, do radicalmente diferente (*tout autre*, insiste Derrida no rastro de Lévinas). Cabe alterar a "literatura universal" (sintagma encobridor de ideologias territorializantes e colonialistas) desde suas margens, afirmar certa incultura corrosiva para cultivar outro terreno, novas sementes, liberando no mesmo gesto uma estrangeira legião de seres e coisas. O bestiário clariciano desterritorializa o campo estéril de uma universalidade refletindo a si própria, campo unívoco e obliterante do jorro disseminativo que só o virar ou tornar-se-ficção permite. Nesse teatro ficcional, tudo advém *como se*. O ovo de Clarice é esse quase objeto ou esse objeto-quase (dando o crédito a Saramago), tão óbvio mas furtando-se aos jogos especulares da *ratio* ocidental, nem puramente objeto, nem puramente sujeito, indecidível. *Quase* sinaliza o começo de toda ficção, um equivalente do como se, do talvez e do indecidível literário.

Com isso, o existir humano em seus preconceitos metafísicos se vê estranhado e posto em dúvida. Passo a palavra a Drummond, em seu magnífico "Especulações em torno da palavra homem":

> Que milagre é o homem?
> Que sonho, que sombra?
> Mas existe o homem? (1979, p. 339)

Já Guimarães Rosa encerra sua obra-prima afirmando que "Existe é homem humano" (1978, p. 460), numa tautologia que estranhamente põe em questão a essência mesma do homem, em vez de evidenciá-la. Se soubéssemos o que significou desde sempre "ser humano", não precisaríamos do sintagma "homem humano", para distingui-lo do "homem animal", do homem-monstro, do homem-máquina e sobretudo, na ficção rosiana, do homem-demônio. Em sua famosa "Carta sobre o 'Humanismo'", Heidegger expõe como a expressão *homo humanus* pertencia à cultura latina e significava em princípio o homem romano, "civilizado", oposto ao "bárbaro" estrangeiro. Sabemos que a palavra bárbaro já designava também em grego o outro estrangeiro, não helênico.

"Homem humano" é, portanto, expressão de arraigado etnocentrismo, que até hoje marca a cultura humanista tradicional, de origem greco-latina. No texto mesmo em que contesta o humanismo do Sartre autor de "O existencialismo é um humanismo", Heidegger acaba por defender esse *homo humanus* pelo simples motivo de que ele nos separa do *homo animalis*. Com isso, evita-se a confusão entre o homem e o animal, confusão esta já consignada na tradução, não sem equívocos, do *zōon lógon ékhon* de Aristóteles como *animal racional*. Para Heidegger, é fundamental afirmar a humanidade do homem, sua essência de *humanitas*, a despeito da grande e ameaçadora proximidade em relação aos animais. Nesse sentido, a ontologia fundamental de Heidegger permanece profundamente humanista, embora, de forma paradoxal, também ajude a repensar os dogmas dessa mesma tradição a que involuntariamente se vincula. Existe, efetivamente, para o pensador alemão uma diferença ontológica e irredutível entre os seres vivos em geral (mas em particular os animais) e o homem humano: "Dentre todos os entes que são, o ser-vivo é provavelmente o mais difícil de ser pensado por nós, porque ele é por um lado o que mais se parece conosco, e, por outro lado, está abissalmente separado de nossa essência ek-sistente" (2008, p. 338). E ele reitera essa diferença abissal entre a essência de *humanitas* e a de *animalitas*, fundamentando-a na linguagem verbal em sua disposição para com a verdade do ser. O *lógos* humano é incomensurável em relação a qualquer outra linguagem dos viventes, tal é o fundamento último do logocentrismo heideggeriano: "E visto que os vegetais e os animais sempre se encontram ligados ao seu meio ambiente e jamais se encontram postados livremente na clareira do ser, a única que constitui 'mundo', eles não têm linguagem. Mas não é porque a linguagem lhes permanece negada que eles dependem de seu meio ambiente, desprovidos de mundo" (p. 339). Razão pela qual Heidegger defende três teses profundamente antropocêntricas nos *Conceitos fundamentais da metafísica: mundo, finitude, solidão*. Primeira tese, o homem é aquele que constrói mundo (*weltbildend*); segunda, o animal é pobre de mundo (*weltarm*); terceira, a pedra é sem mundo (*weltlos*). Ainda voltaremos a essas teses logocêntricas próprias à ontologia heideggeriana, pois importa, no mais alto grau, rever a própria noção de mundo que nós, homens autodesignados humanos, construímos até aqui.* Vale, com efeito, investigar cada vez mais o que os animais, as plantas e também as pedras têm a nos dizer por meio da fabulosa ficção clariciana. A hipótese é que todos esses supostos entes são dotados de linguagem, embora de modo diferencial, ao contrário do que prega o essencialismo heideggeriano.

As coisas segundo Clarice

A reinvenção do humano, como visto, depende necessariamente da intertroca com as formas vicinais: todos os viventes, como animais e plantas, bactérias e vírus (agentes de processos e mutações), até mesmo com o não vivo (objetos, pedras e coisas). Em Clarice, *o ovo* parece se destacar como um algo orgânico que se aproxima do inorgâ-

---
* Ver, igualmente, o ensaio "O Mal como metáfora", da Segunda Parte.

nico, por sua carapaça de cálcio e outros elementos, tal como vem ficcionalizado em "O ovo e a galinha": "Ver o ovo é impossível: o ovo é supervisível como há sons supersônicos. Ninguém é capaz de ver o ovo. O cão vê o ovo? Só as máquinas veem o ovo. O guindaste vê o ovo" (LE, p. 49). Porém, talvez o texto mais radical de Clarice nesse sentido seja *Água viva*, cujo título original era *Objecto gritante*. Em si mesmo, pela materialidade de sua escrita, o livro tem algo de tornar-se-animal, de tornar-se-planta e de tornar-se-coisa. Por assim dizer, ele realiza aquilo de que fala; seu caráter altamente performativo faz com que seja um quase acontecimento na literatura brasileira. Trata-se de um livro radicalmente animal, vegetal e mineral (desde logo por ter a materialidade do volume impresso), um quase bicho, um quase objeto, uma quase planta. *Quase* com a força do "*quasi*" de Hélio Oiticica em seus quasi cinemas, ou seja, um tipo de antiarte que tem muito de cinema, mas não é (apenas) cinema, uma pura ficção. *Água viva* é um texto que tem muito de livro mas não é exatamente um, justamente por sua proximidade com *estranhas* formas de vida, até com formações inorgânicas. Tal como o ovo é, a um só tempo, quase ave e quase pedra. Trata-se da referida "antiliteratura da coisa". Antilivro, antiarte, antiliteratura são formas intensivas do *quase*, sem se limitar ao gesto niilista das vanguardas históricas, defensoras do movimento-anti, mas dialogando criticamente com elas. É, pois, impossível pensar o vivo sem o não vivo, a vida sem a morte como seu correlato desnatural. É disso que fala o sentir-pensar ficcional de C.L., quando, por exemplo, diz:

Como te explicar? Vou tentar. É que estou percebendo uma realidade enviesada. Vista por um corte oblíquo da vida. Antes só se via através de cortes retos e paralelos. Não percebia o sonso traço enviesado. Agora adivinho que a vida é outra. Que viver não é só desenrolar sentimentos grossos — é algo mais sortilégico e mais grácil, sem por isso perder o seu fino vigor animal. Sobre essa vida insolitamente enviesada tenho posto minha pata que pesa, fazendo assim com que a existência feneça no que tem de oblíquo e fortuito e no entanto ao mesmo tempo sutilmente fatal. *Compreendi a fatalidade do acaso e não existe nisso contradição* (AV, p. 70, grifos meus).

Seria preciso citar integralmente todo esse quase livro, resultante da "vida oblíqua", em que também se afirma: "Sim. A vida é muito oriental" (p. 71). Ou então: "Mas conheço também outra vida ainda. Conheço e quero-a e devoro-a truculentamente. É uma vida de violência mágica. É misteriosa e enfeitiçante. Nela as cobras se enlaçam enquanto as estrelas tremem. Gotas de água pingam na obscuridade fosforescente da gruta. Nesse escuro as flores se entrelaçam em jardim feérico e úmido. E eu sou a feiticeira dessa bacanal muda" (p. 72). *Gregotins*, tal é o limite do logocentrismo, preso à linguagem verbal, pois "Sei que tenho medo de momentos nos quais não uso o pensamento e é um momentâneo estado difícil de ser alcançado, e que, todo secreto, não usa mais as palavras com que se produzem pensamentos. Não usar palavras é perder a identidade? é se perder nas essenciais trevas daninhas?" (p. 72-73). Pois se trata de uma pintora que escreve, deslocando a figura masculina do escritor (já no caso de Rodrigo S.M., este compete com a escritora C.L., em *A hora da estrela*):

É tão curioso e difícil substituir agora o pincel por *essa coisa estranhamente familiar* mas sempre remota, a palavra. A beleza extrema e íntima está nela. Mas é inalcançável — e quando está ao alcance eis que é ilusório porque de novo continua inalcançável. Evola-se de minha pintura e destas minhas palavras acotoveladas um silêncio que também é como o substrato dos olhos. Há uma coisa que me escapa o tempo todo. Quando não escapa, ganho uma certeza: *a vida é outra. Tem um estilo subjacente* (p. 73-74, grifos meus).

O estilo subjacente dessa outra vida é "isto" ou "it", a vida que não é senão esta mesma desentranhada e estranhada. A vida tornada i-materialidade da palavra, coisa, bicho, planta, silêncio. *Água viva* (título grafado sem hífen), líquido vital, salpicado de pedras-seixo, flores, panteras. Originalmente, segundo o *Houaiss*, a água-viva era a "água que brota de uma fonte ou nascente e corre em grande quantidade"; só no século XIX é que passou a designar os animais marinhos de corpo gelatinoso, transparente e mole, com tentáculos dotados de substância capaz de provocar sérias queimaduras nos humanos. Um meio aquoso e orgânico, mineral e animal, a um só tempo. Mas a *Água viva* de Clarice é sem hífen, ou seja, não se reduz ao nome comum, embora com ele se articule intensamente. Não passa de ficção, um fingimento feito de muitos atos, nenhum deles meramente assimilável à referência concreta ou metafórica da água-viva. São pulsações do vivo no morto, e antecipações da morte na vida. *Gregotins* como índice de um pensamento extático mas não místico, transbordante mas não religioso, quase transcendental. *Quase*, eis a marca da ficção clariciana, entre filosofia e literatura, sem se fixar em nenhuma dessas instituições discursivas, mais além. Pensante, absolutamente pensante, no que o pensamento detém a i-materialidade das águas-vivas, etimologicamente as fontes pulsantes, irruptivas. Sublimes, diria Lyotard leitor de Kant, mas é a força de uma dessublimação do divino e do sagrado que se opera, por exemplo, em *Um sopro de vida*, em ritos sacroprofanos.

Nisso, *morte* é somente o signo da apropriação de uma forma de vida por outra, e da vida pela não vida, num processo de apropriações, desapropriações, reapropriações, rumo a vastas expropriações: "Ai de mim, que sou o receptáculo da morte das coisas" (SV, p. 117). Nenhuma vida é própria, idêntica a si mesma, toda vida se torna, muda, transmutando-se em outras formas vitais, num contínuo descontinuar-se a que poderíamos chamar de "desconstruções", com ênfase no plural, e que Deleuze chamaria de "fluxo vital". Diz o Autor de *Um sopro de vida* sobre sua personagem: "Apesar de ter corpo Ângela é intangível — tais as mutações umidamente brilhantes de sua personalidade" (p. 104). Para isso, é preciso atravessar certa *zona de indeterminação*, sem a qual não há risco, nem, portanto, vida que valha a pena ser afirmada. Esse estado geral de invenção é o que se pode chamar de *geopoesia*, fazer imanente *e* transcendente à terra. Não se trata de um vitalismo mágico, nem muito menos neonazista, porque entende a vida como complexidade e não como pureza (existencial, racial, biológica, cultural etc.). A vida que não rejeita seus outros (morte, cultura, técnica, arte), mas os incorpora, vivendo deles, supervivendo ao também afirmá-los como conjunção do acaso e da necessidade ou o que Clarice nomeia como "fatalidade do acaso". Morre-se por necessidade, *Anankê*, por uma alógica vital, e não por simples determinismo bio-lógico.

Nietzsche conclui sua *Genealogia da moral* demonstrando como o ideal ascético pôde triunfar, pois deu um sentido ao animal humano. Embora profundamente niilista, o ideal ascético é ainda uma vontade, uma força que se volta contra a própria vida.

> Não se pode em absoluto esconder o que expressa realmente todo esse querer que do ideal ascético recebe sua orientação: esse ódio ao que é humano, mais ainda ao que é animal, mais ainda ao que é matéria, esse horror aos sentidos, à razão mesma, o medo da felicidade e da beleza, o anseio de afastar-se do que seja aparência, mudança, morte, devir, desejo, anseio — tudo isso significa, ousemos compreendê-lo, uma *vontade de nada*, uma aversão à vida, uma revolta contra os mais fundamentais pressupostos da vida, mas é e continua sendo uma *vontade*! E, para repetir em conclusão o que afirmei no início: o homem preferirá ainda *querer o nada, a nada querer...* (1987, p. 184-185).

A esse niilismo desolador e redutor da experiência vital em tudo o que comporta de riscos, *A vontade de poder* opõe outro niilismo, o ativo. Crítico em relação ao niilismo vigente, que no fundo expressa a decadência da cultura europeia, o niilismo ativo da vontade de poder prepara a transvaloração de todos os valores, como advento do além-do-humano. Há textos e livros que, mais do que lidos, são para ser vividos, ou, antes, vive-se de lê-los e relê-los indefinidamente, por esse processo ruminativo sem o qual não há leitura, segundo o próprio Nietzsche.

Toda a desconstrução nietzschiana da moral se resume na seguinte sentença de *A vontade de poder*: "Esta é a antinomia:// Enquanto acreditamos na moral, condenamos a existência" (2008, p. 30). E o que está em foco é a moral judaico-cristã que se apropriou do niilismo vigente, propondo a vontade de nada. Esta significa a vontade de erigir o nada contra este mundo terrestre. A afirmação do além-mundo vem para envenenar a vida em seu processo multissensorial. Desprezar o homem, tomar partido contra a vida, desapegar-se do conhecer, eis três fortes atributos do ideal ascético do cristianismo e do socratismo, que toda a filosofia de Nietzsche se encarregou de atacar. Se ele defende uma filosofia trágica, é menos por uma nostalgia em relação ao modo de vida grego (o qual seria assim apenas idealizado) do que por aquilo que o artista trágico tem de anticristão. O anticristo nietzschiano copia alguns dos traços de seus maiores inimigos (Cristo, Sócrates, São Paulo, Judeia) para melhor combatê-los. O trágico significa a afirmação da vida mesmo na dor, no sofrimento e na morte. A vida é também afirmada por causa desses três fatores (dor, sofrimento, morte), e não apesar. Sem esse risco, cai-se no referido vitalismo idealizado, que desconhece os percalços por que se deve passar a fim de afirmar a vontade de poder vital. Nada de vida sem morte que a desafie em permanência, nada de alegria que não seja fortificada por experiências dolorosas. Nesse sentido, a Grande Saúde de que fala *Gaia ciência* só pode ser vivenciada com a passagem pela doença. O mal da moral cristã, ou da moral simplesmente, foi rejeitar a vida considerando-a exclusivamente como um "mal", em prol de um "bem" futuro. O fruto do conhecimento simbolizou no niilismo ascético a existência como experimentação do Mal, queda e decadência, cuja redenção só poderia vir teleologicamente no final dos tempos. Daí o menosprezo por tudo o que poderia dar acesso ao terrestre, à imanência da vida na terra. Como se a animalidade do humano fosse o estorvo maior para a felicidade prometida; tal é o ônus da prova moral por que temos que passar quando submetidos a religiões, partidos políticos, facções e seitas de todo tipo. Foi isso o que Nietzsche chamou de espírito gregário, em que a vida se protege de si mesma, reduz sua potência, paralisando-se nos arcanos da memória, incapaz de dar um passo adiante. Chama-se de moral essa culpabilização da existência, no que ela tem de logro e luto, de dor e prazer, de ferida e jogo, sem antinomia simplificadora: "*os juízos de valor morais são condenações, negações; moral é o dar as costas à existência por parte da vontade...*" (2008, p. 31).

Em *Assim falou Zaratustra*, a ética nietzschiana reinventa a tábua de nossos valores morais, no que ela tem de cristalização da tradição. Valores são forças que regem o jogo da existência, e aos valores da decadência é preciso contrastar os valores do viver artístico, da filosofia trágica, da antimoral cristã. Ali onde há uma moral, há um conjunto de dispositivos que impõem determinado sentido ao viver individual ou social. Por isso Derrida distingue ética de moral, na primeira das duas entrevistas que me concedeu para o caderno Mais!, da *Folha de S. Paulo*, em 27 de maio de 2001:

> Utilizo raramente essas palavras, ética e política, porque, para resumir, prestam-se frequentemente a mal-entendidos. Quanto à ética, o que me interessa não é propor

uma ética ou o conteúdo de uma ética, mas pensar o que quer dizer a eticidade da ética. Como, onde aparece ou o que é a ética? Um dos paradoxos do que tento propor é que só há ética, só há responsabilidade moral, como se diz, ou decisão ética ali onde não há mais regras ou normas éticas. Se há regras ou se há uma ética disponível, ou um conjunto de regras, nesse caso basta saber quais são as normas e proceder a sua aplicação, e assim não há mais decisão ética. O paradoxo é que, para haver decisão ética, é preciso que não haja ética, que não haja regras nem normas prévias. É preciso reinventar cada situação singular ou regras que não existem previamente. Portanto, se tenho tanta dificuldade de utilizar essa palavra é, em particular, porque paradoxalmente sinto que a exigência de uma responsabilidade ética implica a ausência de uma ética, de um sistema ético e de uma norma ética [...].

Nesse contexto de questionamento da ética, impõe-se um pensamento do *rastro*. Tal palavra é fascinante porque desloca a metafísica da presença absoluta, em proveito das marcas diferenciais. Um rastro não é necessariamente humano nem animal, pode ter sido provocado pela ramificação de um vegetal ou pelo deslocamento de rochas. Um cometa, e até mesmo um terremoto, pode deixar rastros e vestígios, tal como na experiência aterradora do sublime, segundo Kant. Desenvolvi esse pensamento do rastro num outro ensaio, a partir de Derrida, Freud, Benjamin, Lévinas e Heidegger, sempre marcando sua duplicidade quase transcendental.* Trata-se de uma inscrição nem apenas transcendental nem imanente, em

---

* "O pensamento do rastro: múltiplas escritas", texto inédito da conferência de abertura no I Seminário Escritura: Linguagem e Pensamento, organizado por Piero Eyben na UnB, em 23 de junho de 2010.

tudo afim da *différance* derridiana. Aí também aventei a hipótese do rastro do rastro, que seriam registros feitos a partir de registros prévios: como quando se veicula uma conferência ou um canto na internet previamente gravados num vídeo, num CD ou em qualquer outro suporte. Nesse caso, o diferimento é mais intenso. Todavia, o rastro do rastro anuncia um risco maior ainda, inerente a todo vivente, qual seja, o desaparecimento do rastro do próprio rastro, cedo ou tarde. Se a cibercultura trouxe a multiplicação dos rastros, marcas, vestígios e toda forma de registro, sabe-se que nada disso garante a permanência da impressão original, pouco importando como esta tenha ocorrido, e por maior que constitua a força de seu desejo de permanência. O rastro do rastro pode desaparecer por dois movimentos distintos. Primeiro, por dispersão. A multiplicação dos rastros e vestígios pode trazer o enfraquecimento (recalque, repressão, destruição, esquecimento, como queiram) da impressão primeira, já que a origem foi obliterada. Segundo, por subtração. Um fenômeno qualquer pode sempre se apropriar do rastro originário e desfigurá-lo em definitivo, implicando a destruição do que seria sua suposta identidade. Em ambos os casos, o desaparecimento do rastro do rastro nunca é totalmente fortuito, mas estrutural: faz parte das estruturas mesmas da vida e das formas organizadas da não vida perder sua organização, sendo absorvidas por outras formas vitais ou inorgânicas. Aqui, vale o dito anteriormente: nada se perde no nada, ao menos por enquanto, pois uma estrutura vital pode ser sempre absorvida por outra ou mesmo por alguma estrutura inorgânica que a redimensione, mineralizando-se e tornando-se coisa.

Assim, o desaparecimento previsível, cedo ou tarde, do rastro do rastro pode ser vivido como catástrofe cultural ou natural ou como alegre tragédia em sentido nietzschiano. Pois faz parte da composição de qualquer arquivo uma *pulsão arquiviolítica*, destruidora de arquivo, que nada mais seria do que a mesma — em diferença — pulsão construtora de arquivos, marcas, registros e rastros (Derrida, 1995).* A mesma força que ergue potencialmente destrói ou se autodesconstrói. Daí o jogo de construção e desconstrução nunca ter fim, podendo ser sempre relançado mais além do desejo individual de se perenizar. É justamente esse desejo absoluto de eternidade que alimenta o ideal ascético. Diante da possibilidade de perecimento nesta vida, promete-se outra, mais extensa (infinita!) e melhor. Daí para a desvalorização desta existência não falta um passo, e já se está em pleno niilismo passivo, altamente devastador dos sentidos mesmo da vida, a vontade de nada de que fala o já citado final de *Genealogia da moral*. Nisso reside a distinção que Nietzsche faz entre niilismo ativo e niilismo passivo: o primeiro é transvalorador e procura expropriar os efeitos destrutivos do niilismo "cansado" ou passivo, próprio à *"decadência e recuo do poder do espírito"* (2008, p. 36 e 37), no ideal ascético. Somente o niilismo ativo pode dar conta do "mundo das coisas" (Benjamin) em suas relações com humanos e bichos. O pensamento do rastro articula sem amálgama as quatro dimensões mínimas da existência em suas complexas relações com a instância X: bichos, humanos, plantas e coisas.

---

* Ver, igualmente, mais adiante, "O arquivo e a efêmera memória".

Razão pela qual forçoso se faz um retorno à raiz das coisas. Há então um tornar-se-objeto próprio à escrita clariciana. Clarice é voluntariamente uma *mulher-objeto*, como bem declara a personagem Ângela Pralini, de *Um sopro de vida*. Autodeclarar-se mulher-objeto é um modo de expropriar e reverter a designação machista da bela mulher como objeto da cobiça e da posse masculina. Significa subtrair-se ao jogo binário entre sujeito e objeto, visto que o conceito kantiano de sujeito consciente guarda todos os atributos da masculinidade. Kant dificilmente pensava em mulheres quando fomentava o conceito de sujeito universal e livre — e não poderia ser de outro modo, pois até o século XX as mulheres sequer votavam, não detendo, portanto, o pleno título de cidadania e não sendo assim, de fato, sujeitos livres e conscientes. Ser voluntariamente mulher e objeto, apondo um simples traço de união — é colocar-se ao lado das coisas, desapossar-se da subjetividade em sentido clássico, outrar-se, situando-se numa zona intermédia entre homens (soberanos) e coisas (assujeitadas à vontade viril). Cito o texto que diz melhor o que mal se formula em termos de lógica argumentativa.

ÂNGELA.- *"Mulher-Coisa"*.
Eu sou matéria-prima não trabalhada. Eu também sou um objeto. Tenho todos os órgãos necessários, igual a qualquer ser humano. Eu sinto a minha aura que nesta friorenta manhã é vermelha e altamente faiscante. Eu sou uma mulher objeto e minha aura é vermelha vibrante e competente. Eu sou um objeto que vê outros objetos. Uns são meus irmãos e outros inimigos. Há também objeto que não diz nada. Eu sou um objeto que me sirvo de outros objetos, que os usufrui ou os rejeita (SV, p. 106).

Disso resulta a força rebelde das coisas, remetendo à potência primacial da Coisa, em outros termos, à vontade de potência coisal, vontade anterior e independente da soberania humana. Tal o elevador, que se recusou a elevar ou a abaixar Ângela, passando simplesmente entre um e outro andar, abrindo sozinho a porta e dando de presente a bofetada de uma parede. Voluntarioso, "Precisou de muito óleo e muito leva-trás para ele se reconciliar com a gente e nos baixar e elevar" (p. 122). As coisas são dotadas de vontade, não no sentido normalmente volitivo, mas sim de uma força que as atravessa, por isso o livro de Ângela é nomeado pelo Autor como "História das Coisas" ou "romance das coisas", segundo ela própria (p. 99). Ou ainda:

> ÂNGELA.- A "coisa" é propriamente estritamente a "coisa". A coisa não é triste nem alegre: é coisa. A coisa tem em si um projeto. A coisa é exata. As coisas fazem o seguinte barulho: chpt! chpt! chpt! Uma coisa é um ser vivente estropiado. Não há nada mais só do que uma "coisa".
>
> Em primeiro lugar existe a unidade dos seres pela qual cada coisa é uma consigo mesma — consiste em si, adere a si mesma. E assim chegamos à concepção corrente do cérebro como uma espécie de computador e dos seres humanos como simples autônomo consciente (p. 104).

"Coisa" é o que os dicionaristas chamam de palavra-ônibus, dessas em que cabe qualquer coisa, tal como troço, negócio, treco, trem etc. Trata-se de uma palavra-coisa, capaz, portanto, de *coisar* (Heidegger). A certa altura, Ângela resume o percurso da escritora Clarice Lispector pelo mundo dos animais, das plantas e das coisas. A criatura fala então pela dita criadora, misturando os planos de invenção com o de biografia: "O objeto — a coisa — sempre me fascinou e de algum modo me destruiu" (p. 102). Refere então "seu" livro *A cidade sitiada*, em que indiretamente fala do "mistério da coisa", de um guarda-roupa descrito há tempos, em seguida do "imemorável relógio chamado Sveglia", depois do telefone e do guindaste, em "O ovo e a galinha". Por fim, arremata: "É uma aproximação tímida minha da subversão do mundo vivo e do mundo morto ameaçador" (p. 102). Em vez de uma poética ou de uma fábula fantasiosa em que as coisas antropomorficamente se põem a falar, tem-se a suspensão das fronteiras entre dois mundos, um (o mundo morto) como o fantasma do outro (o mundo vivo). Nessa "devassa das coisas", a subversão se faz pelo efeito de inquietante estranheza por meio do qual, espectralmente, o morto parece animado e o vivo, inerte. Tal como uma marionete que tivesse vida própria (para lembrar a situação da boneca Olímpia no conto *O homem de areia*, de Hoffmann, entre outras histórias desse "mestre inigualável do *Unheimliche*"), o maquínico se anima e assombra o mundo igualmente programado dos vivos — programado, mas com outros dados e fontes. Mais parecida com um anjo decaído do que com um arcanjo divino, diz Ângela: "A coisa me domina. Mas o cachorro que há em mim late e há arrebentação da coisa fatal. Há fatalidade na minha vida. Há muito aceitei o destino espaventado que é o meu" (p. 102). O Livro de Ângela constitui, então, o espaço em que a ontologia metafísica do vivo se deixa subverter pelo que Derrida enigmaticamente chamou em *Espectros de Marx* de *hantologia* (do verbo *hanter*, obsidiar, frequentar, "assombrar"), uma antilogia fantasmal, que arruína a tradição ontológica.

Importa, assim, não mais a questão do Ser, ainda que fosse a ontologia mais fundamental, como queria Heidegger, mas o estar ou o "estado de coisas", como um performativo que escapa à mera vontade consciente (Derrida, 2001, p. 26-27). Disso advém a preferência de Ângela pelas *naturezas-mortas*, como, por exemplo, "as três garrafas altas e bojudas na mesa de mármore: silentes as garrafas como se elas estivessem sozinhas em casa. Nada do que vejo me pertence na sua essência. E o único uso que faço delas é olhar" (SV, p. 98). Lembremos que o título *A maçã no escuro* é uma autêntica natureza-morta, demasiado viva em sua aparente inércia. Nesse sentido, o "estudo da coisa" a que a personagem se dedica é abstrato demais para o Autor. Ângela a vê e descreve do ponto de vista da escultura, ou seja, por sua aparente plasticidade, simplesmente "porque essa coisa pensa" (p. 101). A coisa pensa nessa literatura pensante — aí a coisa *coisa* ou *coisifica*. Pois, segundo o Autor, intertrocando-se involuntariamente com Ângela, é preciso "Olhar a coisa na coisa: o seu significado íntimo como forma, sombra, aura, função" (p. 103), mas a "profunda natureza-morta" dos objetos se revela na superfície. E então, "Quando eu olho eu esqueço que eu sou, esqueço que tenho um rosto que vibra *e transformo-me num só forte olhar*" (p. 103, grifos meus). Uma literatura pensante como a de Clarice Lispector é a que dessubstancializa o pensamento como função ontológica e existencial, lançando-o nas paragens do impensável e dessublimado mundo das coisas. Diz Ângela, em epígrafe: "Só me interessa o que não se pode pensar — o que se pode pensar é pouco demais para mim" (p. 98). Pensar o impensável, e não simplesmente o impensado, haveria tarefa mais alta para um ou uma vivente e para a literatura?

Razão pela qual não se pode falar, com Clarice, numa "subjetividade" animal, muito menos coisal. Isso ainda seria antropomorfizar o não humano, recuperando-o nas paragens da normalidade humana, biológica, biopolítica, biométrica, ou seja, na medida mesma do homem. Nesse caso, digo sempre que os animais não precisam disso (da subjetividade). Nem mesmo a expressão *singularidade animal* faria sentido para eles, pois a designação ainda seria demasiado humana: todos esses nomes são nossos, inclusive o de "animal". Tudo de que precisam é que, tanto quanto possível, os deixemos viver em paz, com sua linguagem e seus hábitos, seu viver irredutível a qualquer etologia, ciência que remete ainda à morada humana e a nossos costumes (ao *êthos* grego). *Cogito* e sujeito são inventos de Descartes e Kant, respectivamente, dos quais os bichos e as coisas devem ser poupados, no momento mesmo em que nos oferecem o que de melhor têm — um simples olhar, entre curioso, atemorizado e raramente indiferente. Claricianamente, diria que os bichos se nos são (águas-vivas), estranhas formas de vida vicinal: a vizinhança que não se deixa assimilar a nada, nem mesmo à esfera primacial de uma essência animal, inumana, desumana, anumana, pós-humana ou anti-humana. Afinal, como disse, o não humano não é o oposto do humano, mas faz parte estrutural do que ainda chamamos de Homem, sem com ele se identificar plenamente. Seriam as coisas, as plantas, os animais e as mulheres nos homens que a ficção clariciana nos convoca a pensar — esse é o verdadeiro chamado.

O fato de jamais termos certeza a respeito dos bichos, por mais que investiguemos, por mais que os tornemos objeto de nossa curiosidade, de nosso saber, nomear, ter, ver, possuir, é isso que garante sua especificidade relativa e sua irredutibilidade ao humano, porém sem ontologia opositiva. Se pudéssemos deter um saber absoluto sobre todas as outras espécies do vivo, seríamos verdadeiros Adões, pequenos demiurgos, capazes de penetrar a fina camada que engendra e separa toda a diferença. Como tal jamais se provou verdadeiro em toda a história da humanidade (a despeito das inúmeras analogias que proliferaram entre o humano e o sobre-humano ou divino, entre o Homem e Deus), os animais e muitos seres inanimados permanecem enigmáticos em sua própria linguagem e singularidade, não humanos, ali onde tanto se nos assemelham. Tal *O mistério do coelho pensante*, que foge das grades do confinamento sem que se saiba como, e nem mesmo a narradora onisciente consegue dar conta dessa linha de fuga em relação à pior das prisões, a dos afetos domesticados. Assemelhar não é ser, nem estar, e por isso mesmo jamais os animais nos pertencerão de todo, por mais que os escravizemos, reduzindo sua liberdade (outra palavra nossa) nos zoos, nos circos, nas touradas, nos laboratórios, na domesticidade e, principalmente, nos infelizes abatedouros.

Voltando às coisas, aos objetos e aos homens, recito o final de uma fala de Ângela: "E assim chegamos à concepção corrente do cérebro como uma espécie de computador e dos seres humanos como simples autônomo consciente" (SV, p. 104). Onde se lê "autônomo", poder-se-ia ler autômato, aproximando o funcionamento humano das máquinas, que no entanto ele inventa. Máquinas como próteses do humano, ou seja, naturezas derivadas, que por sua vez expõem a maquinalidade de nosso sentir-pensar enquanto "autômatos conscientes". Esse é o modo não de reificar o mundo, mas de expor sua natureza também coisal, em contato imanente e transcendente com o que existe:

> É o movimento liberto da coisa. Eu amo os objetos vibráteis na sua imobilidade assim como eu sou parte da grande energia do mundo. Tanta energia tenho eu, que ponho as coisas estáticas ou dotadas de movimento no mesmo plano energético. Tenho em mim, objeto que sou, um toque de santidade enigmática (p. 105).

Santidade provavelmente porque eram os santos e os deuses também máquinas, decerto máquinas alienígenas ou uma *divinanimalidade* maquinal... Disso resulta a multiplicação das coisas, correlato objetivo da multiplicação bíblica dos pães: biombo, "jardim molhado", casa, pedra, bule de chá, relógio, gradil de ferro, carro, guindaste, vitrola, borboleta ("A mecânica da borboleta"), violino, estofado, joias, coral etc. Essa lista de supostos objetos leva o Autor a concluir: "Uma mecanização fatal faz com que Ângela veja mais as 'coisas' e não os seres humanos" (p. 115). As aspas acentuam a natureza coisal, não humana, das coisas, que no entanto também, ou principalmente, constituem o mundo humano, pois dependemos delas para existir o tempo todo e de maneira incontornável. Na lista de Ângela, duas coisas sobressaem. Primeiro, o deserto, porque é a extensão espacial que o humano não domina. Como diz Deleuze, o fato de ser povoado por tribos nômades não faz do deserto menos deserto, como a palavra já expressa (2000, p. 182). Pois, para Ângela, "O deserto é um modo de ser. É um estado-coisa. De dia é tórrido e sem nenhuma piedade. É a terra-coisa" (p. 109). O deserto é o ser-estado por excelência. O outro objeto é a lata de lixo, que para mim é o signo-coisa da própria produção das vanguardas do século XX, vanguardas com que Clarice se relacionou a seu modo.* Para uma artista-coletora como Clarice, que recolhe inclusive a ganga bruta da linguagem, o lixo é a matéria-prima por excelência, o alimento vital, sem o qual não há arte. Isso explica também o elogio moderno e muito contemporâneo do lixo, que não se reduz à cadeia reprodutiva da reciclagem: "A lata de lixo é um luxo. Por que quem não tem coisas para pôr fora na rua as coisas que não prestam? e no entanto temos uma vasilha própria para os dejetos. Se jogássemos o lixo na rua passaria a ser um problema federal. A sucata é o lixo mais bonito que existe" (p. 116). Vigora a potência do olhar que imanta o humano à coisa, os animais ao entorno, os objetos à natureza, num processo geral de comunicação desse estado de coisas. O olhar não mais como o suplente da razão, tal como o *theóréó* (contemplar; observar, examinar, olhar com interesse; considerar com a inteligência) grego sugere, mas como o deflagrador da perigosa experiência coisal, que nos leva aos confins do humano, ali onde os homens confinam com bichos e coisas em geral. Diz o Autor, mais uma vez intertrocando-se com Ângela:

> Descobri uma nova maneira de viver. Creio que a chave está em ver a coisa na coisa, sem transbordar dela para

---

* Ver, mais adiante, "Os sentidos da vanguarda".

frente ou para trás, fora do seu contexto. O resultado de um processo tão novo de olhar o momento que passa seria muitas vezes *estranhar uma coisa* como se pela primeira vez a víssemos. *Olhar a coisa na coisa* hipnotiza a pessoa que olha o ofuscante objeto olhado. Há um encontro meu e dessa coisa vibrando no ar. Mas o resultado desse olhar é uma sensação de oco, vazio, impenetrável e de plena identificação mútua (p. 124, grifos meus).

Disso emana uma divagação "sobre o nada", e "Nesse vácuo do nada inserem-se fatos e coisas". Eis, portanto, a "forma muda de sentir absolutamente intraduzível por palavras" (p. 124). Nesse balbucio, ruído, gemido ou rumor da língua é que se expressa o inexprimível de uma linguagem além do humano, mas com os cacos da linguagem ainda demasiado humana, tais como "trapilíssima avante sine qua non masioty" (p. 110). Essa frase lembra muito os versos de um belíssimo poema-coisa de Drummond, "A torre sem degraus", versos que dizem o seguinte: "a canção/ Fiorela amarlina/ louliseno i flanura/ meliglírio omoldana/ plunigiário olanin" (1979, p. 425). A sucata da linguagem mimetiza, em seu balbuciante *nonsense*, o silêncio que a plenifica em contraponto. Além de estar, ser é também não ser: vazio, literal e escrituralmente sem sentido. Reza *Água viva*: "Esta é a vida vista pela vida. Posso não ter sentido mas é a mesma falta de sentido que tem a veia que pulsa" (p. 14).

Foi essa veia pulsante que nomeei como instância X, anterior às oposições entre os homens e seus outros: os animais, as coisas, o inorgânico, a morte etc. X que habita o selvagem coração da matéria e é responsável pela humanidade do homem, em vez de uma essencial *humanitas*. Diz a anônima narradora de *Água viva*:

Tenho que interromper para dizer que "X" é o que existe dentro de mim. "X" — eu me banho nesse isto. É impronunciável. Tudo que não sei está em "X". A morte? a morte é "X". Mas muita vida também pois a vida é impronunciável. "X" que estremece em mim e tenho medo de seu diapasão: vibra como uma corda de violoncelo, corda tensa que quando é tangida emite eletricidade pura, sem melodia. O instante impronunciável. *Uma sensibilidade outra é que se apercebe de "X"* (p. 81, grifos meus).

Essa *sensibilidade outra* é que sinaliza a impossibilidade de identificação de "X" a uma coisa, ser ou forma única. Razão pela qual a ficção de Clarice barra a identidade. Suas declarações contra as investidas para vê-la como escritora judaica vêm do desejo de não ser mais estrangeira do que, por naturalidade, já era. Afirmar-se "brasileira" era o modo de não ter identidade alguma, como declara na abertura da conferência sobre a vanguarda no Brasil: "Bem, tenho que começar por lhes dizer que não sou francesa, esse meu *err* é defeito de dicção: simplesmente tenho língua presa. Uma vez esclarecida minha brasilidade, tentarei começar a conversar com vocês" (OE, p. 95). Pois se há algo de importante neste território ironicamente denominado Brasil, que vive mesmo "em brasa", é o fato de ser aberto a múltiplas etnias e formas de vida, não detendo identidade cultural única. Ser brasileiro significa a possibilidade de ser europeu, africano, indígena, asiático, ou o que quer que seja, sem controle de origem. Óbvio que essas procedências não se equivalem, havendo desde o período colonial modos distintos de participação na não identidade brasileira, conforme sobretudo as classes a que se pertença (sempre digo que nosso racismo é mais de classe do que étnico: a exclusão vem muito mais da pobreza do que da suposta origem racial). Sabe-se também quanto os cultos africanos foram perseguidos até adquirirem cidadania no século XX, e mais recentemente se tornarem motivo de nova demonização, dessa vez por parte dos grupos chamados de evangélicos. Todavia, a possibilidade de cruzar credos e hábitos vem dessa abertura ao outro, não sem muitos conflitos, que nos destitui de qualidades e caracteres essenciais. Na ficção clariciana, comparecem, assim, elementos judaicos, cristãos, greco-latinos, afro-brasileiros, e até hindus. Caso haja dúvida quanto a estes últimos, basta conferir a epígrafe de *A maçã no escuro*, retirada do *Vedas (Upanichade)*. Lembrem-se ainda alguns mitos amazônicos narrados em *Como nascem as estrelas*: doze lendas brasileiras. Desse *patchwork* étnico-religioso se ergue um deserto ficcional, não menos deserto por ser povoado com seres, devires, estares, avatares e inúmeras coisas imaginárias.

Essa impossível e dúbia identidade se manifesta já na certidão de nascimento, como relata muito bem Nádia Gotlib em seu *Clarice: uma vida que se conta*. Diz Gotlib: "Há vestígios de uma certidão de identidade de Clarice Lispector, tirada na Ucrânia, a partir da tradução de um suposto original russo, feita pelo tradutor juramentado Arthur Gonçalves Filho, no Recife. A tradução aparece em dois documentos, cujos dados, contudo, não coincidem" (1995, p. 58). Numa versão do documento, a data de nascimento consta como 10 de dezembro, mas a data da certidão original seria de 14 de novembro, ou seja, quase um mês antes do nascimento, num anacronismo flagrante. Na segunda versão, a data de nascimento é 10 de outubro de 1920. Mas em todos os outros documentos vigora a data de 10 de dezembro de 1920. A própria Clarice, nas últimas décadas de vida, altera a data do nascimento para 1921, 1926, 1927; já a crítica, segundo a pesquisadora, adota por muito tempo o ano de 1925. Quanto à descrição física, a cor dos olhos oscila entre castanho-claro e verdes. Os registros profissionais são variados, conforme a época e a conveniência:

> Jornalista e repórter, em 1943, com carteirinhas que se renovam nas décadas de 60 e 70. Colaboradora da Agência JB, em 1968. Prendas do lar, em 1973. E mais: funcionária pública. E outras, que não chegam a ser registradas em documentos, mas em obras: entrevistadora, colunista, cronista, contista, escritora, pintora, e, principalmente, não profissional. Simplesmente, uma pessoa. Quem? (p. 59)

Boa pergunta; provavelmente várias personas, nenhuma mais autêntica do que outras, todas válidas em seu tempo, lugar e modulação. Afinal, ao menos desde Pessoa sabemos que o eu é uma fabulação do outro, um mascaramento que emerge no ato de nomear, a começar pela certidão de nascimento, quando se apõe um prenome e um sobrenome à criança que, o mais das vezes, vai carregá-lo por toda a vida, como enigma que jamais se decifra, embora claro: Clarice Lispector. O prenome, em vez de esclarecer, reforça a obscura origem do nome de família, a que ela própria atribui a provavelmente falsa etimologia de "flor no peito" na entrevista para a televisão: "Eu suponho que o nome foi rolando, rolando, rolando... perdendo algumas sílabas e se transformando nessa coisa que é... parece uma coisa... *lis no peito* ou, em latim, *flor-de-lis*" (1977). O nome próprio (Lispector) parece disfarçar dois nomes comuns (flor-de-lis e peito). São nomes-coisa ou coisas-nome, as coisas que fazem os nomes ou os nomes que fazem as coisas. Como fazer coisas com nomes ou palavras, eis um título do teórico da linguagem Austin que amo mencionar. Esse é o dado performativo da linguagem, cujo signo fundamental seria o verbo coloquial *coisar*. *Das Ding dingste*, diz Heidegger em bom alemão.

Da mesma ordem é a referida autocaracterização de Clarice como estrangeira, ora negada, ora afirmada, mas ambas as posições são inteiramente válidas. "Como boa eslava, eu era uma jovem séria, disposta a chorar pela humanidade... (Estou rindo.)" (CR, p. 16), declara numa carta a Lúcio Cardoso de 13 de julho de 1941, a mesma em que se vê como "um bom animal sadio", comentando também que as pessoas em Belo Horizonte a olham "como se eu tivesse vindo direto do Jardim Zoológico" (p. 15)...

Já nas duas cartas dirigidas ao presidente Getúlio Vargas o tom é dramático, pois vem solicitar que seja antecipado o longo processo de naturalização, a fim de poder realizar o casamento com o nativo Maury Gurgel Valente. Ou seja, até então seu principal documento era a carteira de estrangeira residente no país. Na primeira carta, a de 3 de junho de 1942, depois de se apresentar como jornalista e acadêmica de direito, anota de passagem "e, *casualmente*, russa também" (p. 33, grifo meu). Uma russa "há 21 anos menos alguns meses" no Brasil e que "não conhece uma só palavra de russo mas que pensa, fala, escreve e age em português, fazendo disso sua profissão e nisso pousando todos os projetos do seu futuro, próximo ou longínquo" (p. 33). Lembra, ainda, que o pai e as irmãs foram naturalizados; que seu desejo é casar "com brasileiro e ter filhos brasileiros"; e que também se voltasse à Rússia "lá se sentiria irremediavelmente estrangeira, sem amigos, sem profissão, sem esperanças" (p. 33). Língua, pátria e profissão formam um só conjunto, que determina um mesmo destino, para o bem e para o mal. Se não prestou grandes serviços à Nação, ao menos cumpriu seu papel de jornalista, em prol do governo e do povo. Reivindica, portanto, "o direito de ser brasileira" (p. 34). O sentido casual da estrangeiridade reaparece na segunda carta, visto que a primeira não bastou para surtir o efeito desejado, qual seja, adiantar o processo de naturalização, que só o poder soberano do ditador poderia decidir. Nessa outra carta, de 23 de outubro de 1942, ela explica a demora em solicitar a naturalização pelo fato de só poder fazê-lo a partir do momento em que atingisse a maioridade, como de fato ocorreu apenas em 1941: "Tratei, então, imediatamente, de legalizar, pela naturalização, a minha situação de estrangeira que, entretanto, *somente por acaso o era*" (p. 35, grifos meus). Na lógica oblíqua de Clarice, nasce-se por acaso num território geopolítico, mas não se vive num outro fortuitamente. Nascer é gratuito, viver é destino, embora muitas vezes nem o segundo seja uma escolha... Porém, o fato a ressaltar em seu caso é o valor da opção de vida: tornar natural, naturalizar, o que é puro artifício, ou seja, a nacionalidade adotada. Lição que extrai das orquídeas, como bem diz em *Água viva*: "Adoro orquídeas. Já nascem artificiais, já nascem arte" (p. 59). Tudo o que fez em vida foi imitar, via ficção, a artificial naturalidade das orquídeas. Essa atonalidade fundamental orquestra o jogo da ficção: "Estou sendo antimelódica. Comprazo-me com a harmonia difícil dos ásperos contrários. Para onde vou?

e a resposta é: vou" (p. 29). Ir indo, conforme a regra irregular do pensar-sentir. Daí o gosto do impronunciável, aquilo que nunca se diz: "Maravilhoso escândalo: nasço" (p. 37), ou mais precisamente: "Ocorreu-me de repente que não é preciso ter ordem para viver. Não há padrão a seguir e nem há o próprio padrão: nasço" (p. 38).

Nas *Entrevistas* realizadas com grandes intelectuais, sobretudo brasileiros, aparece o tema do profissionalismo. Questão tanto mais decisiva no encontro com Jorge Amado, um dos poucos, talvez o único, a viver no Brasil exclusivamente de seus livros, sem ter que colaborar em periódicos. No diálogo com Clarice, Jorge assume sem pudor o viés comercial e o despojamento de sua literatura, apresentando-se como simples contador de histórias do povo baiano. Nada mais distinto da perspectiva existencial e literária de Clarice. Algo, todavia, os aproxima, já no final do encontro. É quando falam de lugares adequados para escrever, principalmente as condições para se criar. Diz a entrevistadora:

> — Aqui em Salvador, eu realmente senti que poderia escrever mais e melhor. Mas o Rio de Janeiro, com o seu ar poluído, não é nada mau, Jorge. Coloca-nos frente a frente com condições adversas e também dessa luta nasce o escritor. É verdade que muitos escritores que moram no Rio são saudosistas de seus estados e têm nostalgia da província (E, p. 27).

Comentário lacônico do colega baiano: "Talvez". Não que haja uma relação direta entre precariedade material e qualidade literária, isso seria ilusão romântica sem fundamento. Mas fato é que raramente há condições ideais para o escritor exercer sua verdadeira profissão, sem recorrer a outros expedientes. Basta ler a densa entrevista com Nelson Rodrigues, no mesmo volume. O escritor precisa escavar um espaço, erguer um teto todo seu para poder criar, sem a fantasia de habitar um palácio nem tampouco uma mansarda. Provavelmente algo entre os dois. É dessa necessidade básica de um espaço pessoal de vida e trabalho que ela fala numa de suas afetuosas cartas às queridas irmãs, Elisa e Tânia, de Berna, em 22 de fevereiro de 1947: "O fato de de novo ter meu quarto para mim sozinha, tem me dado uma calma de nervos que eu já não conhecia mais. Recomecei a trabalhar com muito mais calma e estou mais feliz. Uma coisa que eu nunca preciso esquecer é de que necessito de um quarto para mim. Tudo melhora, mesmo meus sentimentos por Maury" (MQ, p. 156).

Todo um capítulo da sociologia da literatura por escrever: como vivem nossos escritores para conseguir inventar uma linha de fuga além da mera sobrevivência? Nessa perspectiva, a indecisão da data de nascimento se repete na profissão oficial, como exposto anteriormente: entrevistadora, colunista, cronista, escritora, tradutora etc. e até pintora. A impossível identidade profissional de uma escritora multiforme: tal arte, tal vida. Por isso, adverte-se: "Muita coisa não posso te contar. Não vou ser autobiográfica. Quero ser 'bio'" (AV, p. 36). Bio-gráfica, a escrita sutil de uma vida de ponta a ponta reinventada. Bioficção, portanto.

Aproximações do olhar

Textos como *Água viva*, *Um sopro de vida*, "O relatório da coisa", *A maçã no escuro*, entre outros, se assemelham a um caleidoscópio multissensorial. Nesse aparelho, o olhar é somente um dispositivo para desencadear inúmeras outras sensações e pulsações. O próprio olhar tem a dimensão de coisa; além disso, as próprias coisas nos olham, como os bichos. Na natureza, como na cultura, tudo se entreolha o tempo todo. Essa interseção bicho-coisa por meio do olhar coisificado comparece no segundo livro de Clarice, *A cidade sitiada*:

> Como dizer que os bibelôs estavam ali? ah! fitou ela com brutalidade essas coisas feitas das próprias coisas, falsamente domesticáveis, galinhas que comem por vossas mãos mas não vos reconhecem — apenas emprestadas, uma coisa emprestada à outra e a outra emprestada à outra. Conservando-se sobre as prateleiras ou mantendo-se indiferentemente no chão e no teto — impessoais e orgulhosas como um galo. Pois tudo o que fora criado o fora ao mesmo tempo desencadeado.
> Então Lucrécia, ela própria independente, enxergou-as. *Tão anonimamente que o jogo poderia ser permutado sem prejuízo, e ser ela a coisa vista pelos objetos* (CS, p. 93, grifos meus).

Sublinho enfaticamente o valor de intertroca que o verbo *permutar* consigna. *A cidade sitiada* é um livro pontuado pela imagem visual e sonora de um bibelô que toca flauta, um modo de também coisificar o masculino, encenando como revanche a ficção do homem-coisa, um manequim de brinquedo, tais os manequins pintados por Iberê Camargo, duplos de carretéis e dados: zoografias. Não por acaso, na entrevista que faz com o pintor gaúcho, os carretéis são um dos objetos em questão como ponto de partida da obra. Ao que Iberê responde: "— Os carretéis foram também as minhas fantasias de criança, o meu brinquedo. É natural que se tivessem transformado em símbolos na obra que faço" (E, p. 211).

O mesmo poderia dizer a escritora nordestino-ucraniana dos bibelôs, dos cães, dos livros, das galinhas e seus ovos etc., todos dispositivos oriundos de uma remota infância, repostos em novos espacitempos de fantasia.

Tudo se faz então por meio de um pensamento também ele dotado do estatuto da coisa, dessa vez da *coisa pensante*, que se apossa de Lucrécia:

> Tão humilde e irada que não saberia pensar; e assim dava o pensamento através de sua única forma precisa — não era isso o que sucedia às coisas? — inventando por impotência um sinal misterioso e inocente que exprimisse sua posição na cidade, escolhendo a própria imagem e através desta a dos objetos (CS, p. 69).

A cidade em estado de sítio é aquela das coisas, dos animais e dos humanos que permutam posições, dando vez e lugar ao pensamento-coisa, a um pensamento que não é nem substância, nem função, nem matéria apenas. Pensar é re-configurar o espacitempo em que o radicalmente outro se instaura, desconstituindo a soberana consciência do sujeito. Pensar é atender ao chamado que vem dos bichos, das coisas, mas igualmente dos animais humanos, de si para consigo alterados, outrados: nem mais bichos, coisas ou humanos puramente. Processo mutante e permutante que se faz veemente e jubilante, como a flor: "Eis o mistério de uma flor intocável: a veemência jubilante. Que rude arte" (p. 68). Rudeza do reflexo conflituoso entre pessoa e imagem, que nenhum narcisismo resgata: "Aos poucos ela não saberia se olhava a imagem ou se a imagem a fitava porque assim sempre tinham sido as coisas e não saberia se uma cidade tinha sido feita para as pessoas ou se as pessoas para a cidade — ela olhava" (p. 48). Há igualmente um automatismo de bibelô ou de manequim que se arma perfeitamente na cena em que, observando uma passante da janela, o cidadão Perseu decora trechos de um livro de biologia:

> [...] "Os animais [pelágicos]", disse ele. A mulher retomou a cesta. "Se reproduzem com extraordinária profusão", disse Perseu. Decorar era bonito. Enquanto se decorava não se refletia, o vasto pensamento era o corpo existindo — sua concretização era luminosa: ele estava imóvel diante de uma janela. "Se alimentam de microvegetais fundamentais, de infusórios etc."
> "Etc.!" Repetiu brilhante, indomável (p. 28).

Etc. é uma palavra-ônibus, em que cabe qualquer coisa ao final de uma enumeração. Vocábulo monstruoso, que tanto mostra quanto oculta, subtraindo parte da série a que dá continuidade. Etc. é, do mesmo modo, o signo do suplemento, de algo a mais a ser acrescentado conforme a imaginação do narrador ou da narradora, das personagens, bem como do ou da leitora. Um etc. tem sempre reticências implícitas... algo que continua indefinidamente.

O mundo das coisas claricianas é caleidoscópico e impedidor de qualquer identificação simples (mulher, judaica, ucraniana, brasileira, sul-americana, ocidental etc.). *Coisa* é o signo e a senha para pôr em funcionamento o mecanismo geral de desidentificação, problematizando a marca de origem e de pertencimento. As coisas de *A cidade sitiada* habitam o subúrbio de São Geraldo, lugar em plena expansão, a despeito ou por causa de sua situação fora do centro: "Uma cortina de ferro subiu com a primeira estridência e revelou-se a casa de quinquilharias: a loja de coisas. Quanto mais velho um objeto, mais se despojava. A forma esquecida durante o uso erguia-se agora na vitrina para a incompreensão dos olhos — e assim espiava a moça, cobiçando a caixinha de louça rosada" (CS, p. 15). *Excentricidade* de seres e coisas compartilhada pela protagonista Lucrécia e outros habitantes: "Onde estaria o centro de um subúrbio?" (p. 10). Descentra-se, assim, a própria noção de centro, que deixa de ter sentido quando visto a partir das margens, fazendo permutar os espaços: ex-centro. Dessa periferia por assim dizer descentrada, nem propriamente marginal nem cêntrica, vislumbra-se um pasto no alto do morro, onde cavalos se reúnem numa espécie de Sabath. Porém, os cavalos reais parecem duplos ou clones da estátua equestre de uma praça da cidade: "As janelas estremeceram ao relincho. Nenhum vento soprava. Apesar da lua, a estátua do cavalo em trevas. Via-se, apenas mais nítida, a ponta da espada do cavaleiro suspendendo fulgor parado" (p. 11). Tem-se uma mistura entre o orgânico e o inorgânico, uma transmutação do metal no vivo e do vivo no metal, já presente na imagem do carrossel na abertura do livro ("o carrossel iluminava o ar em giros, as luzes caíam trêmulas...", p. 9) e que comparece também neste magnífico trecho: "Ao pôr do sol galos invisíveis ainda cocoricavam. E misturando-se ainda à poeira metálica das fábricas o cheiro das vacas nutria o entardecer" (p. 13). Assim se prenuncia a vida, insubsumível ao momento presente e anunciada pelo reino vegetal: "E das plantas vinha um cheiro novo, de alguma coisa que se estava construindo e que só o futuro veria" (p. 20). Donde até a diferença sexual, noutra parte brutalizadora da gente feminina, vem pressentida como pulsão vital: "*a diferença dos sexos* causava-lhe certa alegria" (p. 21, grifos meus). É assim que, de passeio em passeio (no livro, *passeios* são os lugares ainda não habitados da periferia, os *claros*, onde de fato se passeia), passando por entre ruínas, "um trecho arruinado do subúrbio, os sobrados enegrecidos..." (p. 21-22), ela chega ao alto do morro, de onde vislumbra a cidade, à espreita de um "cavalo imaginário. A moça esperava paciente. *Que espécie de verossimilhança viera procurar no morro?* ela espiava" (p. 22, grifos meus). Visão que será projetada à noite, como em sonhos, de forma quase *inverossímil*, quando encontra finalmente o tropel real dos cavalos, numa das passagens mais alucinadas da ficção clariciana:

> Mas à noite cavalos liberados das cargas e conduzidos à ervagem galopavam finos e soltos no escuro. Potros, rocins, alazões, longas éguas, cascos duros — uma cabeça fria e escura de cavalo — os cascos batendo, focinhos espumantes erguendo-se para o ar em ira e murmúrio. E às vezes um suspiro que esfriava as ervas em tremor. Então o baio se adiantava. Andava de lado, a cabeça encurvada até o peito, cadenciado. Os outros assistiam sem olhar (p. 22).

Paradoxo absoluto de um assistir sem olhar ou de um olhar sem ver... E é a partir dessa energia liberada pelo trote das bestas (mas aqui, sem nenhum sentido pejorativo, a palavra reverte em afirmação animal), a "ronda selvagem", "o dorso sem cavaleiros", que a moça vira centauro, signo clariciano de sagitário: "a mocinha quereria responder com as gengivas à mostra. Na inveja do desejo o rosto adquiria a nobreza inquieta de uma cabeça de cavalo. Cansada, jubilante, escutando o trote sonâmbulo, mal saísse do quarto sua forma iria se avolumando e apurando-se, e quando chegasse à rua já estaria a galopar com patas invisíveis, os cascos escorregando nos últimos degraus. Da calçada deserta ela olharia: um canto e outro. *E veria as coisas como um cavalo*" (p. 22, grifos meus). Cavalos que ressurgirão por entre os escombros das cidades devastadas, "anunciando o renascimento da antiga realidade, o dorso sem cavaleiros" (p. 81). Imagem equina elaborada em outros textos, tal como nesta passagem singular de *Água viva*: "Na minha noite idolatro o sentido secreto do mundo. Boca e língua. E um cavalo solto de uma força livre" (AV, p. 39); ou com maior densidade ainda: "Já vi cavalos soltos no pasto onde de noite o cavalo branco — rei da natureza — lançava para o alto ar seu longo relincho de glória. Já tive perfeitas relações com eles. Lembro-me de mim de pé com a mesma altivez do cavalo e a passar a mão pelo seu pelo nu. Pela sua crina agreste. Eu me sentia assim: a mulher e o cavalo" (p. 51). A questão se encontra sempre na ambivalência desses dois verbos que o português e o espanhol dispõem, duplicidade que já existia no latim, mas desapareceu de outras línguas neolatinas: ser e/ou estar; no idioma francês, por exemplo, ocorre um único verbo, *être*, tal como o *to be* do inglês. Não é que ser, ou mesmo *o* ser, não exista, mas o verbo e o substantivo se veem desde sempre fragilizados pela instabilidade do *estar*, pois este não remete a nenhuma essência, mas à provisoriedade de uma circunstância. Desse modo, é o ser-estar híbrido de Lucrécia, metade mulher, metade cavalo, que se torna capaz de ver as coisas para renomeá-las, dando-lhes enfim plena realidade, tal como Adão no Gênesis, mas sem a onipotência deste: "tudo o que ela via era *alguma coisa*. Nela e num cavalo a impressão era a expressão. Na verdade função bem tosca — ela indicava o nome íntimo das coisas, ela, os cavalos e alguns outros; e mais tarde as coisas seriam olhadas por esse nome. A realidade precisava da mocinha para ter uma forma. 'O que se vê' — era a sua única vida interior; e o que se via tornou-se a sua vaga história" (CS, p. 18-19). O bicho redobra o olhar humano sobre a existência, ampliando nossa visão ao doar-nos o olhar alheio, tal o boi de Drummond que vê, consternado, os homens (1979, p. 266).

Mas o ver-nomear nesse caso não implica apossar-se, já que a visão vem acompanhada de alguma cegueira, para melhor descortinar, por contraste; tal ocorre com o "homem moço" que a protagonista divisa da janela: "Andava olhando os edifícios sob a chuva, de novo impessoal e onisciente, cego na cidade cega; mas um bicho conhece a sua floresta; *e mesmo que se perca — perder-se também é caminho*" (CS, p. 166, grifos meus). Onisciência corroída pelas coisas que resistem no momento mesmo em que se oferecem ao olhar:

> Ela estava olhando as coisas que não se podem dizer. Certos arranjos de forma despertavam-lhe aquela atenção oca: os olhos sem piedade olhando, a coisa deixando-se olhar sem piedade: um tubo de borracha ligado a uma torneira quebrada, o casaco pendurado atrás, o fio elétrico enrodilhando um ferro. (*Ver as coisas é que eram as coisas.*) Ela batia a pata paciente. Procurava, como modo de olhá-las, ser de certa maneira estúpida e sólida e cheia de espanto — como o sol. *Olhando-as quase cega, ofuscada* (p. 90, grifos meus).

Um ver que desnatura as coisas, calcinando-as e reduzindo-as à condição de natureza-morta, por meio de um processo qualificado de "maravilhoso":

> [...] As transformações do bar eram as mutações monótonas de uma insônia, a vigília da senhora de preto se alongava em sombra, os cílios batiam sonolentos sobre a negra luminosidade dos olhos. *A fruta oscilava plena.* [...] Mas antes seria preciso desistir para sempre, antes despojar-se da arma — ser apenas a mancha escura no espelho — e a fruta lá estaria. Antes, negar o que fora sua conquista até alcançar a atenção universal e sonhadora de um cão — e eis, eis a fruta inteira. Pois não fora assim que se vira ao espelho? (p. 160, grifos meus).

O capítulo intitulado "No jardim", certamente um Éden reinventado, traz um resumo da zoografia clariciana, misturando ficcional e realisticamente o vivo e o não vivo, todos agora de algum modo animados, rutilantes, nessa espécie de sonambulismo que é o sonho da literatura, pleno de fantasias: "Fitar as coisas imóveis por um momento a solevou num suspiro de sono, a própria imobilidade a transportou em desvairamento: bocejou cuidadosa, errante entre os objetos do espaço — os brinquedos da infância espalhados sobre os móveis. Um camelinho. A girafa. O elefante de tromba erguida. Ah, touro, touro! atravessando o ar entre os vegetais carnudos de sono" (p. 75). Mais adiante é a vez dos seres ditos abjetos, aqui convertidos em matéria igualmente viva e válida, um sujeito-objeto de ficção como qualquer outro: "Formigas, ratos, vespas, rosados morcegos, manadas de éguas saíram sonâmbulas dos esgotos" (p. 76); como na canção, os "bichos escrotos" invadem a cidade, que se vê sitiada por aquilo que pulsa, vivo ou não vivo. Pois não há vida sem morte, nem algum princípio de inércia, e é disso que fala o poema de Cabral "Contam de Clarice Lispector", o qual fornece a primeira das duas epígrafes da Segunda Parte: a obsessão clariciana pela morte reforça sua paixão pela vida, pois ela nada exclui de antemão, tudo fazendo mover e comover, sujeitos, objetos, abjetos, insetos, brinquedos, automóveis, bichos — singelos, mas às vezes também obscenos, como em *A via crucis do corpo*. Ela se converte própria e impropriamente no que descreve: "Vejo a grande lesma branca com seios de mulher: é ente humano?" (AV, p. 39). Resposta: também sim. Por isso Rodrigo S.M., de *A hora da estrela*, torce para que nunca descreva o lázaro, senão corre o risco de se cobrir de lepra... O princípio de contaminação faz com que tudo se comunique com tudo, o melhor e o pior, o mais afetuoso e o mais "escroto" — por amor.

As coisas vêm engolfadas por uma potente máquina de escrever, esse computador virtual *avant la lettre* ("Escrevo ao correr das palavras" — AV, p. 36 —, diz atualizando o "ao correr" da pena, de Alencar), que Clarice carregava no colo, para poder estar próxima de seus filhos quando crianças. Hábito que manteve por toda a vida, como narra em "Gratidão à máquina", numa crônica de 20 de janeiro de 1968. Nesse texto, a máquina descrita é uma Olympia portátil, à qual se sente inteiramente acoplada, "E ajuda-me como uma pessoa" (DM, p. 82). Daí seu desejo de presentear uma coisa que quer ser apenas coisa, "sem a pretensão de se tornar humana" (p. 82), nem mesmo intencionando se tornar robô.

Trata-se de uma máquina-útero, de onde proliferam as formas mais excepcionais de vida, escapando à soberania da consciência, da racionalidade absoluta, do cálculo imperativo, sem irracionalismo, todavia. Nem racional nem irracional, nem masculina nem feminina, entre escroto e útero, matéria e forma, razão e imaginação. A assinatura C.L. significa a incorporação ilimitada das formas do informe. Mãe e pai num só corpo, *corpus* que se metamorfoseia de um texto a outro, no vazio desmesurado de uma vasta ficção em aberto. Disso resulta a impossibilidade de reduzir a autoria a um só tipo de textualidade reconhecidamente canônica — ou seja, os livros considerados oficiais: romances, contos, crônicas. Tudo pode ser agregado, de modo paciente e rigoroso, ao fantasma corporal da autoria, essa i-materialidade de formas e conteúdos *assinada Clarice Lispector*: cartas, seções femininas, entrevistas, conferências, literatura infantil, conversas, notas de lavanderia, bilhetes de amor, pinturas, sonhações. Cabe desconstruir o cânone da obra de um autor canonizado, abrindo as comportas para o que até recentemente se excluiu, dando vez ao ilimitado de um *corpus* autoral à deriva e reprocessando suas formas à medida que os denodados leitores o acessam, seja nos escritos publicados no formato de livro, seja nos documentos da Fundação Casa de Rui Barbosa e do Instituto Moreira Salles. Por definição, a obra completa não tem fim, tal foi o que Foucault quis ironicamente aludir quando declarou que "A teoria da obra não existe" (1994, p. 794), pois jamais haverá um *corpus* teórico ou crítico que, sobretudo hoje com o advento das tecnologias do virtual, dê conta da miríade de escritos legados por um potente autor ou uma fabulosa autora. Isso é tanto mais válido porque se trata de uma pensadora, talvez a maior que a língua portuguesa tenha legado. Quando digo "pensadora" é preciso atentar para a limitação da designação em nosso e em outros idiomas. Se dissesse um pensador, a universalidade já estaria garantida de antemão, mas o apontamento do feminino só dá uma generalidade parcial. É essa falácia inscrita no corpo da língua que faz com que Clarice apresente Lygia Fagundes Telles como um "autor": "De modo que falemos dela como ótimo autor" (E, p. 13). O lado terrível da designação é confirmar o falocentrismo da qualificação, porque ser uma grande contista seria duplamente redutor: por ser mulher e por ser o conto uma espécie considerada quantitativa e qualitativamente *menor* de literatura. Mas, ao chamar a atenção para o problema, Clarice abre o debate para a diferença sexual no plano da autoria, a qual faz com que haja infinitamente menos mulheres autoras canônicas do que homens na história da cultura planetária.

Retrato da artista enquanto jovem coisa

Enfatizo que a própria abreviação C.L. funciona como coisa, de modo análogo mas também distinto de G.H. Se no quase romance *A paixão segundo G.H.*, as iniciais deixam a protagonista no anonimato, ao se designar como C.L. obviamente não há enigma nenhum, apenas referencia-se de outra forma o nome da autora, por redução. O anonimato da personagem narradora G.H. equivale ao de sua antagonista, a barata, que, por natureza, não tem nome. Costuma-se dar nome próprio aos animais domésticos, mas muito raramente aos selvagens, com exceção daqueles do zoológico, como foi o caso da celebridade animal do zoo de Berlim, o urso Knut. Em 2007, rejeitado por sua mãe e entregue aos cuidados de um carismático tratador, Knut tornou-se *star* internacional, sofrendo todo o assédio típico da média mídia; infelizmente, veio a falecer aos quatro anos de idade em pleno horário de visita.

Em ambos os casos, de C.L. e de G.H., há um tornar-se-coisa do nome, uma objetificação que o faz mais ainda manipulável pelo leitor e, portanto, intertrocável na cena ficcional — por assim dizer, *portátil*, tal a valise em que se inscrevem as letras G.H. Todo nome tem algo de coisa, e toda coisa pode ter ou tornar-se um nome, mas as iniciais radicalizam a objetividade do nome do sujeito, como uma etiqueta pronta para colar em diversos lugares. C.L. adentra a ficção da leitura clariciana como rubrica, cuja assinatura real se inscreve, por exemplo, nos títulos alternativos de *A hora da estrela*.

Tal mundo ou estado das coisas serve para pensar o impensável da tradição ocidental e de outras. Com isso, põe-se em relevo a impossibilidade de pertencimento simples a um gênero (sexual, discursivo: *gender* e *genre*) e a uma espécie (biológica, discursiva). O anonimato ficcional (afinal, quem é mesmo G.H.? Apesar do recurso ao feminino, nada garante que seja uma mulher...) facilita a pluralidade das máscaras. Ao mesmo tempo, repensa-se também a inserção diferencial da ficção de C.L. no âmbito de outras literaturas: "latino-americana", americana, europeia, ocidental e não ocidental. A descoberta do mundo segundo C.L. é a descoberta dos mundos e das coisas num só planeta. Ou seja, a invenção de mundos no mundo. O animal-coisa-mulher que C.L. é e encena vive na linha fronteira entre estrangeiridade e brasilidade, ainda por cima com sotaque nordestino de língua presa.

Essa instância da Coisa, de que fala Clarice com seus múltiplos objetos, mas de que falam também Kafka, Guimarães, Hoffmann, Borges, Cixous, com seus muitos e inortodoxos seres, entre o vivente e o não vivente, essa instância apela a uma vivência como convivência, solidariedade, compartilhamento com a diferença. Em vez de tolerância (sempre paternalista), de segurança (sempre autoprotetora e egoísta), de desprezo (sempre ignorante), caberia uma mutação de valores, em nome da possibilidade infinita de compartilhar e negociar as diferenças. De permutar, em toda sua ambivalência. Nisso, a instância do Mesmo é uma invenção do Outro e da Outra, e não uma autoafirmação arrogante, tão recorrente nos tempos que correm.

O que um dia se chamou de pós-moderno, designação que sofreu inúmeras críticas nos últimos anos, a ponto de já se falar em "pós-pós-moderno"... — nada mais significou que a dobra da modernidade: o momento em que o moderno pôde pensar a si próprio, refletindo sobre seus dogmas e limitações. Entre estes justamente o sentido hegeliano, de *superação*, ou vanguardista, de inovação, que o prefixo *pós-* evoca. Assim, o pós-moderno envelheceu mal e relativamente rápido, quando desejava ser eterno. Pouco importa, pois, a denominação mais adequada, desde que não se pense simplesmente em termos de periodização, mas sobretudo em termos estruturais. De uma estrutura aberta ao momento vertiginoso e abissal, em que todas as ilusões se desfazem e as utopias se veem substituídas por lutas pontuais mas nem por isso destituídas de relevância, muito ao contrário. Lutas políticas, emancipatórias, mas também estéticas, visando a ampliar as liberdades que as vanguardas históricas e as seguintes já tinham conquistado, em busca de abrir mais ainda o horizonte histórico-cultural. Tudo isso implica o advento e a afirmação de outros valores, quer dizer, outras *forças de intervenção*, todavia sem colonizar mais uma vez o terreno da cultura em prol de uma única hegemonia. A abertura do novo milênio só se fez possível pela aceitação das múltiplas complexidades, insubsumíveis ao mono e ao fixo, fossem estes os mais transgressores.

A ficção de Clarice já antecipava, desde os anos 1940, no auge da alta modernidade, uma possível inflexão do moderno. Sem propriamente se opor a essa última tradição, a das vanguardas, ao contrário, tirando explicitamente proveito dela, anunciava um pós-moderno reflexivo, além do humano demasiado humano — um humano também animal e coisal. Contemporânea, mas sobretudo extemporânea, a antiliteratura da coisa se abre como um coral de objetos, forças e formas para o tempo presente e para uma democracia dos estados (em sentido amplo), ainda e sempre por vir. É preciso que o evento já se dê aqui e agora, para que floresça mais e mais num instante vindouro. Vinda e anunciação, transporte, mutação permanente.

Por meio de vários dispositivos, C.L. reforça o dado enigmático, porém não místico, da própria literatura, qual seja, o de não se identificar a um gênero exclusivo. Enigma e mistério, portanto, não como o inefável sobrenatural, mas como charada, jogo de linguagem, vacância e dúvida existencial: gregotins. É literatura, por definição, o texto que ficcionaliza sua própria fundação, abalando os limites consolidados dos gêneros letrados e gerando uma estranha familiaridade: reinventa gêneros que não se reconhecem de todo, pois carecem de identidade típica. É nesse sentido que se pode reler o famoso *gênero não me pega mais* de *Água viva*:

> Desde já é futuro, e qualquer hora é hora marcada. Que mal porém tem eu me afastar da lógica? Estou lidando com a matéria-prima. *Estou atrás do que fica atrás do pensamento. Inútil querer me classificar: eu simplesmente escapulo não deixando, gênero não me pega mais. Estou num estado muito novo e verdadeiro,* curioso de si mesmo, tão atraente e pessoal a ponto de não poder pintá-lo ou escrevê-lo (AV, p. 13, grifos meus).

O ineditismo do estado em que se está (valha o pleonasmo) oblitera toda *mímesis* fixa, obrigando o maquinário mimético a reinventar gêneros, formas, estruturas, pois nos moldes da tradição, antiga e moderna, essa textualidade pensante não cabe mais. Tudo resta a pensar no vasto campo desterritorializado de Clarice. *Mímesis* só como reinvenção atípica. Nisso, a literatura vive de refazer suas formas e assuntos, tal como Joana ao final de seu romance *de formação* (leia-se melhor de-formação, a fim de evitar o sentido evolutivo do *Bildungsroman*, ele mesmo um gênero tradicional e estável, para não dizer estanque):

> O que nela se elevava não era a coragem, ela era substância apenas, menos do que humana, como poderia ser herói e desejar vencer as coisas? Não era mulher, ela existia e o que havia dentro dela eram movimentos erguendo-se sempre em transição. Talvez tivesse alguma vez modificado com sua força selvagem o ar a seu redor e ninguém nunca perceberia, talvez tivesse inventado

com sua respiração uma nova matéria e não o sabia, apenas sentia o que jamais sua pequena cabeça de mulher poderia compreender. Tropas de pensamentos quentes brotavam e alastravam-se pelo seu corpo assustado e o que neles valia é que encobriam um impulso vital, o que neles valia é que no instante mesmo de seu nascimento havia a substância cega e verdadeira criando-se, erguendo-se, salientando como uma bolha de ar a superfície da água, quase rompendo-a... Ela notou que ainda não adormecera, pensou que ainda haveria de estalar em fogo aberto. Que terminaria uma vez a longa gestação da infância e de sua dolorosa imaturidade rebentaria seu próprio ser, enfim, enfim livre! Não, não, nenhum Deus, quero estar só. E um dia virá, sim, um dia virá em mim a capacidade tão vermelha e afirmativa quanto clara e suave, um dia o que eu fizer será cegamente seguramente inconscientemente, pisando em mim, na minha verdade, tão integralmente lançada no que fizer que serei incapaz de falar, sobretudo um dia virá em que todo meu movimento será criação, nascimento, eu romperei todos os nãos que existem dentro de mim, provarei a mim mesma que nada há a temer, que tudo o que eu for será sempre onde haja uma mulher com meu princípio, erguerei dentro de mim o que sou um dia, a um gesto meu minhas vagas se levantarão poderosas, água pura submergindo a dúvida, a consciência, *eu serei forte como a alma de um animal e quando eu falar serão palavras não pensadas e lentas, não levemente sentidas, não cheias de vontade de humanidade, não o passado corroendo o futuro!* o que eu disser soará fatal e inteiro! não haverá nenhum espaço dentro de mim para eu saber que existe o tempo, os homens, as dimensões, não haverá nenhum espaço dentro de mim para notar sequer que estarei criando instante por instante, não instante por instante: sempre fundido, porque então viverei, só então viverei maior do que na infância, serei brutal e malfeita como uma pedra, serei leve e vaga como o que se sente e não se entende, me ultrapassarei em ondas, ah, Deus, e que tudo venha e caia sobre mim, até a incompreensão de mim mesma em certos momentos brancos porque basta me cumprir e então nada impedirá meu caminho até a morte-sem-medo, *de qualquer luta ou descanso me levantarei forte e bela como um cavalo novo* (PCS, p. 215-216, grifos meus).

Cavalo novo é a última imagem do primeiro (não)romance *assinado C.L.* Foi então imperativo citar todo esse final altamente joyciano (em termos de desestruturação da linguagem e de abertura do pensamento) num livro que contém um título inspirado numa epígrafe de James Joyce. Em ensaio publicado num volume do Instituto Moreira Salles dedicado a Clarice, Silviano Santiago aborda o problema do título joyciano em termos de *"marketing"*, por influência de Lúcio Cardoso, dando a entender a conveniência de se vincular a um autor modernista já então com grande prestígio internacional, embora ainda não traduzido no Brasil (Santiago, 2004). Essa hipótese de Santiago é decerto válida, embora aqui interesse mais outra interpretação. Numa carta dirigida a Lúcio, Clarice se queixa da vinculação a Joyce, alegando que não o lera antes de escrever *Perto do coração selvagem* e que aceitara a sugestão do escritor mineiro para a epígrafe e para o título da obra por confiar em seu gosto. Leiamos atentamente a mensagem:

> Imagine que depois que li o artigo de Álvaro Lins, muito surpreendida, porque esperava que ele dissesse coisas piores, escrevi uma carta para ele, afinal uma carta para ele, afinal uma carta boba, dizendo que eu não tinha "adotado" Joyce ou Virginia Woolf, que na verdade lera a ambos depois de estar com o livro pronto. Você se lembra que eu dei o livro datilografado (já pela terceira vez) para você e disse que estava lendo o *Portrait of the artist* e

que encontrara uma frase bonita? Foi você quem me sugeriu o título. Mas a verdade é que senti vontade de escrever a carta por causa de uma impressão de insatisfação que tenho depois de ler certas críticas, não é insatisfação por elogios, mas *é um certo desgosto e desencanto — catalogado e arquivado. Vou tentar completar a tinta o que a máquina negou ao papel* (CR, p. 43-44, grifos meus).

Seria preciso muita tinta para deslindar uma questão espinhosa que só uma prova factual da escrita anterior à intitulação e à epígrafe resolveria, ou seja, seria preciso ter ficado alguma versão ou algum documento que demonstrasse o comparecimento da assinatura joyciana apenas quando o texto estava pronto para ir ao prelo. Como essa comprovação inexiste, fica difícil acreditar que uma escritora tão fingidamente literária como Clarice aceitasse dar título e pôr uma epígrafe extraída de um autor e de um livro (Joyce e o *Retrato do artista quando jovem*) que de algum modo não tivesse marcado seu sinete na escrita cursiva da obra (*Perto do coração selvagem*). Mesmo considerando tratar-se de escritora muito jovem, a potência de seu texto demonstra que há um cálculo ficcional em disfarçar essa "angústia da influência". O final do livro, em sua desestruturação frasal, traz o timbre do "fluxo da consciência" (que eu renomearia de "fluxo da inconsciência"), sem servilidade, porém, à técnica do *Ulisses*. Pouco importa se houve influxo direto; de qualquer modo, Joyce fazia e faz parte dos textos incontornáveis de uma época, que nem precisam ser lidos para serem de algum modo conhecidos. Tal é, por bem ou mal, a natureza dos "clássicos" (embora o valor petrificado do cânone mereça sempre ser questionado). E a uma escritora como Clarice basta uma página, por vezes uma frase, para disparar o mecanismo inventivo, partindo do texto do outro e indo muito além. Claro está que se trata nesse caso de uma conjectura, mas que tem grandes probabilidades de estar certa, sobretudo porque, por sugestão e/ou por decisão própria, a escritura joyciana comparece nos limiares do texto, e sabemos desde Derrida quanto uma epígrafe dá o tom e anuncia o que vem em seguida. Tentar apagar a marca da influência (termo que ela tem toda a razão em rejeitar) não é suficiente para suprimir a *confluência* óbvia entre as duas escritas (as de Joyce e de Clarice), ambas fazendo hoje parte do cânone da chamada alta modernidade, indo todavia bem mais além. O mesmo vale para Proust e Woolf: ter lido antes ou depois de publicar o primeiro livro é menos importante do que o diálogo que nós, leitores, podemos agora estabelecer entre essas duas obras e as de Clarice. Pois me importa muito pouco a velha e desgastada noção de influência, que Harold Bloom ainda mantém, nomeando-a por meio da psicologizante "angústia". Com a aproximação em termos de confluência, ganha Clarice, pois mostra a força pensante de sua escrita, no mesmo nível de Joyce, de Proust e de Woolf, porém com outras estratégias, em outro tempo e lugar, surtindo outros efeitos. Bem outra. Liberada da angústia da influência, a obra clariciana pode ser lida à luz da confluência com seus pares europeus, pagando-lhes tributo, por um lado, mas, por outro, não lhes devendo quase nada, pois o que fez tem outros destinos e implicações. A singularidade da assinatura C.L. se faz no confronto e na interlocução com seus antecessores e com seus contemporâneos, sem necessidade de *denegação*, tanto mais delatora quanto mais enfática.

Nesse sentido, a literatura pensante de C.L. se constitui no relatório fundacional de sua gênese e da gênese do literário em geral, literário este liberado de amarras genéricas, geniais e generosas. Ainda Joana, com sua "pequena cabeça de mulher": "Mas das profundezas como resposta, sim como resposta, avivada pelo ar que ainda penetrava no seu corpo, ergueu-se a chama queimando lúcida e pura... Das profundezas sombrias o impulso inclemente ardendo, *a vida de novo se levantando informe, audaz, miserável*. [...] *o mesmo impulso da maré e da gênese, da gênese!*" (PCS, p. 214, grifos meus). Trata-se de um verdadeiro *dom*, uma força dadivosa que atravessa o eu-falo e vai bem mais além do sujeito, do indivíduo, da pessoa. Abre-se então um lugar vazio de sentido, a referida instância X, que escava nossa ocidentalidade mais além de seus centros, em direção a seus muitos outros e outras, próximos e distantes. *Periféricos*, desde que *periferia* seja entendida no sentido depreendido de *A cidade sitiada*, quer dizer, ex-cêntrico e sem complexos. A Outra é em parte a esfinge que derrota Édipo e sua miríade de representações (entre elas, certamente, os dois magníficos quadros de Gustave Moreau), propondo um espacitempo de desrepresentações da presença original. Porém, tal como a personagem enigmática e desafiadora de Ângela Pralini: "E eu sei qual é o segredo da esfinge. Ela não me devorou porque respondi certo à sua pergunta. Mas eu sou um enigma para a esfinge e no entanto não a devorei. Decifra-me, disse eu à esfinge. E esta ficou muda" (SV, p. 100-101).

Não se trata de propor o *ginocentrismo* como contraface simétrica do falogocentrismo que nos une a todos, mas sim de re-pensar a relação com a instância X, a qual precede estruturalmente as oposições binárias: masculino/feminino, homens/animais, vivo/não vivo, presente/ausente, dentro/fora etc. Motivo pelo qual a temática da Outra não é redutível a nenhum feminismo, enquanto movimento histórico datado e territorializado em oposição ao reinado machocêntrico (conflito, ressalte-se, fundamental), mas significa apenas o movimento de abertura aos outros e às outras da história, nas paragens que medeiam a relação entre o vivo e o não vivo, o humano e sua radical diferença, no entanto tão próxima. Distância e proximidade são moduladores da estranha familiaridade que faz relacionar o Homem a tudo o que supostamente ele não é: mulheres, crianças, escravos, animais, plantas, desertos, demônios, monstros, coisas e deuses. Não há que desqualificar a teoria nem a militância feministas, sem as quais grande parte da revolução sexual dos anos 1960 em diante não teria ocorrido. Mas o feminismo é apenas uma vertente da guerra dos sexos, a ser re-vista numa perspectiva mais ampla, indo além da oposição macho/fêmea que a sustenta. O desejo fundamental estaria em reduzir a força do *pólemos* que tem sustentado a relação entre homens e mulheres até aqui.

Tampouco interessa psicanalisar o texto clariciano, mesmo quando recorro pontualmente a uma ou outra categoria freudiana: essa é uma ficção que não se deita jamais no divã. Nem psiquismo, nem inconsciente (em sua oposição parcial ou total à consciência), nem muito menos sujeito, imaginário e simbólico de fatura lacaniana dão conta dessa potente máquina de escrever. Como dito, o tornar-se-coisa da artista C.L. impede qualquer redução a ciências regionais tais o saber feminista, a psicanálise, a antropologia, a etologia e outros logismos. Nem lógica nem ilógica ou alógica, Clarice escapa às determinações do *lógos*, bem como às do *génos* gregos; recitemos um trecho esclarecedor: "Que mal porém tem eu me afastar da lógica? Estou lidando com a matéria-prima" (AV, p. 13). Era o que já prenunciava o *incipit*, ou seja, as primeiras linhas, as primícias de uma ficção, que é a abertura extraordinária de *Perto do coração selvagem*:

> A máquina do papai batia tac-tac... tac-tac-tac... O relógio acordou em tin-dlen sem poeira. O silêncio arrastou-se zzzzzz. O guarda-roupa dizia o quê? roupa-roupa-roupa. Não, não. Entre o relógio, a máquina e o silêncio havia uma orelha à escuta, grande, cor-de-rosa e morta. Os três sons estavam ligados pela luz do dia e pelo ranger das folhinhas da árvore que se esfregavam umas nas outras radiantes (PCS, p. 11).

A obra canônica supostamente começa (pois outros textos curtos já tinham sido publicados antes de forma avulsa e mesmo um livro de contos chegou a ser preparado) com o barulho da máquina de escrever e a tautologia das coisas que produzem a onomatopeia do que são: as coisas coisam, o guarda-roupa roupa. Tautologia reverberada anos depois por *A cidade sitiada*, livro cheio de sons de máquinas e bichos, tal como na mesma passagem de *Perto do coração selvagem* já comparecem as "galinhas-que-não-sabiam-que-iam-morrer", as quais comem minhocas, mas que serão comidas por pessoas, desenhando uma tosca cadeia alimentar:

> Gostava de ficar na própria coisa: é alegre o sorriso alegre, é grande a cidade grande, é bonita a cara bonita — e era assim que se provava ser claro apenas seu modo de ver.

Até que, uma vez ou outra, *via ainda mais perfeito: a cidade é a cidade*. Faltava-lhe ainda, ao espírito grosseiro, *a apuração final para poder ver apenas como se dissesse: cidade* (CS, p. 88, grifos meus).

Ver em substituição, como suplemento do nomear, mas dessa vez não para possuir nem reter, colonizar, somente para desnudar a cidade em sua depuração de coisa, puro referente quase sem signo: idêntica na desidentificação consigo própria. Anônima.

"Um bando de mulheres loucas"

Quando da publicação do livro de Hélène Cixous no Brasil, *A hora de Clarice Lispector* (1999), Marilene Felinto atacou violentamente o texto da judia franco-argelina, indagando por que a ficção de Clarice atrai "especialmente um bando de mulheres loucas" (1999). Provavelmente essa escritura atrai também "um bando de homens loucos", como o provam os admiradores Antonio Candido, Autran Dourado, José Américo Pessanha, Carlos Drummond de Andrade, Silviano Santiago, Fernando Sabino, João Cabral de Melo Neto, Caio Fernando Abreu, Benedito Nunes e João Gilberto Noll, entre muitos outros. Decerto a loucura masculina não é a mesma que a feminina, pois também aí vige a diferença sexual a que Clarice atentou desde muito cedo, levando-se em conta os vários episódios narrados por sua biógrafa Teresa Cristina Monteiro Ferreira (1998). Mas a loucura dos homens pode ser tão ou até bem mais violenta do que a das mulheres; faz parte do falocentrismo o uso desmesurado da força, com recurso à crueldade extrema. Desse modo, ao menos quantitativamente, "nossa" loucura masculina é potencialmente mais destrutiva do que a "delas". Às mulheres são imputados delírios, fingimentos, desfaçatez e venenos; mais raramente, homicídios violentos. Aos homens são imputadas todas as atrocidades conhecidas e mais algumas por descobrir, inventivos que somos. Entretanto, nem toda loucura é destrutiva, nem todo louco sai por aí envenenando e matando. Há o bom delírio, aquele que vem como acontecimento, ou quase, em frases e situações aparentemente desconexas, mas que conectam com outros mundos e planos de existência, em distanciamento mas não sem contato com a referida imanência histórica, factual. Interessa aqui a *loucura inventiva, fingida*. Um pouco como a loucura fictícia de Hamlet, mas sem as consequências trágicas do príncipe-filósofo. Tudo em Clarice vem por meio de um acontecimento que antecede e ultrapassa os seres e coisas envolvidos. Faz tempos a crítica nomeou "epifania" a esses quase eventos. O termo procede do vocabulário religioso e remete à aparição de algo distante no plano do real. Fenômeno similar ao que Walter Benjamin chamou de "aura": "a aparição única de uma coisa distante, por mais perto que ela esteja" (1996, p. 170). Entretanto, segundo penso, a literatura clariciana é francamente desauratizante, profanando e deslocando os sentidos ordenados do sagrado, do normativo e do consensual. Sem ser propriamente transgressiva (fantasma romântico corroído pela propaganda da Coca-Cola, que C.L. trata com humor sutil em *A hora da estrela* e alhures), essa ficção leva o saber estabilizado a seus confins, aproximando-o de um não saber, ou seja, o vazio de uma experiência que se desconhece e se vive no nível do corpo. Como dessublimada paixão. Paixão do Cristo, mas de um Cristo finito, demasiado humano, sofredor e alegre, ele que "só nascera para a glória de Deus, então fosse a alegria dos homens" (LE, p. 100), como Bach musicalmente nos ensina. Um Cristo humanamente louco, delirante, familiar e estranho como o ovo, esse estar-coisa que baixa todas as manhãs na mesa da cozinha, oferecido ao repasto humano como as entranhas da barata. A hóstia do que é vivo e palpita na boca em hosana promove a comunhão com o neutro, o ilimitado, o outro e a outra radicais. Comungar segundo C.L. significa experimentar a neutralidade do que não tem propriamente sabor nem saber, mas existe, o inominável que dá nome às coisas: X, nome de deus sem Deus, um deus por vir, que anuncia não a salvação, mas o messianismo vazio, como essa boca aberta procurando morder a polpa do nada ou da maçã ao alcance dos dentes. Loucura do sabor sem pecado nem culpa, do perdão além do ódio, da fauna liberada de rédeas e correntes: a matilha de cães domésticos (Dilermando, Ulisses, Jack e outros), o tropel dos cavalos de São Geraldo, a máquina de coisas em *Um sopro de vida* e, miraculosamente, o pinto que nasce às vésperas do Natal, com a graça terrestre de uma dádiva, em *A legião estrangeira*:

> E enquanto isso, o pinto cheio de graça, coisa breve e amarela. Eu queria que também ele sentisse a graça de sua vida, assim como já pediram de nós, ele que era a alegria dos outros, não a própria. Que sentisse que era gratuito, nem sequer necessário — um dos pintos tem que ser inútil — só nascera para a glória de Deus, então fosse a alegria dos homens. Mas era amar o nosso amor querer que o pinto fosse feliz somente porque o amáva-

mos. Eu sabia também que só mãe resolve o nascimento, e o nosso era amor de quem se compraz em amar: eu me revolvia na graça de me ser dado amar, sinos, sinos repicavam porque sei adorar (LE, p. 100).

Se o pinto é ícone fálico na cultura brasileira, dele se acerca a narradora-mãe, imantada pela gratuidade do dom amoroso, louco e potente a um só tempo. A loucura inventiva é uma dádiva, liberada pela força de um ilimitado amor, que só o não humano é capaz de suscitar: um pinto, um ovo, uma galinha... entre o feminino e o masculino, a surpresa de um acontecimento de véspera, bem antes do esperado.

Por que então a literatura de C.L. não deve ser considerada "filosófica"? Porque a filosofia, qualquer uma, mesmo a mais ambiciosa, ainda é um discurso parcial sobre o que há (e o que não há). No fundo, é uma disciplina ocidental, formatada pelos gregos, engendrando uma tradição de reflexão e cultura como a matriz do Ocidente mesmo. Nenhum saber regional, seja ele o mais filosofante, pode dar conta daquilo que não se reduz a uma região, ou seja, o pensamento: nem o âmbito filosófico, nem o psicanalítico, nem o antropológico, nem o sociológico, nem o geopolítico, nem tampouco o dos estudos culturais, *queer studies*, *animal studies*, estudos femininos ou o dos não menores estudos de teoria e crítica literária. Embora não somente válidos, mas indispensáveis, esses nomeados discursos encontram seus limites em sua própria história e nas disposições metodológicas e epistemológicas que os fundamentam e os fazem avançar. A particularidade de cada um (a série é, por definição, infinita, agora mesmo pode estar surgindo um novo e arrojado saber como forma nova de poder) funda e desenvolve um mundo, ampliando nossa própria concepção do mundo, concepção ela mesma múltipla e dispersa ao longo da imensa história do humano no globo. Não há saber sem domínio, sem reserva de mercado e atribuição de competências, como sinalizam desde a década de 1960 Foucault e Derrida, cada um com seus variados dispositivos discursivos e transdiscursivos, disciplinares (história, filosofia, literatura, etnologia) e transdisciplinares, no limite entre um saber rigoroso e aquele que se deslimita mais além desse saber, provisoriamente nomeado como não saber.

Poder nomear outramente, desfigurando a carga semântica dos vocábulos institucionalizados, dar termo aos termos, eis tudo. Livrá-los antes de mais nada de todo aparato ideológico essencialista, refundando a essência no único aspecto que lhe dá potência: a de uma força catalisadora de pulsões e instintos. Ao fazer aflorar a instintualidade da pulsão, a pulsionalidade do instinto humano e/ou animal, humano porque animal, está-se a um passo de contar outra história. "Às vezes eletrizo-me ao ver bicho. Estou agora ouvindo o grito ancestral dentro de mim: parece que não sei quem é mais a criatura, se eu ou o bicho. E confundo-me toda. Fico ao que parece com medo de encarar instintos abafados que diante do bicho sou obrigada a assumir" (AV, p. 50).

Pois há *algo* (em vez de nada) que excede qualquer mundo particular, atravessando-os e originando novos mundos e saberes, a cada momento. Um algo além das fronteiras disciplinares — necessariamente trans-disciplinar. Desse algo só o pensamento pode, de algum modo, se não dar conta (isso implicaria um determinado programa e seu cálculo), ao menos se relacionar e amplificar, tal como se ampliam vozes ou escritas por meio de instrumentos. Também por isso a designação de *pensante*, em vez de literatura filosófica. Pois o pensamento, se há, vai além de qualquer saber local, específico, datado. Embora se insurja numa data, o pensamento é da ordem de um evento que nenhum dispositivo consciente, deliberativo ou mesmo volitivo apreende e dá conta. Nem racional nem irracional, o pensamento-evento vem justo desmobilizar os aparatos históricos de saber, dando-lhes outra dimensão e levando-os a ultrapassar suas bordas. Há pensamento onde ocorre o encontro com a alteridade radical, infinitamente outra e irredutível ao solo do Mesmo, da identidade, do familiar, do consabido. Sem epifania, contudo, pois tal termo remete a uma transcendência que no fundo recodifica e recoloniza a inquietante estranheza do Outro e da Outra. A *graça* do pinto está em mimetizar o divino e no fundo não passar de um bichinho cheio de penas, ossos e tremores. A força da cena vem de sua quase transcendência, abrindo o plano imanente do grupo familiar à instabilidade do que ele não é. O pinto transcende a família, a estabilidade de classe, o valor religioso, atingindo as paragens do não humano, sem deixar de ser pinto: igual e diferente, quase transcendental.

Não há aí nenhuma dialética, pois o movimento precede a simples oposição entre uma positividade, fosse a mais válida de todas, e o trabalho do negativo. Nem há nisso redenção teleológica, já que nenhuma moral prévia vem reger esse contato ou essa sondagem da alteridade radical. O evento clariciano nada mais é do que a irrupção do totalmente outro/outra no solo do mesmo, de modo assimétrico e incontrolável por qualquer pulsão apropriativa, identitária, autoafirmativa. Essas vozes do mesmo (o marido, a esposa, o patrão/a patroa, a criada ou a empregada, o criado, o dono, o animal domesticado etc.) são encontradas em C.L. para sofrerem um abalo irreversível, pois não podem mais ser interpretadas como antes. Nisso consiste a loucura inerente ao pensamento clariciano, mas não uma loucura de sanatório, enferma, negativa, nem a loucura idealizada dos românticos, menos ainda a loucura amestrada, mas uma outra que mina a oposição entre demência e razão, racionalidade e irracionalidade. Uma loucura lúcida, se se pode dizê-lo, iluminada, mas cheia de dobras e zonas de sombra. Predomina o matiz em vez da cor pura, o sombreado em vez da luminosidade ou da escuridão. Isso se materializa na imagem reluzente da "maçã no escuro", um rubro astro, morto-vivo, em pleno breu — uma morta natureza viva. Nunca como aí luzes e trevas se associaram em busca de uma clareira (Clarice, será por acaso este nome?), não no coração do Ser, como pregava incansavelmente Heidegger, mas numa i-materialidade que se afirma por contraste, desdobramento e irradiação, desde a origem. Aqui é *ela* quem fala. — Ela quem? — A literatura, ora, a literatura pensante de C.L. — Mas ela não fala mais... — Sim, ela fala por meio da escrita, suas vozes são inscrições textuais no corpo do mundo. — Com o que então falar, escrever e pensar são *quase* a mesma coisa. — Nela e por meio dela, sim, não sei se em toda parte, mas nela com certeza. A Louca eslava.

O protocolo deste texto no fundo é bem pouco protocolar, e os nomes que aqui comparecem citados desde o início (Clarice, Derrida, Heidegger, Cixous, Nietzsche, Lévinas...) são antes personagens conceituais do que "figuras do saber". Pois, de fato, "que importa quem fala", importa, sim, que "isso fale", a *entrelinha*, abrindo caminhos mais além de certezas disciplinarmente normativas, em direção a uma alteridade que se desconhece e se busca, sabendo-se desde sempre inalcançável em sua plenitude ou em sua impossível presença original. Trata-se de um olhar desarmado que inclui muitos pontos cegos, muitas zonas de sombra (a "oca escuridão" de *A maçã no escuro*), muitas regiões de tato quase sem contato. De dúvida não metódica, de lucidez não dogmática, de avanço não normativo. Aqui quem avança é somente um corpo e suas manifestações (Joana, por exemplo), uma multiplicidade de dispositivos em aberto, com o risco do esfacelamento e da destruição irreversível: a perda do rastro do rastro. Além dos retratos da autora pintados por De Chirico e por Scliar, há este outro retrato elaborado por Drummond, fragmento do poema "Visão de Clarice Lispector", que também fornece a segunda das duas epígrafes da Segunda Parte: "Levitando acima do abismo Clarice riscava/ um sulco rubro e cinza no ar e fascinava" (1979, p. 753). E ela mesma se autorretrata paradoxal: "estou na obscuridade criadora. Lúcida escuridão, luminosa estupidez" (AV, p. 36).

Veja-se, por exemplo, o belo trecho do capítulo "O encontro de Otávio", de *Perto do coração selvagem*, em que, após se narrar o temor de que tudo em torno de repente se ponha "a funcionar ruidosa, mecanicamente, enchendo o quarto de movimentos e de sons, vivendo" (PCS, p. 142), Joana contempla o marido como um humano animal. Mais do que em qualquer outro lugar, o jogo ficcional, por assim dizer, lança todos os seus dados, sem jamais abolir o acaso, ao contrário, reforçando-o. A beleza do texto vem não de um simples ornato de estilo (condição desnecessária e insuficiente), porém, sim, de uma deriva irrefreável, fazendo com que o lance seguinte seja imprevisível na ordem do discurso, sobretudo na "ordem natural das coisas", que se vê assim desmontada. A máquina narrativa tradicional trava, em função da poderosa mecânica das coisas que têm vida própria: o mais aparentemente inerte é que ganha vida, disputando a primazia da mobilidade junto aos seres inanimados. Todas as peças se reúnem, se mesclam e intertrocam: diferença sexual, mundo das coisas, seres animados, humanos, bichos, relações de poder em geral etc. A generalidade dos gêneros (sexuais e discursivos) e a especificidade das espécies (animado/inanimado, humano/animal, homem/mulher, masculino/feminino etc.) são suspensas, barradas e sinalizadas em seus limites culturais, quer dizer, colonizadores, territorializantes. Quem dá limite em princípio é o temor, liberando a angústia diante da alteridade próxima, ameaçadora mas no fundo inofensiva. Eis o trecho:

> E subitamente, traiçoeiramente, teve um medo real, tão vivo como as coisas vivas. *O desconhecido que havia naquele animal que era seu, naquele homem que ela só soubera amar! Medo no corpo, medo no sangue!* Talvez ele a estrangulasse, a assassinasse... Por que não? — assustou-se — *a audácia com que seu próprio pensamento avançava, guiando-a como uma luzinha móvel e trêmula através do escuro. Para onde ia?* [...] Ah, se gritasse não teria medo, o medo fugiria com o grito... Otávio respondeu ao seu movimento erguendo por sua vez as sobrancelhas, apertando os lábios,

abrindo-os de novo e continuando morto! Ela olhava-o, olhava-o... esperava...
Não, não era perigoso. Passou as costas da mão pela testa.
Havia ainda o silêncio, o mesmo silêncio (p. 143, grifos meus).

Silêncio fundamental e fundador das relações humanas, animais, coisais e outras. Espaço de vacância entre dois sons, onde os corpos se instalam sem fala, sem escrita, reverberando o branco de uma página por preencher, como em Mallarmé. Página esta que será rabiscada até o fim pelas inquietações de coisa, fêmea e bicho, dessa animalidade humana e objetal que se chama singelamente Joana. O chamado que há em todo nome a convoca a partir, contra o silêncio fundador, por contraste e separação, dobra da linguagem sobre o vazio. Isso é o que em *A maçã no escuro* se chamará de *alusão*. Uma escrita mais alusiva, de sondagem, do que de nomeação ou de apontamento, do tipo "isto é aquilo", s = p. Escrita com o silêncio, cheia de hiâncias e brancos, intervalos, reticências e, ao mesmo tempo, sussurros, gritos, falação. Tal como a boca aberta, aqui é o hiato, a lacuna que fala e portanto escreve, e vice-versa. Entre sonho, realidade e pesadelo, tal o belo poema "Súcubo", de Paulo Henriques Britto (2003, p. 75), a existência, tanto quanto a ficção, desfaz e refaz seu tecido, pleno de inscrições e falhas, sem as quais não há discurso nem muito menos *texto*. Logo adiante, no mesmo capítulo, será a vez de o peito de Otávio virar um "largo campo que uma vegetação ligeira cobria", ao alcance da mão tateante de Joana, "Os olhos abertos, sem ver, toda a atenção voltada para si própria e para o que sentia" (PCS, p. 144). Se a diferença animal é inacessível ao homem, por incapacidade, digamos, racionalmente consciente, a vegetal o é ainda mais. O animal, apesar de todo preconceito, ainda parece "imitar" o homem, estando-lhe próximo; já o vegetal é o animado mais secreto e radical de todos, quase impossível de antropomorfismo. Quase, porque em português, como provavelmente em todas as línguas, frutas, verduras, hortaliças, leguminosas etc. se prestam também a analogias humanas, boas, mas sobretudo más: bananas, abacaxis, trepadeiras, uvas, flores e muitos outros tipos, gêneros e espécies servem como metáforas de algo excessivamente humano. Tal ocorre sempre com perda, claro, por parte do termo comparante (o vegetal), reduzido às boas ou às más qualidades do termo comparado (o homem)... Outra é, todavia, a relação de *Água viva* com as plantas, especialmente as flores, a que ainda chegaremos. Nas mãos e na voz da sensitiva Joana a história também é outra, ainda e sempre por escrever, pois a ficção mesma, com efeito, só advém depois, no ato da leitura. Antes disso, *Perto do coração selvagem* é um livro incompleto, em aberto, cheio de lacunas por preencher. Na mesma cena, Joana contempla seu marido como um estranho, "o corpo nu — perdido e fraco. Fraco. Como eram frágeis e delicadas suas linhas descobertas, sem proteção. Ele, ele, o homem" (p. 144). Eis a frágil força do homem, com que a mulher pode enfim lidar, em sua infinita solidão de terna vivente. A distância, como qualquer lacuna ou brecha, é o que separa e indecidivelmente aproxima, em todo caso, relaciona esse homem adormecido a essa mulher desperta. Vida e morte, força e fraqueza se transmutam, trocando sinais nesse jogo de afetos. Disso emerge uma consciência do mundo, que pouco tem de um olhar racional, calculador, mas é o somatório do vivido e do ainda e sempre por viver, dos limites entre o antes de nascer e o depois da morte: esse corpo, esse papel, essa chama, até as cinzas. Clarice, Joana, autora, narradora e personagem mescladas num corpo que pensa e ama, ama porque pensa:

> Sim, perdida como um ponto, um ponto sem dimensões, uma vez, um pensamento. Ela nascera, ela morreria, a terra... Veloz, profunda a sensação: um mergulho cego numa cor — vermelha, serena e larga como um campo. A mesma consciência violenta e instantânea que a assaltava às vezes nos grandes instantes de amor, como a um afogado que vê pela última vez (p. 145).

Dor, amor, palpitação, como se (eis a ficção) "nele suportasse a feminilidade de todas as mulheres" (p. 146). Depois dessa sensação de esmagamento solitário "pelo excesso de vida", vem enfim a libertação, que se dá como invenção, abertura para a fragilidade do novo, a fala que engravida o silêncio de sons, "Falara... As palavras vindas de antes da linguagem, da fonte, da própria fonte" (p. 147). Não há aqui essência do feminino, nem do masculino, mas somente homologias possíveis, "Ela era *como* uma mulher" (p. 147, grifo meu). É-se como homem ou como mulher, mas também como homem-mulher, sem apagar de todo a diferença sexual, que continua vigendo como diferença, combinação e mescla, mas não como simples oposição. A frágil força do híbrido.

Essa intertroca entre feminino e masculino encontra sua máxima intensidade em outra cena, de *A maçã no escuro*. Vitória tinha retirado Martim da plantação, com a qual já estava familiarizado, para que cuidasse do curral, terreno inteiramente desconhecido para o fugitivo e empregado naquela fazenda perdida no coração do Brasil. Martim hesita antes de atravessar o umbral do curral, tendo a suas costas o mundo iluminado de uma manhã de sol. O invasor vai ser "experimentado pelas vacas", num processo de transmutação que explicitamente atravessa a máxima subjetividade para atingir a objetividade do mundo. Em vez de soberano, o homem humano Martim, esse guerreiro de nascimento, se torna sujeito-objeto de uma experimentação animal e feminina, conduzida pelas vacas. Vale a pena citar um longo trecho, que resume muito da transvaloração clariciana, desconstruindo o paradigma viril da tradição, sob o imperativo das outras, as vacas, com que C.L. tanto se identifica:

> [...] Enquanto ele, no curral, se reduzira ao fraco homem: essa coisa dúbia que nunca foi de uma margem a outra.
> Num suspiro resignado, pareceu ao homem lento que "não olhar" também seria o seu único modo de entrar em contato com os bichos. *Imitando as vacas, num mimetismo quase calculado, ele ali em pé não olhou para parte alguma, tentando ele também dispensar a visão direta.* E numa inteligência forçada pela própria inferioridade de sua situação deixou-se ficar submisso e atento. *Depois, por um altruísmo de identificação, foi que ele quase tomou a forma de um dos bichos. E foi assim fazendo que, com certa surpresa, inesperadamente pareceu entender como é uma vaca.*
> Tendo de algum modo entendido, uma pesada astúcia fez com que ele, agora bem imóvel, se deixasse ser conhecido por elas. Sem que um olhar fosse trocado, aguentou de dentes apertados que as vacas o conhecessem intoleravelmente devagar como se mãos percorressem o seu segredo. Foi com mal-estar que sentiu as vacas escolhendo nele apenas a parte delas que havia nele; assim como um ladrão veria nele a parte que ele, Mar-

tim, tinha de avidez de roubo, e assim como uma mulher queria dele o que já uma criança não entenderia. *Só que as vacas escolhiam nele algo que ele próprio não conhecia — e que foi pouco a pouco se criando* (ME, p. 74-75, grifos meus).

Mimetismo como visão indireta e processo de permuta que leva ao conhecimento do outro e ao estranhamento de si mesmo. Martim se desconhece nas vacas que desvendam femininamente seu segredo... Homem e animais se tocam, numa intimidade que só a aproximação no escuro do curral permitiu, como experimentação do outro no mesmo. Por um "estrabismo de pensamento", Clarice promove uma comunicação oblíqua entre humanos e bichos, bichos e coisas, coisas e indizíveis formas. "Sem sentido" é o título de um dos quadros pintados amadoristicamente por C.L.

Nesse mimetismo transmutador, intensifica-se o fluxo disseminante da fala-escrita clariciana, suas múltiplas vozes (Martim, Joana, Perseu, Lucrécia, Ana, Rodrigo, Vitória, Otávio, entre inúmeros outros e outras, alguns e algumas anônimos, anônimas) que não se deixam subsumir pelo fantasma da figura autoral onisciente e onipotente. Em C.L., quem fala e consequentemente escreve é a língua, travestida em autor(a), narrador(a), personagens, leitor(a) e outras coisas mais. Mas, como percebe Joana, antes da língua há a linguagem, e antes da linguagem há a fonte múltipla que precede o horizonte do sentido. O sem-sentido ou não senso (*non sense*) está na base do sentido, como seu silêncio coisal e indagativo, um murmúrio, um aceno antes das sonoras palavras. A vivência antes da experiência institucional, o "atrás do pensamento" (AV, p. 13).

E paira acima de tudo a loucura da língua, atravessada pelos silêncios perquiridores. Clarice enlouquece a língua portuguesa do Brasil, língua que, apesar de ser a única que verdadeiramente falou, nunca pôde chamar nem de materna nem de paterna, porque não era a de seus pais nem a do país onde nasceu. Situação homóloga à de inúmeros imigrantes em todo o planeta. Embora falando-a desde criança, Clarice faz um uso estrangeiro de "nossa" língua. Ela é uma *sintaxista*, no sentido de Mallarmé. Muitas de suas frases soam agramaticais ou estrangeiras em relação à norma culta, mas isso não ocorre por incapacidade ou deficiência, mas pela aludida força de experimentação, por meio do oblíquo. Pois "Não se *faz* uma frase. A frase nasce" (DM, p. 690). Por isso suas frases são bastante *idiomáticas*, no sentido de singulares, quase inventando um novo idioma, estritamente clariciano — ou o que os estruturalistas chamavam de idioleto. Mas isso de modo diferente de Guimarães Rosa, pois o mineiro cultiva o sentido estrito da língua em sua perfeição, porém hibridizada por inúmeros falares, estrangeiros e nacionais. Clarice, sem recorrer a falares especiais, desmonta as frases, levando-as ao limite da significação, ou seja, às paragens do não senso. O que chamaria de *erro de literatura* resume tudo o que fascina em C.L., seu modo de errar sem culpa ainda quando fingidamente se desculpa junto ao linotipista (espécie de diagramador da época) do *Jornal do Brasil*, por estar "errando tanto na máquina"; atribui isso talvez à mão queimada no incêndio ou a não sabe o quê.* Mas a desculpa disfarça o verdadeiro recado da crônica: "Agora

---

* Ver, igualmente, "O erro de literatura", da Segunda Parte.

um pedido: não me corrija. A pontuação é a respiração da frase, e minha frase respira assim. E se você me achar esquisita, respeite também. Até eu fui obrigada a me respeitar". São frases, portanto, voluntariamente selvagens, indomáveis; e conclui: "Escrever é maldição" (DM, p. 89).

Todo *Água viva* pode ser lido nessa clave do que chamaria também de *loucura da frase*, sua exuberância vocabular, luxuosa, mas de um luxo impregnado de lixo, tal um famoso poema de Augusto de Campos. Loucura, luxo, lixo, desses termos uma Marilene Felinto jamais dará conta, pois busca apenas a lisura da frase gramatical, sem desmedida. Coloco-me voluntariamente entre esses "homens loucos" que se aproximam da vertigem clariciana. Virar o vernáculo ao avesso, arrevesá-lo, eis uma das tarefas dessa lúcida e louca escrita *assinada C.L.* A frase-Clarice é uma plataforma para a disseminação do sentido e não para sua convergência ontológica ou sua unificação semântica, pois, como diz, "escrevo tosco e sem ordem" (AV, p. 10). Não bastassem todas as citações que fiz até agora dos mais diversos livros, recito mais um trecho, atendendo ao ônus da prova quanto aos grafismos e circunvoluções frasais que ela mesma qualifica como *potentes*:

> Tremeluz e é elástico. Como o andar de uma negra pantera lustrosa que vi e que andava macio, lento e perigoso. Mas enjaulada não — porque não quero. Quanto ao imprevisível — a próxima frase me é imprevisível. No âmago onde estou, no âmago do É, não faço perguntas. Porque quando é — é. *Sou limitada apenas pela minha identidade. Eu, entidade elástica e separada de outros corpos* (AV, p. 28, grifos meus).

Se a identidade limita, tudo é feito para acoplá-la a outros corpos, deslimitando e outrando-a por excesso de linguagem e de existência. Por puro afeto. Dispersar plasticamente em vez de reunir, eis o mote clariciano; desidentificar em vez da reivindicação identitária: mulher, judaica, ucraniana, nordestina, jornalista, escritora, mãe etc. Nada disso e um pouco de tudo. Brasileira, sim, mas apenas se o gentílico significar uma impossível identidade, a impossibilidade de uma essência nacional. Nem exílio, nem pátria-amada; nem desterro, nem raiz — outra coisa. Clarice veta a colonização identitária, a prisão a uma só cultura, mesclando as culturas (sempre mais de uma) e suspendendo a barra entre os opostos: nada de pátria/exílio, raiz/desterro, civilizado/bárbaro, mas uma *destinerrância*, um destino que se encontra quase por acaso, errando; um porto que nada segura mas libera e promove a circulação dos contrários. Identificações parciais, provisórias (como Martim com as vacas), em vez do aprisionamento identificador. Nunca recusar a origem nem a fonte, apenas desdobrá-las e, se possível, multiplicá-las afirmativamente: judia, sim, mas também russa, mas ucraniana, mas brasileira, alagoana, pernambucana, carioca etc. Preferir sempre a dispersão em lugar da unidade, da homogeneidade, da identidade pontual. Se até a idade mesma no caso dela foi incerta, confundida ou trocada por *n* motivos... Resumindo o tema da obliquidade vital e frasal, ou do "sonso traço enviesado":

> A vida oblíqua? Bem sei que há um desencontro leve entre as coisas, elas quase se chocam, há desencontro entre os seres que se perdem uns aos outros entre palavras que quase não dizem mais nada. *Mas quase nos enten-*

> *demos nesse leve desencontro, nesse quase que é a única forma de suportar a vida em cheio, pois um encontro brusco face a face com ela nos assustaria, espaventaria os seus delicados fios de teia de aranha. Nós somos de soslaio para não comprometer o que pressentimos de infinitamente outro nessa vida de que te falo* (AV, p. 71, grifos meus).

Em busca desse *infinitamente outro*, Clarice instaura diversos regimes de escrituras, códigos intransferíveis, registros novos de inscrição e consequentemente de leituras, todos sob o signo do *quase*. São formas polimorfas de escrevinhação, consignando códigos, senhas, ritos secretos, mas tudo aparente e em superfície. Nada de metafísica do oculto, pois todo o mistério está exposto no fino tecido da existência, sem que se precise buscar algo por detrás. Nela, a diferença sexual não abriga nenhuma mitificação do feminino, boa ou má, apenas demonstra que tal diferença, se existe, vem como rastro do outro/da outra a que precisamos recorrer, propondo leitura. E não há rastro diferencial que já não se relacione com outro, que o antecede, e mais outro, que o sucede. Assim, em vez de simplesmente dual (macho/fêmea), a estrutura se faz em rede aberta a novas inscrições e combinações: macho-fêmea, macho-macho, fêmea-macho etc.:

> [...] ela lê, a diferença sexual, tanto quanto é lida, não há leitura assexuada ou metassexual. E não há nem verdade nem realidade sem rastro, ou seja, sem alguma relação ou remessa ao outro; nem tampouco há experiência do rastro que não corra atrás da cifra do outro e não se comprometa de antemão com essa decifração interpretativa que a *leitura* configura aqui (Derrida, 1994, p. 87).

A diferença sexual se dá a ler, tanto quanto nos lê, interrogando nossas limitações pessoais, sociais, especificamente existenciais. O enigma-mulher, em vez da mulher fatal, medusa, não passa de inscrição na pele, na pélvis, nos seios: decifra-me e não te devoro. Ângela desafiou a esfinge e não a devorou, nem foi devorada. Decifrar é compartilhar, acolher interpretativamente a cifra do outro/da outra via linguagem. Por amor.

O que difere fere, incomoda. Lidamos muito mal com a diferença (sexual, discursiva, étnica, comportamental, estética etc.) porque nos acostumamos a interpretá-la de forma opositiva, como se o diferente fosse sempre o oposto do mesmo, preto no branco, impossibilitando inúmeras outras formas de relação. A estrutura eventual do acontecimento clariciano, seu quase acontecer, vem interromper isso, desestruturando as oposições binárias, que não deixam de existir mas se tornam, no mínimo, problemáticas — por re-ler. Eventual é o que pode ou não se dar, quase, mas quando ocorre traz o advento do *infinitamente outro*, impensável e impensado pela tradição de pensamento. Mas tudo se dá na imanência do cotidiano, entre tarefas do lar, traduções, conversas ao telefone, encontros pessoais, passeios, viagens, doenças etc. Na vida, em suma, e não contemplativamente fora dela.

As palavras alteridade, outro, e mesmo outridade, são hoje correntes, mas só têm de fato algum valor desmobilizador na medida de sua não imediatez. Se sei previamente o que querem dizer e as repito de forma automática e sem reflexão, tornam-se clichês, desprovidos de intensidade. É preciso que o outro seja mesmo outro, infamiliar, para que a estrutura do evento inopinadamente advenha. Há aí uma sinalização política que extrapola os limites da pólis, do recinto citadino, abrangendo os apátridas de toda ordem e evitando o sentido único de uma democracia protegida de si mesma. *O fora é o dentro*; o dentro sem o fora se torna um corpo enfermo e autoimune, entregue a sua paixão identificatória, uma das patologias que identifiquei anteriormente. O tecido polifônico da cidade — sua malha de vozes citadinas — deve também abrigar os desmunidos de tudo, sem-teto, sem-terra, sem-documentos, sem-pátria; de outro modo o corpo enfermo sucumbe a suas pulsões mais destrutivas, em feroz autoconsumação. Como Clarice declara numa entrevista para o *Jornal do Brasil* em 1963: "O mundo de fora também é íntimo. Quem o trata com cerimônia e não o mistura a si mesmo, não o vive, e é quem realmente o considera estranho e de fora. A palavra dicotomia é uma das mais secas do dicionário" (CL, p. 27).

Se Hélio Oiticica dizia que "o museu é o mundo", tal não ocorria por mero desejo iconoclasta, mas sim pela força de afirmar que qualquer coisa, mesmo um pedaço de asfalto, poderia adentrar em tais ou quais condições o nobre saguão dos museus. Os objetos mais abjetos são como os sem-documento, que migram para a pátria alheia em busca de socorro: em princípio, apenas um lugar onde aportar e sobreviver; mais tarde, quem sabe um espaço de sobrevivência afetiva, laboral, prazerosa.

As marcas da diferença sexual não devem desaparecer de todo, pois são fundantes e fundamentais para as relações culturais. De outro modo, corre-se o risco do amálgama. O que precisa ser posto em causa é a hierarquia inerente às determinações históricas de gênero, o que estou chamando de plano de imanência factual. Cabe, por um lado, inverter a oposição clássica masculino/feminino; mas permanecer na inversão é ainda essencializá-la, por isso importa promover um deslocamento, com o qual é o regime mesmo binário que perde pertinência. X é a instância possível *e* impossível de articulação de diferenças sexuais nem opositivas nem muito menos hierarquizadas. Transgênero. Motivo pelo qual o ginocentrismo seria apenas um avatar do falocentrismo, que sempre pode ser revertido no contrário, sem que se mude essencialmente o regime binário e opositivo. Nesse sentido, mais uma vez, o feminismo só pode ser visto como um momento histórico decisivo para a reversão das oposições, mas não o ponto último de chegada do movimento desconstrutor. Movimento que é apenas movência, deslocamentos sucessivos e descontínuos de emancipação do feminino e do masculino, do colonizado e do colonizador, do escravo e do mestre, desde as origens plurais etc. "Quero escrever movimento puro" (SV, p. 9).

É também por isso que esta leitura é *interessada*, na medida em que se faz sob o ângulo do masculino, embora desde sempre inseminado pelo feminino, e vice-versa. Apagar a marca desta leitura realizada por um homem seria ignorar a história de um corpo que é tanto anatômico quanto anímico, concreto e psíquico, francamente i-material. Este corpo, este rastro, esta chama necessitam ser vistos em sua especificidade histórica, em contraste com outras possibilidades de inscrição reflexiva, mas sem dualismo simplificador.

Nisso, importa sobremodo a referida loucura inventiva, que vem das combinações inauditas. Tal Lygia Clark definindo-se numa carta a Hélio Oiticica, escrita em Paris em 6 de novembro de 1974, como "*obsedée* (sic) sexual", num contexto em que retoma seu famoso "o dentro é o fora" como "o fora é o dentro". Fica claro que essa reversão espacial é determinante para o processo de análise que então desenvolve e que será fundamental para sua *arterapia* a partir daí:

> Na minha fase de autossatisfação tirei do meu prazer da vagina um mundo. Saíram seios, pênis, todas as histórias infantis entraram pela grande porta me dando gozos incríveis até o real como *écran*. Sou ou fui uma *obsedée* (sic) sexual. Mas o meu processo, que é todo erótico, é uma passagem para o meu inter-relacionamento com o real e, além disto, para a cosmogonia. Processo mais tântrico que ocidental. Meu corpo se abriu em todos os seus lados, saíram cachoeiras da minha barriga, me virei pelo avesso, meu *derrière* ficou em carne viva, vi e senti que a criança é erótica em todo o seu corpo. Tudo é libido, tudo é sensação (1998, p. 248).

Essa loucura sexual e inventiva é o que Lygia defende como "cultura viva e não cultura morta, que é a expressão do antigo suporte. E a sociedade, que tem medo do que é vivo pois é necrofílica, engole tudo hoje porque tudo expresso no antigo suporte está irremediavelmente morto" (p. 249). A questão é, portanto, o suporte, o sujeito-objeto, o subjétil em que a relação sujeito-objeto-mundo é relançada, abrindo para um universo corporal vivido como obsessão sexual e inventiva, inventiva porque sexual, erótica, tal o mundo ou os mundos de Louise Bourgeois, essa outra mulher louca, contemporânea de Clarice, mas que nunca a encontrou senão do ponto de vista imaginário. Bourgeois trabalha sua obsessão combinando falos e invaginações, corpos deformados, espaços fechados onde ocorrem experiências de acoplamento, mutação e transmutação entre vestes, bonecos, cadeiras, sofás e muitos abjetos objetos. Sua "Fillete" (Garotinha), de 1968, tem a forma de um falo deformado, voluntariamente monstruoso, lembrando de algum modo as inúmeras "Poupées" (Bonecas) fálicas de Hans Bellmer. Tanto em Clark quanto em Bourgeois e Bellmer as obras propõem *anatomias do desejo*, em diálogo implícito (explícito no caso de Clark e no de Bourgeois) com a psicanálise, mas sem se reduzir aos categoremas da disciplina. Permanecem, assim, *inanalisáveis*. Toda a graça e a inquietação provocadas por esses estranhos sujeitos-objeto vêm de não se conformarem a um saber repertoriado, sobretudo clínico, fundando-se numa experiência obsessiva, desejante, em grande parte derivada da diferença sexual como zona de interseção e convergência entre os supostos opostos. A diferença convergente se dá a ler em trabalhos de Bourgeois como "Femme Volage" (Mulher volúvel), "Femme Pieu" (Mulher-estaca), "Femme Couteau" (Mulher-faca), "Femme Enfant" (Mulher-criança), "Femme Maison" (Mulher-casa) e outras loucas Mulheres que ela inventou. Eis como resume seu "método" obsessivo numa entrevista: "Tudo o que amei tinha a forma das pessoas que me cercavam — a forma de meu marido, a das crianças. De modo que quando desejava representar algo que amava, obviamente representava um pequeno pênis" (2007, p. 146). Disso resulta o hibridismo das formas, em que, por exemplo, um corpo feminino se agrega e se deforma acoplado a uma estaca, uma faca, uma casa... virando a própria mulher-objeto, assim autodefinida por Ângela Pralini.

Diz o Autor (masculino) numa espécie de prefácio de *Um sopro de vida*, marcando a estrutura indagante mas não inquisitorial da escrita, sua cifra aparente por decifrar:

> "Escrever" existe por si mesmo? Não. É apenas o reflexo de uma coisa que pergunta. Eu trabalho com o inesperado. Escrevo como escrevo sem saber como e por quê — é por fatalidade de voz. O meu timbre sou eu. Escrever é uma indagação. É assim: ? (p. 14).

Dois pontos e interrogação — o grafismo resume e diz mais do que todas as palavras...

E quando, após silêncios e reticências, as palavras retornam, já vêm redimensionadas: "É que agora sinto necessidade de palavras — e é novo para mim o que escrevo porque minha verdadeira palavra foi até agora intocada. *A palavra é a minha quarta dimensão*" (AV, p. 10, grifos meus).

Escritas no feminino e no masculino

Numa nota de rodapé, ao fim de "Violência e metafísica", ensaio sobre Lévinas, Derrida (1967, p. 228) observa como *Totalidade e infinito* não poderia ser escrito por uma mulher. Marcava, assim, uma *virilidade* essencial da escrita filosófica de Lévinas, que em seus aspectos fundamentais, no entanto, se relaciona com a alteridade radical. Haveria então uma escrita ou escritas viris, sobretudo as de timbre metafísico, assim como até bem pouco se dizia (talvez ainda se diga) existir uma "escrita feminina". Teriam de fato os discursos *gêneros* (sexuais, além dos propriamente discursivos)? Parece que assim o foi até recentemente. Indago o que teria sido a história ocidental se seus grandes livros tivessem sido escritos por mulheres. Se fossem as mulheres que escrevessem o Antigo Testamento, compareceria ainda a profunda misoginia da fala profética? E se Maria, e não os apóstolos, tivesse narrado a vida de seu Filho? Ou então Maria Madalena? Já se imaginou Homero na figura de uma anciã? Nada impede, visto que ninguém sabe mesmo quem foi Homero... E a ficção de *Moby Dick* do ponto de vista da baleia e não do Capitão? Que fábulas narrariam os bichos se pudessem falar — mas será que um bicho falante já não seria demasiado humano e bem pouco animal? O problema seria estrutural: parece que a literatura e a filosofia só puderam ser as instituições que foram na pena dos homens, pelo bem e pelo mal. Pensar numa outra escrita, feita por mulheres, mas sem reduzir isso ao fantasma de uma essência feminina, implicaria outra história da literatura e da filosofia, e certamente outra história simplesmente, ou algo tão distinto que teria que receber outro nome. Não que essa história outra seria irracional, falha, ou mais delirante do que a efetiva, mas certamente seria outra, com diferentes injunções e resultados. História *da* Outra, a caminho. É fácil prever sociedades cada vez mais igualitárias em matéria de gêneros, etnias e sexualidades diferenciais, muito embora as forças retrógradas façam tudo para que isso não se instale de vez.

A pergunta a recolocar seria: pode um homem *escrever sobre* uma mulher? Claro que sim, muitos fizeram e continuam a fazer — essa é, sem dúvida, em grande parte uma das tarefas mais decisivas da colonização do mundo pelo Homem. *Escrever sobre* é dominar o assunto e seu suposto objeto. Mas aqui não se trata de escrever sobre nem muito menos sobre essa ou aquela mulher, ainda que se chame Clarice. Parte-se da escrita clariciana, como dito, com um olhar decerto masculino, mas desde sempre contaminado por uma perspectiva feminina que todavia não se identifica com uma essência. Desejar escrever *sobre* uma mulher tal e qual seria ainda repetir o gesto que aponta e rebaixa a outra, compreendendo-a num círculo. O que libera de fato é poder reconhecer traços do feminino, rastros da fêmea, numa aparente *escrita masculina*. Reivindicaria então *o direito de escrever no masculino e no feminino*, sucessiva ou simultaneamente, sem culpas.

Esse conflito do ponto de vista dos gêneros (igualmente, nos sentidos discursivo e sexual) está no cerne de *A hora da estrela*, livro escrito por uma mulher mas encenado ficcionalmente por Rodrigo S.M., talvez Substantivo Masculino, ou Sua Majestade, se se quiser. Há uma frase lapidar para o problema que nos ocupa, pois a personagem autoral diz que qualquer um poderia escrever a história que narra, menos uma mulher, porque mulher lacrimeja piegas: "Aliás — descubro eu agora —, também eu não faço a menor falta, e até o que escrevo um outro escreveria. Um outro escritor, sim, mas teria que ser homem porque escritora mulher pode lacrimejar piegas" (HE, p. 18). Seria então essa a marca do feminino, "lacrimejar piegas"? Trata-se de *movimentos simulados*, pois uma mulher finge escrever no masculino que finge rejeitar o feminino... A ironia da história escrita por uma mulher (Clarice) e narrada por um homem (Rodrigo) traz à tona a guerra dos gêneros, que se resume em quem pode ou não falar, quem pode ou não escrever. Questão difícil e decisiva, doravante, para a história da humanidade enquanto espécie. Quem pode ainda escrever, o homem sozinho ou a mulher também? A mulher no homem

("Madame Bovary sou eu", diz Flaubert) ou a mulher na mulher, ou ainda o homem na mulher ("Eu sou o Martim", diz Clarice, OE, p. 151)? Será que neste milênio teremos mais um capítulo de silêncio das mulheres, ou, pior, de deslegitimação do que dizem e escrevem as mulheres? Ou a marca da escrita por vir é o neutro, pouco importando quem fala, homem ou mulher, como em certo sentido prognosticou Foucault, seguindo os passos de Beckett? Neutro que não anula os lugares de elocução mas torna infinitamente problemático o exato reconhecimento de uma escrita masculina, essencialmente distinta de uma escrita feminina. O neutro do niilismo ativo instaura o jogo dos papéis, a intertroca da marca de gênero, a possibilidade de uma Bíblia profana, a escrita nada magistral nem profética, muito menos redentora, de homens e mulheres.

Numa das duas famosas cartas sobre o poeta-vidente, a dirigida a Paul Demeny em 15 de maio de 1871, Rimbaud repete o que já dissera na correspondência anterior, dirigida a Georges Izambard: "Car je est *un autre*", desta vez sublinhando o "outro". Essa frase é quase sempre citada sem nenhuma referência à correspondência e, pior, com sua estranha formulação alterada, em vez de "Pois eu é *um outro*" diz-se "Eu *sou um outro*", perdendo-se a agramaticalidade fundamental para o acesso à alteridade do eu. Tal missiva é inteiramente afim da fingida loucura clariciana — são escritores irmãos. Depois de sublinhar a necessidade de o poeta ser vidente e fazer-se vidente, Rimbaud clama:

> O Poeta se faz *vidente* por um longo, imenso e lógico *desregramento* de *todos os sentidos*. Todas as formas de amor, de sofrimento, de loucura; procura a si mesmo,

exaurindo em si todos os venenos para conservar apenas as quintessências. Inefável tortura, em que necessita de toda a fé, de toda força sobre-humana, tornando-se entre todos o grande enfermo, o grande criminoso, o grande maldito — e o supremo Sábio! — Porque chega ao *desconhecido*! Pois se cultivou a alma, já rica, mais do que qualquer outro! Ele chega ao desconhecido; e quando, enlouquecido, acabar por perder a inteligência de suas visões, ele as viu! Que morra em seu salto por causa das coisas inauditas e inumeráveis: outros terríveis trabalhadores virão; começarão pelos horizontes onde o outro se prostrou! (1990, p. 45).

Mais adiante, Rimbaud configura o poeta como "ladrão de fogo":

[O Poeta] se encarrega da humanidade, dos próprios *animais*; deveria fazer sentir, apalpar, escutar suas invenções. Se o que traz de *lá* tem forma, ele dá forma; se é informe, dá informe. Encontrar uma língua; — De resto, toda fala sendo ideia, virá o tempo de uma linguagem universal! (p. 48).

Finalmente, comparece também a questão feminina, pouco depois dos animais:

Os poetas estarão [adiantados]! Quando for interrompida a infinita servidão da mulher, quando ela viver para e por ela, o homem — até aqui abominável — tendo lhe dado a deixa, ela será também poeta! *A mulher encontrará o desconhecido! Os mundos de suas ideias serão diferentes dos nossos? — Ela encontrará coisas estranhas, insondáveis, repelentes, deliciosas; nós as apreenderemos e compreenderemos* (p. 49, grifos meus).

Vemos assim o poeta-vidente, igualmente visionário de um tempo de liberação para os animais e para as mulheres. Destas e por estas, sem dúvida, há todo um capítulo da história humana sendo reescrito, pelo simples fato de recusarem cada vez mais, nos mais diversos países, a clássica submissão ao outro gênero, designador da espécie. Quanto aos animais, será coincidência o fato de só agora um país como a Espanha começar a pensar na possibilidade de proibir a prática de um dos espetáculos mais atrozes da história da humanidade, as touradas? Pelo motivo de a iniciativa vir da Catalunha, acentua-se o caráter biopolítico da questão animal: como aos catalães interessa abalar a identidade espanhola, nada melhor do que atacar um de seus maiores ícones. Comparo as touradas ao circo romano, que punha cristãos e outros escravos para serem devorados por leões; certamente a maior parte dos cidadãos livres da época julgava natural o abate feroz de escravos, pois não eram de fato homens humanos, no sentido romano da expressão.

Voltando a Rimbaud, nesta e em outra correspondência, o poeta divisa o *informe* como solução para a humanidade, ou seja, tudo o que serve para abalar as relações clássicas de raça, gênero, espécie, tipo, etnia etc. Tais foram as configurações que formataram o humanismo europeu, reforçando os laços de dominação colonizadora, a partir da hegemonia do "próprio do Homem". Há, portanto, um contraste brutal entre esse Rimbaud, aventureiro da linguagem, cosmopolita, que se desloca entre Charleville (sua terra natal), Paris, Bruxelas e Londres, e o outro, viajante e explorador, que trafica armas no norte da África. Em ambos, certa fúria de deslocamento, insatisfeitos com a burocracia ou o academicismo (literário e social), rasgando novos horizontes. Todavia, o segundo Rimbaud é profundamente colonialista, defendendo os interesses franceses, e seus, no confronto com a alteridade. Como está documentado num relatório sobre sua viagem à Abissínia (atual Etiópia), a visão do outro, das tribos do deserto, é classicamente dúplice: ou são bárbaros que põem a empreitada colonial em risco, ou são civilizados interessados em ajudar o colonizador. Maus e bons selvagens, reforçando o poderio eurocêntrico. Após descrever uma estrada até então inexplorada pelos ocidentais, que ele teve a honra de ser o primeiro a palmilhar, aludindo ao clima, à população local e às plantações de café, o intrépido viajante resume: "Bastante salubres e férteis, essas terras são as únicas da África oriental adaptadas à colonização europeia" (p. 122).

Um Rimbaud não apaga o outro. Afinal, ele dissera "eu é *um outro*". As duas máscaras autorais conviveram na trepidante vida literária desse visionário. Ambas nos ensinam a respeito do legado humanista e antropocêntrico da Europa, tornando então possível a reversão da herança e abrindo a possibilidade efetiva de uma história *outra*.

Pós-colonialismo, pós-história e depois?

Numa coletânea de ensaios em torno da questão europeia, Peter Sloterdijk levanta a hipótese "Se a Europa fosse uma mulher..." (2002, p. 61). Por tudo o que o livro desenvolve, fica impossibilitada essa cogitação, apesar do nome feminino do continente, ou do subcontinente, como diz. *Se a Europa despertar* foi publicado em 1994, cinco anos depois da queda do Muro de Berlim, e do início do fim da Guerra Fria. Tratava-se de pensar o futuro da Europa, num contexto em que a antiga guerra diplomática entre os dois impérios do século XX seria deslocada pelo que se chamou cada vez mais de globalização e, no século seguinte, pelo advento da famigerada guerra ao terror, depois do assim nomeado 11 de Setembro. Sloterdijk faz o levantamento do que seria a essência da Europa, uma suposta identidade europeia, aglutinada sem dúvida pela pulsão imperial, naquele momento pós-Muro de Berlim. Tanto no plano interno quanto no externo vigora para o filósofo o *traslado* imperial, uma transferência do Império para outras fronteiras:

> A função formadora quintessencial da Europa consiste em um mecanismo de transmissão imperial. A Europa põe-se em marcha e mantém-se em movimento à medida que tem sucesso em reivindicar, reencenar e transformar o Império que havia antes dela — a saber, o Império romano. A Europa é, consequentemente, um teatro de metamorfoses imperiais; a ideia condutora de sua imaginação política é uma espécie de reencarnação do Império romano que perpassa sucessivamente povos europeus modelares e historicamente aptos a recebê-lo, muitos dos quais declararam, em seu apogeu, a crença de serem os escolhidos para reeditar as ideias romanas de dominação mundial (p. 43-44).

Apesar de desconstruir essa mitocracia imperial da Europa, mostrando como os nazifascismos do século XX são sua consequência natural, o filósofo alemão ainda reivindica para o continente certa prerrogativa da verdade. Esta se basearia no estatuto dos direitos humanos. Ora, sabe-se que esse estatuto faz parte de uma história complexa, em que o humanismo foi justamente utilizado como instrumento de dominação, a pretexto de "civilizar" outros povos. Se noções como democracia e direitos do homem tiveram de fato sua primeira expressão em terras europeias, isso não significou desde sempre, muito menos para sempre, o respeito por esses direitos, nem tampouco quer dizer que os valores democráticos não tenham comparecido em outras culturas, como bem demonstrou Jack Goody (2008).

> O nome Europa designa uma região do mundo na qual se perguntou de maneira inconfundivelmente peculiar pelo que há de verdadeiro e de bom na vida humana. [...] Não é por acaso que em seus conceitos de ciência, democracia, direitos humanos e arte expressa-se algo de sua ideia característica de verdade (Sloterdijk, 2002, p. 74-75).

Para Sloterdijk, o despertar da Europa significaria o abandono da pulsão imperial, pela formação de uma federação de federações, em que o economicismo não fosse a única regra disponível. Só nessa perspectiva pós-imperial, dentro e fora de seu território, a Europa poderia, enfim, ter novo êxito (depois de um século como coadjuvante de um de seus desdobramentos históricos, os Estados Unidos).

Já Derrida, num colóquio em torno da "identidade cultural europeia", convocava a Europa a mudar de rumo (*changer de cap*). *L'Autre cap* [O outro cabo ou O outro rumo], conferência pronunciada em Turim em 20 de maio de 1990, é um dos textos que marca a ênfase em questões políticas do último Derrida. Em *Le Droit à la philosophie d'un point de vue cosmopolitique* [O direito à filosofia do ponto de vista cosmopolítico], conferência realizada na Unesco em 1991, Derrida defende um direito efetivo e universal à filosofia. Dialogando com um famoso texto de Kant, *Ideia de uma história universal do ponto de vista cosmopolítico*, ele procura se afastar de qualquer eurocentrismo disfarçado em universalismo. Para Derrida, a filosofia não tem uma única origem, mas é dotada de múltiplas entradas e procedências. A relação com as línguas e as culturas é igualmente decisiva para o desenvolvimento da atividade filosófica, mais além de qualquer nacionalismo redutor. Para que a autonomia da filosofia seja irrevogável, é preciso levar em conta "o conceito do próprio, da propriedade, da relação consigo e com o outro nos valores de sujeito e de objeto, de subjetividade, de identidade, de pessoa" (Derrida, 1997, p. 40); esses são conceitos que regulam as instituições internacionais e o direito internacional que as rege. Toda a atenção, portanto, é dada "ao que em cada área cultural, linguística, nacional, religiosa, pode limitar o direito à filosofia por razões sociais, políticas ou religiosas, em função do pertencimento a uma classe, a uma faixa etária, a um sexo — ou tudo isso de uma vez" (p. 41). Só o motivo de uma "democracia por vir", que Derrida desenvolve em seus últimos textos, pode ajudar a garantir esse direito efetivamente universal, e não meramente abstrato, à filosofia. O direito ao pensamento é inseparável da democracia, com a incorporação das singularidades linguísticas, étnicas, sociais e de gênero à história do pensamento filosófico.

Em termos globais, o que precisa ser questionado é a identidade universal do Homem (sujeito, masculino, de preferência "branco", de origem europeia) e a identidade do animal (no singular), como se fossem duas essências desde sempre irreconciliáveis. Instabilizar identidades é o próprio devir ou tornar-se-literatura do literário, literarizando-se. A diferença literária reside no literal, na instância instável da letra que rasura o beletrismo, convertendo-o em processo "monstruoso" e "bestial" (sem a carga moral desses termos) de transmutações e intertrocas. A mais intensa ficção se dá como bestiário, tal como os bichos de Lygia Clark: metálicos, dobráveis, desdobráveis. Tornar-se-animal, como acontece com e na ficção de Clarice, não é apenas encontrar a impossível existência animal do humano, mas pôr em perspectiva o privilégio humanista, masculino, de origem europeia, autocentrado, por uma série de descentramentos performativos. Pois não se trata nunca somente de questões e de temas, mas de quase eventos, que nenhuma lógica da consciência controla, e cujos efeitos se fazem sentir, com efeito, no plano literário e vital, nesse cruzamento entre literatura e vida que nos relança enquanto espécies e enquanto gêneros. De novo, transgêneros. Nessas paragens, questionamentos genéricos e específicos não se separam, ao contrário, imbricam-se inexoravelmente.

Pois a diferença ontológica e opositiva entre o rastro animal e o rastro dito humano sustenta-se em subtrair dos bichos o direito a uma série de prerrogativas, que somente pertenceriam de fato e de direito aos homens, e somente em parte às mulheres e às crianças (os direitos especiais destas não cessam de ser revistos e ampliados desde os anos 1960). Quais sejam tais prerrogativas:

a) os animais não são dotados propriamente de linguagem, tal Heidegger defende. Eles apenas detêm um código limitado e invariável. *Como se* a variação na extrema repetibilidade, ou na iterabilidade, não fosse o traço essencial também da linguagem humana;

b) os animais não são responsáveis, porque justamente não *respondem*, mas apenas *reagem* mecanicamente a determinadas situações. *Como se* o comportamento humano não tivesse também algo de mecânico. *E como se* a reação de muitos animais não fosse mais do que um mecanismo; está comprovado que são capazes de grande invenção com as variações de situação (perigo, conforto, dúvida, sobrevivência etc.) a que são expostos;

c) os animais não pensam nem refletem, pois, já para Descartes, são como máquinas desprovidas de alma. O animal é pobre de mundo (*weltarm*), como visto com Heidegger (2003), pois só o homem é que constrói mundos (*weltbildend*), enquanto as pedras são desprovidas de mundo (*weltlos*). É sempre bom indagar o que os bichos e as pedras pensam disso...;

d) os animais não têm sentimentos nem consciência, apenas reações instintivas de autoproteção, satisfação, necessidade reprodutiva etc. Sem comentários. Além de estar fartamente provado que os mamíferos são dotados de muitos de nossos atributos sensoriais e de uma consciência própria a cada espécie, pesquisas recentes demonstraram a sensibilidade e a consciência entre os peixes, numa dimensão que antes não se imaginava (Stockinger, 2011);

e) os animais não sonham propriamente, pois são destituídos de faculdade imaginativa. A ciência já demonstrou o contrário;

f) segundo Lacan, os animais não são capazes de fingir o fingimento, pois desconhecem a dobra da ficção. Na via oposta à da literatura fabular, os bichos seriam então incapazes de literatura. Há toda uma literatura para provar o oposto disso. A seu modo, os bichos também fabulam, ou seja, dissimulam, desdobrando máscaras (ver Lacan, 1966; Derrida, 2006);

g) os animais têm o direito à *generalidade* (fala-se deles em geral de maneira muito genérica e no singular, o animal, como se formassem um único bloco), porém, não têm o direito à *universalidade*. Só é universal o que é próprio ao Homem;

h) etc. (O etc. talvez seja o mais ficcional e animal dos elementos linguísticos.)

Tudo isso reforça apenas o privilégio antropocêntrico e as deficiências do "submundo animal". Não que se queira igualar homens e bichos, apagando qualquer traço distintivo, mas cabe, sim, pôr em questão o fundamento sobre o qual se baseiam essas categorizações, lançando os animais numa outra margem, por assim dizer, à margem do processo colonizador, civilizatório e construtor do mundo. O valor falogocêntrico de "construção de mundo", como bem expressa a fórmula heideggeriana *weltbildend*, baseado na ereção do *lógos* humano desde Aristóteles, serviu até hoje para colonizar e submeter todas as outras espécies: como se o homem humano fosse o princípio e o fim da criação, sua *arquê* e seu *télos*. Nada em nossa história planetária comprova isso, já que o *Homo sapiens sapiens* de que descendemos tem no máximo 200 mil anos de existência, um grão de poeira na escala cósmica; não dá para imaginar que alguém tão insignificante seja o centro do Universo. Nada garante tampouco que vamos continuar por muito tempo, decerto em razão de nossa própria razão, de nosso *lógos*, que tanto ergue quanto demole os mundos que afincadamente construímos no planeta... Talvez, com efeito, a especialidade de nossa espécie seja fazer atuar com a mesma intensidade e simultaneamente a pulsão construtiva e a pulsão arquiviolítica, destrutiva de mundos.

Condenados a habitar o submundo, pobres de mundo, reduzidos a i-mundos, os bichos sofreram ao longo da humana história todo tipo de sevícia e exterminação, cujo signo máximo foi a *caça* (só se fala de "caça" com relação aos animais humanos por derivação metafórica e por contaminação metonímica). A diferença animal se tornou o símbolo da ausência de troca simbólica, da falta de alma (psique), do vazio existencial. *Como se* (eis a fábula humanista em síntese) a angústia humana não consistisse exatamente no reconhecimento do vazio originário, da ausência de um fundamento sólido para o mundo. Nossas *pegadas* estão impregnadas dos traços indeléveis desse vazio, dessa ausência onipresente de fundação, que estrutura nossos passos e rastros. E, sobretudo, dessa possibilidade aflitiva de apagamento do rastro do rastro. O vazio que funda a existência dos animais afunda também a nossa, sem nenhuma diferença de natureza, a não ser que se acredite na eternidade da alma, na ressurreição e em outras mitologias religiosas. Tal carência de fundos últimos nenhuma linguagem consegue suprir, nem mesmo a do verbo original.

Nesse sentido, um dos elementos da lista anterior, o da letra c), vale por todos os outros. Se os animais são incapazes de pensamento é porque são *irracionais*, dando a definição do humano, por vias negativas, como único animal racional (embora Heidegger, como visto, faça tudo para não identificar o humano a *animalitas*). Exatamente porque dotado de *lógos*. Ora, como assinalado, antes de significar linguagem, discurso e razão, a *ratio* latina remete para a contabilidade e o cálculo. Tal como ainda hoje se diz em bom português, "livro de razão", que é o livro de contas de uma empresa, por exemplo.

137

Dizer que o animal não é dotado de razão significa que ele não pode calcular nem raciocinar. Ora, sabe-se quanto a natureza em sentido geral calcula. O próprio mecanismo de adaptação (que é mais do que um mecanismo) é fruto de muitos cálculos, erros e acertos. Para viver e sobreviver, tudo o que é vivo precisa calcular, medir, ajustar. Basta refletir sobre a grande artesania e o sofisticado projeto que é construir uma toca ou um ninho. Pouco importa se o cálculo se aprimorou ao longo de incontáveis gerações (tal como o de nossas construções), o que vale é o resultado não ser simples fruto do acaso, mas sim de uma "razão" calculadora e construtora de mundos tão sofisticados quanto os nossos, igualmente submetidos aos acidentes do acaso. Tem-se uma natureza naturante, que produz e se reproduz por artifícios e métodos, em suma, por razões e desrazões. Nada mais *lógico* do que o *projeto* das espécies de plantas e de bichos, nada mais medido que seu percurso terrestre, cujos rastros se veem ameaçados pelo trilhar humano.

Por esse motivo deveria vigorar o direito universal à vida, com tudo o que isso implica de custos e investimentos, de cálculos e razões, sentimentos também — em nome da referida solidariedade dos vivos. Não só o direito dos animais, mas igualmente o direito das plantas e mesmo até do que há pouco se nomeava meio ambiente. Os chamados direitos humanos seriam, assim, apenas um capítulo na carta universal das espécies de vida. A universalidade e a verdadeira humanidade de nossos valores seriam medidas em parte por nossa capacidade autorreprodutiva e de autopreservação, em parte pela capacidade de preservação das outras espécies e gêneros. *Ser ou estar humano*, muito além de qualquer fetiche ontológico e humanista, deveria compor com o respeito pela convivência, pela proximidade — numa palavra, pelo compartilhamento com as outras vidas. Por amor a todos esses outros e outras que nos estruturam e que, por bem ou por muito mal aprendemos a caçar, a predar e a depredar como bestas-feras. Os animais são sem dúvida também capazes de crueldade, tanto quanto nós mesmos, pois nada do que é animal nos é estranho (parafraseando um famoso dito atribuído a Terêncio, "Sou humano, nada do que é humano me é estranho"). Quando digo o *tornar-se-homem do animal* estou querendo marcar, mais uma vez, não a antropomorfização do bicho, mas o direito universal à existência com dignidade, se esse termo ainda faz sentido mais além do liberalismo burguês que o formulou. Noutras palavras, importa a restituição de tudo o que o humanismo antropocêntrico açambarcou como prerrogativa de uma das espécies, em detrimento de todas as outras. Já o tornar-se animal do humano implica a restituição da parte de *animalitas* que Heidegger, por exemplo, refutou como definidora da espécie. Defender a existência de um "homem animal" em vez de um "homem humano" não resulta em bestializar os homens, nem muito menos as mulheres, mas em resgatar os sentidos comuns que desde sempre partilhamos com as outras espécies, inclusive a capacidade calculadora e linguageira em sentido amplo, bem como certa pulsão destrutiva, por vezes cruel.

É nesse tornar-se-animal do humano que justamente a verdadeira literatura começa. Gregotins. Toda ficção tem no fundo a ver com a animalidade e com a vida em geral, é o que nos contam Clarice, Esopo, Kafka, Guimarães, Cortázar, Drummond, Borges e Coetzee, entre tantos outros: quase, como se, talvez. A história começa quando olhamos em torno e sentimos essa estranha proximidade animal e vegetal, que na verdade outra não é senão a nossa mesma diferida — não *humana*, em que o "não" mal oblitera o adjetivo a que se vincula. A interpretação, benévola ou malévola, que fazemos a respeito dos bichos, das plantas e das coisas constitui toda a fabulação literária que hoje de fato interessa. Esse foi, afinal, o modo de nos fundarmos como espécie, tentando afundar tudo o mais. E é essa origem como multiplicação não apenas dos ditos humanos, mas de toda a natureza desnaturada, que uma grande discursividade literária dá conta de narrar, tendo ou não coisas, plantas e bichos como protagonistas. Trata-se de reformatar a humana história, dando-lhe nova forma e formato, convertendo-a assim numa fábula menos feroz, mais animal, quer dizer, enfim verdadeiramente humana. Só existe real humanidade na relação respeitosa para com os outros (gêneros) e as outras (espécies), o resto é idealização humanista.

Não há, pois, ontologia animal em C.L., não há fetiche — há dados, acasos, pulsações (de estrela e de coração, a hora é de ambos). Os animais não formam *Gestalt*, não são figuras nem figurantes de presépio, mas quase coisa, quase gente, quase bicho. A diferença animal é também humana, coisal, vegetal, mineral... ao infinito.

O que fundamenta a especificidade da espécie é, portanto, inespecífico, pois a instância originária X transcende necessariamente o campo da imanência, sobredeterminando mas não se confundindo com este. Por isso inexiste algo como o "próprio do homem". Propriedade é atributo provisório que sempre se pode compartilhar com as alteridades vicinais. Na natureza, se há, quase nada é exclusivo, tudo se recria, tudo se transforma em permanência. Não há tampouco que fetichizar o outro/a outra, como se já soubéssemos o que tais palavras querem dizer. Os outros e as outras não se rendem a qualquer instância específica ou genérica de sentido, sendo o que são, diferentes. A diferença, como bem percebeu Saussurre, é sempre relacional, fazendo com que o específico se defina também e sobretudo pelo que não é, interagindo e se intertrocando com esse "não ser".

A estética das sensitivas

Joana é, sem dúvida alguma, uma das maiores sensitivas de Clarice. Quando nova, em seu diálogo com o professor mal se distingue de um animal; sua diferença singular é ser um animal humano, que não encontra resposta para o essencial de seu desejo, de sua potência vital. Tudo nela são sensações-acontecimento, como se o mar, as vagas, as folhagens, os grãos de areia, as pedras, a natureza enfim — que para ela mal se distingue da cultura —, existissem para lhe dar prazer e não para fins práticos de subsistência. Um prazer que, no entanto, ela, uma "menininha", ignora, mas que se situa além do bom e do mau, como um coração ainda e sempre selvagem, tal anunciaram o título e a epígrafe joycianos. Sua felicidade, seu prazer, seu júbilo (*joy*) vêm dessa potência que atravessa o corpo, sem que ela o controle; isso é tão mais intenso por ocorrer depois da cena do roubo na livraria, para horror da tia, que decide enviá-la a um internato. Como decifra o professor-amante, Joana foi feita para a maldade própria ao prazer, uma maldade que só é má por recusar a bondade comezinha e fútil, mas que se expressa pela simples alegria da afirmação vital. Motivo pelo qual, após a longa e embaraçosa conversa com o professor — por causa da presença da "outra", a esposa, esta, sim, uma mulher capaz de admirar um grande homem, ao contrário dela —, o corpo-sensação de Joana rebenta em vagas e vagas, que nenhuma palavra mais retém. A felicidade vem como o êxtase de uma feia beleza que pouco se disfarça no ar desengonçado da menina que ela já não é:

> O que acontecia afinal? Há poucas horas chamavam-na de víbora, o professor fugia, a mulher esperando... O que acontecia? Tudo recuava... E de súbito o ambiente destacou-se na sua consciência com um grito, avultou com todos os detalhes submergindo as pessoas numa grande vaga... Seus próprios pés flutuavam. A sala onde já estivera durante tantas tardes refulgia no crescendo de uma orquestra, mudamente, numa vingança pela sua distração. De um momento para outro Joana descobriu a insuspeita potência daquele aposento quieto. Era estranho, silencioso, ausente como se nunca tivessem nele pisado, como se fosse uma reminiscência (PCS, p. 63).

Já no internato ocorre a experiência da casa de banho, em que seu corpo se confunde com uma estrela e suas puras vibrações. Sensação que se prolonga depois no quarto, junto às outras meninas "mortas". O corpo é como uma plataforma de lançamento para o ilimitado, em busca de uma forma que já se anuncia dentro mas que precisa desse outro fora para, como se dizia outrora, "expressar": "Sinto a forma brilhante e úmida debatendo-se dentro de mim. Mas onde está o que quero dizer, onde está o que devo dizer?" (p. 73). Assim, toda palavra de antemão fracassa nesse experienciar o próprio corpo como um universo em expansão e contração. O que se narra são fragmentos de impressões e expressões que se acoplam sobre a superfície do corpo, num ritmo que não é nada dialético, pois não há superação futura, apenas permanente tensão. O mergulho no ilimitado só pode se fazer por meio das limitações do corpo, e a liberdade é termo insuficiente para esse sentir-pensar-pulsar da forte fragilidade do corpo, da prima matéria: "Liberdade é pouco. O que desejo ainda não tem nome" (p. 74). Força e fragilidade se associam na insuficiência de um mundo em relação ao ser-estar que se anuncia afirmando a mais intensa das alegrias, a que embriaga e faz o Universo dançar em descompasso:

> — Estou me enganando, preciso voltar. Não sinto loucura no desejo de morder estrelas, mas ainda existe a terra. E porque a primeira verdade está na terra e no corpo. *Se o brilho das estrelas dói em mim, se é possível essa comunicação distante, é que alguma coisa semelhante a uma estrela tremula dentro de mim. Eis-me de volta ao corpo. Voltar ao meu corpo. Quando me surpreendo ao fundo do espelho assusto-me. Mal posso acreditar que tenho limites, que sou recortada e definida. Sinto-me espalhada no ar, pensando dentro das criaturas, vivendo nas coisas além de mim mesma* (p. 71-72, grifos meus).

O descompasso vem dessa oscilação entre caos e forma que é o corpo-sentimento-consciência de Joana, entregue a seus instintos pulsionais, os quais a fazem se unir ao cavalo, como outros tantos personagens claricianos, sendo ao mesmo tempo cavaleira, centauro e cavalgadura:

> [...] O cavalo de onde eu caíra esperava-me junto ao rio. Montei-o e voei pelas encostas que a sombra já invadia e

refrescava. Freei as rédeas, passei a mão pelo pescoço latejante e quente do animal. Continuei a passo lento, escutando dentro de mim a felicidade, alta e pura como um céu de verão. Alisei meus braços, onde ainda escorria água. *Sentia o cavalo vivo perto de mim, uma continuação do meu corpo. Ambos respirávamos palpitantes e novos* (p. 75, grifos meus).

Em seguida, vem o sonho-experiência na catedral, quando o órgão soa "Sem melodia, quase sem música, quase apenas vibração" (p. 75). Ao ponto de diluição — que é também discursiva, pois o discurso da narradora se mistura indiscernivelmente ao da personagem, no mecanismo ficcional da intertroca, com efeitos mais intensos do que qualquer discurso indireto livre — em que "Eu não pensava pensamentos, porém música" (p. 76). Essa é a única *imagem do pensamento* que não se reduz a uma pura verbalidade, sem excluí-la todavia. A palavra ganha a i-materialidade dos sons que significam. Nisso tudo brota o inesperado, pois o pensar não pode vir por silogismos, mas por deslizamentos de sentido, outras tantas sensações, uma nova estética, como um ser-estar-aí que redispõe gentes, bichos e coisas. A estética das sensitivas, que compreende o significado, passa pelos sentidos físicos e atinge o coração extático do não senso, atrás do pensamento:

> Coisas que existem, outras que apenas estão... Surpreendeu-se com o pensamento novo, inesperado, que viveria dagora em diante como flores sobre o túmulo. Que viveria, que viveria, outros pensamentos nasceriam e viveriam e ela própria estava mais viva. A alegria cortou-lhe o coração, feroz, iluminou-lhe o corpo. Apertou o copo entre os dedos, bebeu água com os olhos fechados

como se fosse vinho, sangrento e glorioso vinho, o sangue de Deus (p. 65).

Êxtase dionisíaco e fugaz como uma narrativa em fuga, feita de pequenas cristalizações ("— Palavras muito puras, gotas de cristal", p. 73) e muitos desmanches, claríssimas reverberações.

No meio do livro se inscreve uma cena de escrita. O ritual de preparação para escrever acaba traçando o retrato do ou da artista enquanto coisa. A autora-narradora se duplica no marido Otávio.

> [...] Depois de instalar-se junto à mesa, [Otávio] arrumava-a e, a consciência avivada pela noção das coisas ao ¬edor — *não me perder em grandes ideias, sou também uma oisa* —, deixava a pena correr um pouco livremente para libertar-se de alguma imagem ou reflexão obsedante que porventura quisesse acompanhá-lo e impedir a marcha do pensamento principal (p. 125, grifos meus).

O pensar-coisa seria dotado da mais pura imanência, se apenas bastasse a si mesmo. Mas é por sua efemeridade vital que o escrever se projeta num mais além de um corpo. Otávio é, assim, o mais singular dos escritores, um duplo também da irreverente Joana, mas igualmente o representante de uma comunidade inconfessável. Comunidade dos que não têm comunidade outra senão a desse corpo que politicamente escreve e indaga, escavando um espaço de inflexões da narrativa, traço marcante da ficção clariciana, inventora de mundos. Tudo se vê então francamente indeterminado, o acaso parece reger o destino, num decorrer sem função tradicional de onisciência; e cada episódio é um evento quase isolado, intensivo, rasgando a tessitura narrativa. Importa o pensamento que se extrai dos fatos, e os próprios fatos parecem emergir da torrente de pensamentos. "Pensar é um ato. Sentir é um fato. Os dois juntos — sou eu que escrevo o que estou escrevendo" (HE, p. 15). *Escrever é mineralizar-se, fundir-se ao lápis e ao papel ou ao teclado. O escritor antecipa e encena sua própria morte a cada jornada de trabalho. Seu destino é tornar-se coisa, virtual ou real.*

> O que sou neste instante? Sou uma máquina de escrever fazendo ecoar as teclas secas na úmida e escura madrugada. Há muito já não sou gente. Quiseram que eu fosse um objeto. Sou um objeto. Que cria outros objetos e a máquina cria a nós todos. Ela exige. O mecanicismo exige e exige a minha vida. Mas eu não obedeço totalmente: se tenho que ser um objeto, que seja um objeto que grita. Há uma coisa dentro de mim que dói. Ah como dói e como grita pedindo socorro. Mas faltam lágrimas na máquina que sou. Sou um objeto sem destino. Sou um objeto nas mãos de quem? tal é o meu destino humano. O que me salva é grito. *Eu protesto em nome do que está dentro do objeto atrás do atrás do pensamento-sentimento. Sou um objeto urgente* (AV, p. 87-88, grifos meus).

Cabe aproximar essas cenas todas de escrita, em *Perto do coração selvagem*, *A hora da estrela* e *Água viva*, de uma outra, em *A maçã no escuro*. Percebe-se, assim, que os temas-forma que emergem, por exemplo, no livro inaugural, publicado aos vinte e poucos anos, nada devem às obras da dita maturidade. Não há evolução na literatura de Clarice, um livro não é melhor do que o outro simplesmente por vir depois. Toda a C.L. já está em *Perto do coração selvagem*, mas cada livro terá vida própria, como um bicho, uma planta ou um objeto singular (o "objeto urgente"). Cada um demanda leitura e releitura e, portanto, reescrita, expondo suas próprias cenas de escrita, que se pode aproximar de outras, mas sem termo propriamente de comparação. Aproximação pelo prazer de ver se espelharem textos tão distintos, escritos em contextos diferenciados (*Perto do coração selvagem*, ainda solteira no Rio de Janeiro, *A maçã no escuro*, esposa de diplomata em Washington D.C., *Água viva* e *A hora da estrela*, separada), com personagens outras. Se não vejamos a tentativa fracassada de Martim para tornar-se escritor e/ou coisa, mineralizando-se, quer dizer, literal e ficcionalmente morrendo. Todo ato de escrita encena uma pequena morte, sem a qual, nada. Para escrever, ele se prepara como um escolar, lamparina acesa, óculos na cara, folha de papel e lápis em riste. Essa disposição vai se revelar o contrário de uma realização, pois a primeira lição que se aprende é: "Ele não sabia que para escrever era preciso começar por se abster da força e apresentar-se à tarefa como quem nada quer" (ME, p. 131). Excesso de vontade e de intenção, e a coisa não funciona. Pois há uma disparidade entre a vastidão do pensamento e "a potência da mais simples palavra" (p. 131). Curiosamente, o verdadeiro acontecimento da cena é seu fracasso; a estranheza vem dessa coisa que se anuncia maravilhosa e que tornaria Martim um escritor, mas que no entanto o lança na solidão do deserto, lugar todavia apropriado a quem escreve. Frustração, portanto, com gosto de êxito, pois o que perde por excesso de intenção ele ganha pelo vazio que se instaura, vazio como condição essencial à escrita inventiva, tal a meditação (um dos temas-forma de *A hora da estrela*). Eis então o resultado de todo o preparo para escrever, como não acontecimento fabular e fabuloso:

> Mas como nas histórias em que o príncipe distraído toca por fatal acaso na única rosa proibida do jardim e estarrecido desencanta o jardim todo — *Martim incauteloso executara entre mil gestos inócuos algum ato infamiliar que involuntariamente o transportara diante de algo maior*. A lanterna esfumaçava um fio negro. Ele olhou o depósito que vacilava à luz escura. As paredes hesitavam. O vento bailava à porta. *E em torno dele soprava o vazio em que se encontra um homem quando vai criar. Desolado, ele provocara a grande solidão* (p. 132, grifos meus).

Solidão desértica, indispensável à comunicação literária, pois o coletivo só pode ser atingido nesse estado-coisa de isolamento escritural. A coisa a ser atingida, e que o pensamento de Martim vislumbrara, vai contudo permanecer inatingível, deixando-lhe o sabor vazio que lhe provocara certa vez a mordida na romã. "Na verdade mais tarde o homem comparou a excelência da ideia e a subsequente desilusão com uma fruta redonda que alguma vez comera — uma romã — e que aos dentes se provara oca. O que lhe dera, como único prêmio, um instante de absorta meditação e um contato com a experiência" (p. 131). A escrita é esse fruto proibido, que quando se morde sabe a quase nada, a um oco que, na escuridão do quarto, Martim mais uma vez experimentou. Tal uma maçã brilhando no escuro, e por isso mesmo intocável. Nem à linguagem nem ao pensamento é dado tocar a verdadeira coisa, que não é praticamente nada, sem se identificar ao nada ("Por que há algo em vez de nada?", indaga Heidegger no rastro de Leibniz). Escrever é essa pesca frustrada de que fala *Água viva*, da qual todavia deve-se retirar todo o sustento:

> Então escrever é o modo de quem tem a palavra como isca: a palavra pescando o que não é palavra. Quando

essa não palavra — a entrelinha — morde a isca, alguma coisa se escreveu. Uma vez que se pescou a entrelinha, poder-se-ia com alívio jogar a palavra fora. Mas aí cessa a analogia: a não palavra, ao morder a isca, incorporou-a. O que salva então é escrever distraidamente (AV, p. 21).

A entrelinha é a própria definição da escritura: o não dito do dito, o indizível que encontra sua mais alta expressão na linguagem verbal, em estado de literatura; mas aí permanece como o outro ou a outra da linha, do visível. Sem as entrelinhas não há nem escritor nem literatura em sentido forte, apenas repetição inócua do já-sabido.

A distração indispensável para escrever escapou inteiramente a Martim, escritor "empenhado" demais em fisgar a invisível entrelinha. Razão pela qual o método, se há, defendido em *A maçã no escuro* é a alusão, como se a mais alta tarefa do escritor ou da escritora que Martim tenta ser fosse aludir à coisa sem jamais poder atingi-la. A impotência da intenção não desmerece a força viva do gesto de escrever, embora a dúvida persista sempre. Mas é essa dúvida não cartesiana que, dentro da "oca escuridão", alimenta o gesto tresloucado de escrever no vazio, apenas com pensamento, lápis e papel, ou teclado:

> Assim, de aproximação penosa em aproximação penosa — tendo Martim nesse caminhar um sentimento de sofrimento e de conquista — ele terminou se perguntando se tudo o que ele enfim conseguira pensar, quando pensara, também não teria sido apenas por incapacidade de pensar uma outra coisa, nós que aludimos tanto como máximo de objetividade. E se sua vida toda não teria sido apenas alusão. Seria essa a nossa máxima concretização: tentar aludir ao que em silêncio sabemos? Tudo isso Martim pensou, e pensou muito (ME, p. 133-134).

Por isso é que Clarice escreveu não livros, livros que se assemelham mais a plantas, bichos e coisas sensitivas do que ao objeto-livro tradicional.

> Escrevo-te este fac-símile de livro, o livro de quem não sabe escrever, mas é que no domínio mais leve da fala quase não sei falar. Sobretudo falar-te por escrito, eu que me habituei a que fosses a audiência, embora distraída, de minha voz. Quando pinto respeito o material que uso, respeito-lhe o primordial destino. Então quando te escrevo respeito as sílabas (AV, p. 55-56).

Escrever como quem pinta ou compõe música, esse é também um modo dissimulado e distraído de fazer a mutante antiliteratura da coisa. Escura e luzidia, a um só tempo.

As mutações ou transmutações significam lugares provisórios onde duas supostas identidades se perdem em definitivo, fazendo emergir o híbrido não como síntese, antes, pela impossibilidade desta. Tal como, no poema de Drummond, "Os cacos da vida, colados, formam uma estranha xícara.// Sem uso,/ ela nos espia do aparador" (1979, p. 403). Sempre o bricabraque confuso (Baudelaire), a sucata incongruente (Clarice). O heteróclito. No momento em que Joana se funde ao corpo do cavalo ou ao da cachorra, o humano e o animal intertrocam qualidades, se indefinem, paralisados no ar como tontos colibris, ou na pose de ataque como ferozes jaguatiricas. Ou ainda, para utilizar uma forte imagem de *A maçã no escuro* ao falar da impotência de escrever o indizível: "era como se ele tivesse tido a presunção de transpor em palavras o relance com que dois insetos se fecundam no ar" (ME, p. 134).

A antiliteratura da coisa é francamente intraduzível, em seu amplo movimento metamórfico e quase tradutório, tal como as *intraduções* de Augusto de Campos. Intraduzir é traduzir desde dentro, *intra*, num movimento que também se exterioriza, tais os fantásticos tigres de Blake e Augusto, espelhados e assimétricos, por uma pequena diferença. Nem animal nem verbal apenas, *aniverbal*, como intraduzo há algum tempo a palavra-valise *animot (animal + mot)*, de Derrida (2006). Traduzo sem traduzir, obliterando e mostrando o vocábulo original, assim desnaturado em sua desnatureza primeira de relação com a língua francesa.

Exemplo de desterritorialização dos gêneros e procedências culturais se encontra também no primoroso "A menor mulher do mundo", título aliterativo em que o nome de mulher ressoa em três emes iniciais. Gayatri Chakravorty Spivak faz referência a essa história de *Laços de família* infelizmente apenas numa nota de pé de página de seu *A Critique of Postcolonial Reason*, perdendo a chance de pôr em relevo um dos relatos mais densos em termos de descolonização, vindo das margens de um suposto subúrbio ocidental, a África e/ou o Brasil (Spivak, 2000, p. 200, nota 5). O aspecto "menor" dessa ficção pensante ressoa em inúmeras instâncias: é o relato de uma escritora judaico-ucraniana naturalizada brasileira, que escreve na única língua que verdadeiramente domina, o português, idioma do outro colonizador, no entanto subalterno em relação às línguas ocidentais hegemônicas. O caráter "periférico", no sentido afirmativo de acêntrico, é reforçado pelo fato de se tratar da história de uma pigmeia, descoberta no coração da África, local privilegiado de antigas e sempre renovadas colonizações. Duas pequenas mulheres no mundo demasiado grande dos homens ocidentais, Clarice e sua outra. Tem-se então a história dessa que jamais terá um nome próprio, mas receberá pseudônimos condizentes com sua situação. Ela é descoberta pelo explorador francês Marcel Pretre no fundo das matas do Congo, no seio da tribo dos menores seres humanos já vistos. Essa é provavelmente a história mais trágica e, ao mesmo tempo, mais engraçada escrita por Clarice. Nela, a assim nomeada "Pequena Flor" passa da condição de objeto de pétrea curiosidade científica, para espanto de toda a comunidade ocidental, à de sujeito de seu desejo. Invertendo a força falocêntrica da ciência, conduzida na maior parte das vezes por homens "brancos" (basta ver a lista das premiações anuais dos Nobel de física e química, reservada aos cientistas do chamado Primeiro Mundo), Pequena Flor transforma Pretre, seu "explorador", em todos os sentidos do termo, no final, em objeto do desejo. Na pequena mulher, condensam-se os traços de todos os animais-coisa de C.L.: ela é estranhamente humana, bicho, planta e coisa, como um pequeno fantasma que assombra às margens do Ocidente. Um duplo sem dúvida de Clarice, cuja narrativa se desvela em afeto pela minúscula criatura, reverberando o adjetivo que uma amiga do exílio aplicava à própria autora: "bichinha", um minúsculo bicho-fêmea, cuja delicadeza e força vem marcada pelo diminutivo, que tantas conotações afetivas expõe em português brasileiro. Para desconcerto de seu predador, Pequena Flor reage amorosamente a sua abordagem científica; a narradora aproveita o pequeno vexame para evidenciar, com grande ironia, os valores em jogo na aproximação, nunca sem violência, entre duas culturas:

> [...] Há um velho equívoco sobre a palavra amor, e, se muitos filhos nascem desse equívoco, tantos outros perderam o único instante de nascer apenas por causa de uma susceptibilidade que exige que seja de mim, de mim!, que se goste, e não de meu dinheiro. Mas na umidade da floresta não há desses refinamentos cruéis, e amor é não ser comido, amor é achar bonita uma bota, amor é gostar da cor rara de um homem que não é negro, amor é rir de amor a um anel que brilha. Pequena Flor piscava de amor, e riu quente, pequena, grávida, quente (LF, p. 85).

O olhar da outra inverte e perverte a clássica visão redutora do exotismo, transformando o predador em presa e descerrando os laços de desafeto inerentes à aproximação das diferenças. Rompe-se, assim, com a ontologia diferencial, a qual sempre investe *o* ou *a* diferente (a pigmeia) com os atributos forjados pelo mesmo, ou seja, o colonizador, zombando-se então da chamada razão colonial, em proveito talvez de uma razão descolonizada. Tudo isso com o recurso a uma singela palavra: amor.

A questão ética em Clarice é, por excelência, como dito desde o início, a questão do amor. O amor não como tema romântico, mas como força não humana que atravessa corpos e almas, instaurando a relação com os outros e as outras. O que estou fazendo com o outro/a outra neste momento? Esta é a questão do presente que reverbera em todos os instantes passados, escavando o futuro de um pretérito que se quer dadivoso, aberto à radical alteridade: quem não sou, não posso ser, mas que reinventa meu eu, independentemente de minha vontade. Em sentido ético, o amor é pura heteronomia, com todo o afeto. Nesse sentido, o tema iluminista da autonomia do sujeito é um derivado da heteronomia fundamental que faz de mim quem sou, e não a sua origem. Esta, a origem, é multifacetada, feita não de rostos, mas de potências e disposições (noutros termos: valores) que marcarão toda minha vida, com e mais além de minha consciência. Igualmente esta, a consciência, não se anula como instância de decisão, mas sua articulação depende da delicada relação com a alteridade, que a precede estruturalmente, e não de forma cronológica ou espacial. É isso que Marcel Pretre não pode entender: que ele e a outra são feitos do mesmo estofo, não se prestando ela a um simples objeto de curiosidade científica, embora inúmeras vezes isso tenha ocorrido. Seria toda a história da antropologia, ciência bastante ocidental, antes dos questionamentos recentes por que tem passado.

A estrutura ética da heteronomia diz que o eu advém do outro ou da outra, e a ele ou a ela também desde sempre se destinando; por isso mesmo tais alteridades devem ser respeitadas em sua mais absoluta singularidade de mulher, homem, bicho, plantas, coisas, formações informes etc. A heteronomia tem no etc. da enumeração sem fim seu princípio formal: lei da suplementaridade como justiça indesconstrutível, pois não há palavra, *lógos*, discurso, que dela dê conta. A linguagem verbal é sempre precária, mas indispensável, para falar do que não tem rosto nem subjetividade constituídos, um neutro, uma vontade quase transcendental de potência. Em suma, a Coisa (*das Ding*), de que somos tributários mas a que jamais teremos acesso de todo, pois não se encontra aí, ao alcance da mão (a *Vorhandenheit*, de Heidegger).

Motivo pelo qual a oposição sujeito/objeto, consciência/inconsciente não dá conta desse incalculável fundamental. Discursos como sociologia e psicanálise são úteis, por exemplo, para interpretar parcialmente o mergulho de Ana no Jardim Botânico, no conto "Amor", de *Laços de família*, mas nenhuma teoria tradicional das pulsões (limitadas ao conceito de subjetividade, a ser desconstruído), por exemplo, corresponde de todo ao que não é da ordem do psíquico, do sujeito, nem de todo o aparato conceitual que cercou na modernidade a figura do humano, com tantas razões e quantas desrazões. "Amor é quando é concedido participar um pouco mais. Poucos querem o amor, porque o amor é a grande desilusão de tudo o mais. [...] amor é finalmente a pobreza. Amor é não ter. Inclusive amor é a desilusão do que se pensava que era amor" (LE, p. 54).

Entrever pela porta estreita

Coligidas e editadas por Claire Williams, da Universidade de Liverpool, as já referidas entrevistas realizadas por Clarice para as revistas *Fatos e Fotos* e *Manchete*, sobretudo entre maio de 1968 e outubro de 1969, formam um gênero à parte. Como sugere a própria organizadora, trata-se mais de "entre-vistas", ou seja, um avistamento e conversa entre pares, do que simplesmente o cumprimento de uma função jornalística por necessidade de sobrevivência, embora seja esse o pretexto. Dentre a centena realizada por Clarice, foram selecionadas 42, 19 inéditas em livro. Salta à vista o critério da seleção: pessoas de primeiro plano cultural na cena brasileira da época, com exceção do poeta chileno Pablo Neruda. Trata-se de um bate-papo entre iguais artística e socialmente. Difícil é saber se a admiração declarada, por vezes enfaticamente, com ou sem justiça, corresponde ao verdadeiro sentimento clariciano — ela que solicita mais de uma vez a Nelson Rodrigues, por exemplo, que seja absolutamente sincero e declare apenas a verdade. Esse caráter testemunhal, em sentido amplo, da entrevista compõe perfeitamente com a espécie de "ficção verdadeira" que é tal gênero. Seria preciso ler de modo protocolar tudo o que a cerca: o editor que a encomenda, os critérios de escolha dos entrevistados (se da autora ou do editor), as condições do registro (local, dispositivos, fidelidade da transcrição, cotejo entre o testemunho original e o texto publicado etc.), o público do periódico, a repercussão do material, e assim por diante. Esse, todavia, não é meu propósito; aludo a essas questões porque afloram todo o tempo na cena das entrevistas *assinadas C.L.*, porque todas são, sem exceção, devidamente *assinadas* pela autora de *Água viva*, e a interlocução virtual, a polifonia, a arte do contraponto e mesmo do dodecafonismo que comparece em diversos textos ficcionais também deixam suas marcas nas *Entrevistas* escolhidas.

Embora pareça lidar com o universo das celebridades da época — quando estas ainda tinham alguma qualificação cultural, em vez de reproduzirem a simples mediocridade de suas vidas e falta-de-arte —, disso só alguns traços emergem, mas sem o sentido que têm hoje da espetacularização: a vida íntima de Vinicius de Moraes, a intriga em torno da cantora Elis Regina, o sucesso e o fracasso de Emerson Fittipaldi. Porém, mesmo essa exposição do privado nada tem de anódino: tudo ganha outra significação no conjunto fascinante das *questões de C.L.* Questões muitas vezes irrespondíveis, embaraçando o entrevistado e abrindo lacunas que fazem mais pensar do que a resposta pronta, a qual também comparece, por exemplo, na fala de Hélio Pellegrino.

Tudo se passa como se o gancho jornalístico fosse o pré-texto para Clarice perguntar o que *lhe* interessa e não o que necessariamente interessa às revistas e a seus leitores — algo homólogo ao que acontece com as crônicas. No fundo, ela está pouco preocupada com o gênero entrevista (gênero, em definitivo, não a pega mais), não fazendo nenhum esforço por dominá-lo, embora o mimetize até certo ponto. Importa, antes de tudo, o que o entrevistado pode voluntária, mas sobretudo involuntariamente, testemunhar mais além da convenção do gênero, que se torna de fato uma entre-vista, o que se capta entre as linhas da conversa meio íntima, meio pública. Nas entrelinhas, como alhures.

Tratando-se ela mesma de um "monstro sagrado" (termo da época para qualificar as grandes celebridades, configurando um mito — p. 188), como se queixa, num diálogo com a escultora Maria Martins, a maior parte dos entrevistados se sente tanto em casa (por ser amigo ou privar de algum tipo de conhecimento da entrevistadora) quanto absolutamente desprotegida (por ser ela a escritora de ficções que nenhum estereótipo consegue domesticar, mesmo o do dito monstro sagrado). Assim, entre a maior familiaridade e o mais arraigado estranhamento, o questionário clariciano se revela de uma imensa hospitalidade, acolhendo esses outros e essas outras como se fosse ela própria, para, de modo ironicamente cristão, "amar ao próximo como a si mesmo" (p. 222). Longe, porém, de um amor narcísico, ela que indaga a quase todos "o que é o amor"; aflora um amor *selvagem*, acolhendo o outro enquanto outro em sua infinita diferença, como é o caso dos esportistas homens: Fittipaldi, Zagallo, Saldanha ou mesmo do ator Jece Valadão. Nada mais distante do multiverso clariciano, feito de inúmeros mundos, mas por isso mesmo nada mais claricianamente natural do que conversar com Zagallo e colher dele, em vez da resposta apressada, o silêncio pausado, no momento mesmo em que era chamado para treinar o Botafogo — time para o qual a entrevistadora diz torcer... A dificuldade do treinador vinha de definir o indefinível, exatamente a pergunta sobre "o que é o amor".

Há uma cena da entrevista que é, a um só tempo, local e, digamos, global: o acirramento da ditadura militar e a morte de Kennedy; Maio de 68 repercute nas diversas vezes em que pergunta, com entusiasmo e muita esperança, sobre o movimento dos estudantes naquele momento. Tudo isso vem ao primeiro plano do palco sem que nenhum dos atores force a barra, mas por uma necessidade interna à entre-vista: o modo como os dois interlocutores se veem e o que veem mais além daquele espaço e tempo em que estão circunscritos. Como é o caso da referência à histórica passeata dos Cem Mil, de que participaram ela e Chico Buarque, entre outros artistas e intelectuais: após responder acerca do fato de ter desfilado na manifestação, Chico lhe devolve a pergunta, e ela declara sucintamente: "pelos mesmos motivos que você" (p. 103).

O estético, o filosófico e o político se entreveem e se entrelaçam em muitos momentos, e toda seleção do que comentar será sempre arbitrária, tal como a própria organização do volume de *Entrevistas*: escolha, recolha, intervenções editoriais, informações suplementares, prefácio, e tudo o mais. Questão sempre de responsabilidade: as decisões do comentarista emanam tanto do material disponível (publicação e arquivo) de Clarice quanto das declaradas, mas também inconfessáveis, intenções do pesquisador-leitor. Se a entrevista é o gênero confessional por excelência, mesmo quando não se apresenta assim, entrevistas com forte teor de ficcionalidade como essas engendram desde logo um jogo indecidível entre o mais veraz, intencional, racionalizado, e, por outro lado, o mais inverossímil, involuntário, "irracional" e, no limite, falso. Invenção e realidade, dissimulação e testemunho quando consignados sob o regime de uma ficção mal disfarçada (essas entrevistas decorrem, sem dúvida, mais do trabalho da escritora do que da jornalista C.L.) comprometem o estatuto absoluto de uma verdade factual, irrefutável e objetiva. Verdade aqui sem dúvida há, mas nenhuma redime o jogo ficcional que ocorre quando se aproximam figuras de forte densidade artística e cultural: Clarice e seus parceiros e parceiras, em mais um lance de *dados* teatrais, pictóricos, esportivos, literários.

Ressalta em tudo o confronto e a afeição distanciada para com a cultura brasileira. Sublinho esse ponto já evocado, agora com outras implicações. É fato reconhecido pela crítica especializada e por qualquer leitor leigo e arguto que a ficção de Clarice tem muito pouco de "cor local", muito embora, sobretudo nos contos e em *A hora da estrela*, apareçam referências explícitas aos tempos e espaços: bairros do Rio de Janeiro, evocações do Recife, referências ao migrante nordestino, até mesmo reminiscências da cultura lusa, e assim por diante. Predomina mesmo, todavia, uma inscrição cênica fortemente abstratizante, no sentido de até partir do dado local, mas já com um nível de fabulação e de reflexão dotado de alto grau de deslocamento. Entretanto, nas crônicas e nas entrevistas, por se tratar de outro registro, a situação se transforma: ocorre até uma insistência na "cor local", em particular, não por acaso, nas entrevistas encomendadas pelo governo baiano com personalidades da terra: Jorge Amado, o escultor Mário Cravo e o pintor argentino-brasileiro Carybé. Clarice não só indaga aos entrevistados a importância de eles terem optado por viverem em Salvador e não na antiga capital federal e centro hegemônico da cultura nacional, o Rio de Janeiro, mas também demonstra o desejo de viver na ex-capital da colônia, se tal fosse possível, tal como já dissera a Jorge Amado: "— *Agora, Carybé, você vai por favor me explicar o fascínio da Bahia a que também sucumbi, tanto que só penso em voltar e passar pelo menos um mês trabalhando por lá*" (p. 214). Falso ou verdadeiro, e dadas as circunstâncias da "encomenda", jamais será possível escolher um dos polos, o desejo clariciano é levado ao extremo de se deixar contaminar pelo "sotaque" do outro, ela que em princípio nada teria a ver com os cultos afro-baianos: "— *Depois que terminei e publiquei romance mais recente,* Uma aprendizagem ou o Livro dos prazeres, *estou inteiramente vazia de inspiração. Mas nisso de inspiração também conto com Exu, que já é meu amigo do peito e vai me ajudar em tudo, entendeu? Exu é poderoso*" (p. 218). Aparentemente nada mais anticlariciano do que esta declaração; no entanto, essa remissão ao credo afro-brasileiro comparece também em

A hora da estrela, quando a personagem Glória conta a Macabéa a respeito do ritual de macumba por que passou para se livrar de um feitiço (HE, p. 85). Nem de longe se trata de profissão de fé, mas da acolhida do dado cultural alheio para reforçar duplamente o valor da viagem e da entrevista. Nisso também vazam elementos da (auto)biografia, que fornecem o pano de fundo dessa série de trabalhos para sobreviver (como literalmente grita, indignado, o escritor Carlinhos de Oliveira): dificuldades financeiras, amizades, amores e paixões, gostos e preferências por vezes bem marcados, reflexões recorrentes sobre o ato de criar em geral e de escrever em particular. Nesse último caso, expõe-se o dado mais delicado dessas relações interpessoais, num jogo de máscaras públicas e privadas: muitas vezes de modo proposital, Clarice passa da condição de entrevistadora à de entrevistada, imprimindo mais fortemente sua rubrica a essas textualidades seriais. Há uma compulsão de solicitar ao outro e à outra para que falem de si e de seu trabalho para ela falar de si mesma. Não por uma projeção narcísica, enfatizo, mas para se dar a ver de outro modo sob os olhos alheios. Como se a verdadeira personagem da entrevista, seu tema real, fossem a ficção e a vida da entrevistadora: a bio-grafia de C.L., sua *alterbiografia*, por assim dizer. Isso ocorre de modo exemplar na entrevista com Carlinhos de Oliveira, iniciada aludindo ao estado gripal da entrevistadora, do que resulta uma bela discussão entre amigos. A confusão de papéis, levando muitas vezes à autoentrevista, ocorre com frequência quando se trata de comentar o trabalho do outro ou da outra, como no caso do ator e diretor Paulo

Autran: "— *Não me espanta o fato de, sendo desorganizado, você organizar tão bem um grupo de teatro. Também sou assim. Aliás todos os meus defeitos e pecados mortais não me impedem de ganhar minha vida escrevendo. Quais são os autores novos que você prefere?*" (p. 136). A pergunta é formulada ao outro, incide no autocomentário e retorna ao entrevistado, entremesclando as máscaras do gênero, que se vê assim um tanto degenerado.

Clarice não só discorda em momentos pontuais (várias vezes com adendo *a posteriori* entre parênteses, dirigindo-se ao leitor para contradizer o/a entrevistado/a...), como até mesmo faz o inimaginável para qualquer outro/a entrevistador/a, demonstrando cansaço por insônia na frente da atriz Tônia Carrero e obrigando-a a concluir a entrevista, embora ainda tivesse muito a declarar. A cena, no fundo muito delicada, diz tudo a respeito do profissionalismo da jornalista Clarice Lispector, a qual mistura formas e registros, atravessa os códigos, confunde as regras, expõe suas idiossincrasias, desfazendo assim o ingente gênero da entrevista, tal como fez com a crônica e praticamente todo tipo de escrita em que pôs as mãos. Tal é sua atipicidade singular. Ela escreve tudo torto, enviesado, oblíquo.

Nas próprias entrevistas realizadas e nos comentários do livro de crônicas, fica claro que o verdadeiro alvo são os leitores dos periódicos. A eles se destinam as estratégias de sedução para que adquiram a revista ou o jornal onde a entrevista será publicada, menos por *marketing* do que por necessidade de sobrevivência. Sobrevivência esta que se revelará, por um pulo do gato, ou da gata, um dispositivo de supervivência, modalidade e força da própria antiliteratura da coisa. Pois a entre-vista é só o tempo e o lugar onde a Outra se deixa entrever e dá também muito a ver, dos homens e mulheres artistas, bichos, coisas, insetos, *mundos*.

Um dos mais belos momentos do volume é quando ela *convoca* Tom Jobim como aliado para o que ela mesma faz. Toda uma política da cumplicidade e da amizade artística, do *chamado* e da *vocação*, que ela exercita mesmo com quem encontrou pela primeira e talvez única vez (Carybé, por exemplo). Eis como numa conversa por ela mesma qualificada de "psicodélica", Clarice se alia, com sua própria voz, à arte do outro no tom maior da confissão explícita e em nome da verdade:

> — *Vou confessar a você, Tom, sem o menor vestígio de mentira: sinto que se eu tivesse tido coragem mesmo, eu já teria atravessado a minha porta, e sem medo de que me chamassem de louca. Porque existe uma nova linguagem, tanto a musical quanto a escrita, e nós dois seríamos os legítimos representantes das portas estreitas que nos pertencem. Em resumo e sem vaidade: estou simplesmente dizendo que nós dois temos uma vocação a cumprir. Como se processa em você a elaboração musical que termina em criação? Estou simplesmente misturando tudo, mas não é culpa minha, Tom, nem sua: é que esta entrevista foi se tornando meio psicodélica* (p. 114, grifos meus).

A metáfora da porta estreita ou pequena (dimensões diferentes, claro) remete ao conto "Diante da lei", de Kafka, pouco importando se Clarice o leu ou não diretamente, sequer se ouviu falar. Questão de confluência, como dito, e não de influência, pois desta foi acusada também em relação ao autor tcheco, por causa da barata de G.H. A fonte da invenção é sempre múltipla e flui em vários lugares — já as escritas do mundo confluem e refluem. A porta estreita é o lugar singular, exclusivo, que só cabe a cada um e a que frequentemente nunca se acede (Kafka, 2007). A vocação a cumprir, dela e de Tom, se fará contra ventos e marés (metáfora minha), independente até do risco de ser considerada louca, de que já falei. A sagrada loucura do ato de inventar, sem a qual o verdadeiro risco é o da banalidade e do excesso de profissionalismo, sem real vocação.

É assim que, por contraste, numa das primeiras entrevistas da publicação, com aquela que considera também como amiga, Clarice desde o início expõe toda sua diferença, digamos, amadorística. Nélida Piñon comparece como *a* escritora profissional, absolutamente consciente de seu papel social e da tarefa que lhe é atribuída. Nela, nada escapa aos bons valores literários e existenciais. Exemplo acabado de escritor/a consciente de seu ofício e de sua "condição". Vejamos como a entrevistadora apresenta a colega, num dos muitos retratos que permeiam os textos da entrevista (só esses esboços claricianos de personalidades mereceriam um estudo à parte): "Nélida Piñon é o que se chama de boa profissional, no melhor sentido da expressão. Tem escritório para nele escrever e não se deixa ser interrompida por ninguém enquanto trabalha. Tem horário sempre respeitado. Ela é o contrário de mim: nem escritório tenho, além de ser completamente desorganizada. Nélida parece ter o destino traçado por ela mesma" (E, p. 44). Observo de passagem que quando se diz, em bom português do Brasil, "no melhor sentido da expressão" é porque em si a expressão não é muito boa... valha a sutil ironia. Mais adiante, já no curso do diálogo, ela se reafirma como amadora, pois só escreve quando tem vontade (leia-se: escreve ficção), tendo ficado dez anos sem produzir nada, à diferença da outra, "profissional no melhor sentido da palavra" (p. 46). Dirige-lhe então a pergunta se se sente uma profissional. Antes de responder, Nélida discorda e atesta ser Clarice "uma extraordinária profissional" (sic), faltando-lhe apenas adquirir "consciência de seu estado" (sic). Seguem-se comentários marcados por certa metafísica da consciência profissional. Conclui então respondendo à entrevistadora: "Sou profissional, sim, Clarice. Luto por esta condição (sic), e não abdico de tudo que isto implica" (p. 47). Soa a um só tempo como confissão de um pecado (no fundo, sabemos que não é bem visto declarar-se com pompa e circunstância escritora profissional) e como declaração de orgulho (por tudo o que se percebe na resposta, para ela a verdadeira escritora é sempre profissional). Nada há que se ter contra as profissões, sobretudo a do assim declarado escritor, mas de fato a literatura clariciana oscila nas bordas de um ofício que se faz por uma prática inspirada e transpirada. Sem inspiração, declara ela inúmeras vezes nas entrevistas, nada acontece senão simples paralisia. Mas há que ter também algum método, trabalhar o texto, desdobrá-lo a partir de um plano mínimo, tal como indaga (e responde) a Érico Veríssimo, outro escritor brasileiro reconhecidamente profissional: "— *Você planeja de início a história ou ela vai se fazendo aos poucos? Eu, por exemplo, acho que tenho um vago plano inconsciente que vai desabrochando à medida que trabalho*" (p. 42). O entrevistado corresponde dizendo que planeja, mas sem obedecer rigorosamente ao plano traçado, fazendo também comentários acerca da crítica sobre seu trabalho. Caso perfeito de interlocução entre pares, entrevistos. Assim, nas (auto)entrevistas de Clarice emerge o retrato de uma escritora nem amadora, nem profissional absolutamente consciente de sua condição, sempre outra coisa em relação ao que esperam dela. Transparece a rejeição da mística do criador, tal como expressa numa crônica certo constrangimento, "até ser chamada de escritora me encabula" (DM, p. 193). O rótulo, por sua aura mítica, lhe parece despropositado.

Aliada a essa perspectiva estética em sentido amplo, literária em particular, emerge aos poucos a força do político, com explicitude rara em outros textos. Se na ficção de C.L. concorrem inúmeras políticas relativas à diferença sexual, às forças de vanguarda, às mutações espacitemporais dos diversos colonialismos, todavia há uma economia extrema no que diz respeito ao militantismo social e ao engajamento feminista, de esquerda ou direita etc. Nas entrevistas com Pablo Neruda, com Chico Buarque, entre outros, mas sobretudo no trecho que transcrevo a seguir, Clarice não deixa dúvidas quanto a seu posicionamento como pessoa e o motivo de sua presença na referida passeata dos Cem Mil, em 26 de junho de 1968, no Rio de Janeiro, contra a ditadura militar; organizada por estudantes, contou com artistas, intelectuais, operários, representantes eclesiásticos, políticos e diversos outros setores da população brasileira. A cena é tanto mais significativa por representar um dos grandes momentos em que ela passa a ser entrevistada, por Zagallo, o qual lhe indaga o que ela mesma já havia perguntado a Maria Martins, entre outros. Como ela editou a entrevista, nem de longe seria impossível que tenha colocado na boca do jogador-treinador o que gostaria que lhe perguntassem, mas isso é só uma hipótese. Em todo caso, a formulação sobre o mencionado tema "agitação dos estudantes" é muito semelhante às que elaborou para seus entrevistados, reforçando a fabulação da pergunta, num forte jogo de ficcionalização da tarefa jornalística — e consequentemente da própria vida. Eis a *réplica* a Zagallo, no sentido teatral da palavra:

> — *Os estudantes, que estão nascendo para a vida, não querem mais o mundo apodrecido em que vivemos. Suponho que eles querem uma humanidade mais igualada por um socialismo adequado a cada país — eu não disse comunismo, que é outra forma de ditadura —, querem um mundo em que viver seja mais do que pedir pão emprestado, do que trabalhar e mal ganhar para viver, um mundo do amor mais livre entre os jovens. Os estudantes querem, em combinação com os homens e mulheres mais experimentados e inteligentes, liderar o mundo de amanhã, que já é deles* (p. 223).

Entre o mais objetivo realismo e a franca utopia, a fala clariciana repercute à distância como o legado imperativo dos anos 1960: resistir ao totalitarismo e lutar para que novas forças emerjam — potências de invenção social, existencial, estética, como de fato até certo ponto aconteceu, embora também não sem muitas frustrações. Eis aí a grande política da amizade segundo C.L.: aliciar as forças convergentes e despistar as divergências inócuas. O que não a impede de discordar sinceramente de seu entrevistador quando se trata de avaliar (com ou sem justiça) parte de sua produção, dele, como é o caso de Jece Valadão em relação à chanchada. Assim, comenta entre parênteses, como um pensamento inserido *a poste-*

riori, antes mesmo da resposta de Valadão: "(Por mim, é um meio de ganhar dinheiro explorando os sentimentos chamados baixos do povo.)" (p. 158). Ecoa nessas palavras uma moral que será desconstruída por certa "hora do lixo" da própria Clarice, mas com outros propósitos, evidentemente.

Política e reflexão, tudo menos engajamento em sentido tradicional, eis o que assoma nas entrevistas e nas crônicas, pondo abaixo a mitologia de uma Clarice desligada do mundo e da realidade em torno. Outro exemplo das entrevistas: "*— Acho, Zagallo, que não é simples coincidência ou azar: há políticos que pagaram os assassinos para matar. Porque nos Estados Unidos é enorme o número de antidemocratas. Em certo sentido, os Estados Unidos estão mais atrasados do que nós: lembre-se do problema dos negros naquela terra que se supõe ser democrática*" (p. 222). Ela fala do lugar de quem viveu em duas realidades extremas, mas que conhecem profundas injustiças em função de sua própria história: os Estados Unidos, onde morou em Washington D.C. como mulher de diplomata nos anos 1950, e o Brasil do golpe militar e do AI 5. É neste último momento que se realiza a conversa com o técnico tricampeão mundial, laureado pelo governo Médici.

Sincronicidade clariciana

Questões políticas e sociais que retornam nas crônicas; por exemplo, numa em que se dirige ao Ministro da Educação e Cultura, em plena ditadura, para questionar os "excedentes" do vestibular, ou seja, os inúmeros alunos que foram aprovados mas não alcançaram classificação suficiente para obter uma vaga. A "Carta ao Ministro da Educação" é de 17 de fevereiro de 1968 e tem a coragem de esclarecer que, ao questionar a pouca verba que se destina ao setor, não está invadindo a seara alheia, pois "Esta seara é de todos nós" (DM, p. 94). Estava-se em pleno governo autoritário, que não admitia nenhuma ingerência em questões de gestão pública; apesar disso, declara no jornal mais importante do país na época: "Senhor ministro ou Presidente da República, impedir que jovens entrem em universidades é um crime. Perdoe a violência da palavra. Mas é a palavra certa" (p. 94). A conclusão não é menos corajosa, na medida em que se refere ao ato político por excelência daqueles tempos de revolta: "Que estas páginas simbolizem uma passeata de protesto de rapazes e moças" (p. 95).

Outra crônica igualmente política, que chega a mencionar a reforma agrária, assunto tabu nos anos militares, é "A matança de seres humanos: os índios", de 16 de maio de 1968. A peculiaridade do título está na necessidade de caracterizar os índios como humanos e não como animais, pois sabemos bem como se tratam os bichos em nossas terras... Clarice não resvala para um humanismo ingênuo, mas sim, ao ressaltar a humanidade do autóctone, aponta o risco que tudo o que vive corre entre nós, uma vez interposto aos interesses dos grupos de poder. Menciona o diálogo com Noel Nutels, médico que desenvolveu, desde os anos 1940, um trabalho junto às tribos do Xingu. O discurso indireto da crônica visa a dar voz quase direta a quem conhece bem a realidade indígena em nosso país, Nutels, acentuando a violência histórica do genocídio pan-americano, que continuou na atualidade dos anos 1960, como agora nos anos 2000. Violência cultural em relação à qual infelizmente os índios (sempre também no plural, como os animais e os demais grupos humanos: *o índio de fato inexiste*) não são privilegiados: "Se continuarmos a ser objetivos da ambição alheia, o brasileiro será um pobre coitado e continuar-se-á a matar não só índios, mas a nós também" (p. 140).

Da leitura desses textos curtos (três em média, por data de publicação) se depreende que, se não há consciência plena por parte de Clarice, tampouco há total inocência do que faz ou *performa*, em suma, como *atua* no espaço jornalístico da crônica. Expor sua incompetência em relação ao gênero é um modo de tentar seduzir os leitores de jornal para o gênero novo que ela cria em ato: a não crônica clariciana, publicada aos domingos entre agosto de 1967 e dezembro de 1973, produção reunida por seu filho Paulo Gurgel Valente em 1984, no deslumbrante livro *A descoberta do mundo*. Apesar disso, numa anotação de 22 de junho de 1968 declara que vai consultar seu amigo Rubem Braga, especialista-mor no gênero crônica. Felizmente a consulta, se houve, de nada adiantou, continuou escrevendo do mesmo jeito, a despeito de ela mesma achar que tinha mudado a forma de escrever por estar publicando em jornais. Mudou em termos; diria antes que *modulou*. Claro que os textos da crônica não têm a mesma elaboração dos chamados contos e romances (chamados mas nunca totalmente identificados como tais), todavia há um traço de singularidade que os une. A crônica é aquele gênero que, sobretudo quando atinge a perfeição, parece feito por qualquer um que domine bem a arte da escrita. Em Clarice, não. As melhores crônicas de C.L. são não só singulares, mas quase estritamente pessoais, no limite da anotação de diário. Em certo sentido, são de fato o diário que ela nunca escreveu e que se escrevesse se pareceria com tudo menos com um diário em sentido clássico. Quer dizer, uma vez instalada no território familiar de certo gênero, a máquina de escrever clariciana se desloca para a fronteira do desconhecido, confundindo áreas, domínios, esferas, e habitando no fundo a zona de ninguém. Por isso a percepção do risco que corre "daqui em breve de publicar minha vida passada e presente, o que não pretendo" (p. 156). Mas publicará, narrando encontros com pessoas famosas ou não, diálogos com as empregadas (acintosamente chamadas de "criadas", para evidenciar o servilismo a que é submetida a classe no Brasil), episódios do passado, conversas com amigos. Como o diário de Kafka, durante o período de publicação as crônicas se convertem no laboratório clariciano de invenção, onde entram desde registros de vida pessoal até a estrita crônica dos tempos de então, passando por fragmentos de textos literários, que comparecem também nos livros "oficiais". Vaza na cena pública do espaço de jornal a intimidade da escritora, todo um material que talvez ficasse em definitivo oculto, dada a sua economia em dar testemunhos, sobretudo na fase final da vida. A razão é que a exposição própria ao gênero que praticou no papel de entrevistadora a incomodava. Mas ainda está por ser publicado o conjunto completo das entrevistas que fizeram com ela ao longo dos anos, tendo saído por enquanto apenas uma seleta (ver CL).

"A entrevista alegre", de 30 de dezembro de 1967, registra o momento em que consegue transformar a má experiência num encontro agradável. Entrevistada por "uma moça linda e adorável, Cristina" (p. 68), ela consegue se pôr à vontade, vencendo suas resistências e respondendo às perguntas destinadas ao *Livro de cabeceira da mulher*, série coordenada pelo jornalista Paulo Francis para a Civilização Brasileira. Mas dessa vez tampouco deixa de inverter os papéis, transformando a entrevistadora Cristina em entrevistada, a qual não se faz de rogada. O sucesso do encontro é tanto que Clarice abre a intimidade à visitante, mostrando-lhe sua casa, mas também aos leitores do periódico...

Quando publicado, o resultado da entrevista não parece satisfazê-la, pois seu retrato editado pela outra lhe parece "vulgar". Igualmente o retrato físico avulta-lhe falso, pois declara que não tem olhos azuis. Em síntese, a mais alegre das entrevistas redunda em frustração, pois passa ao largo do verdadeiro rosto da entrevistada. Duas outras crônicas sintetizam ironicamente o ato de entrevistar e de ser entrevistada, "Perguntas e respostas para um caderno escolar", de 29 de agosto de 1970, e "Sou uma pergunta", de 14 de agosto de 1971. Esta última é fascinante por conter uma série de perguntas, quase todas irrespondíveis e sem resposta, com exceção de uma "Por quê?/É porquê" (p. 577-578). Ou seja, as verdadeiras perguntas só se respondem de modo tautológico, daí a conclusão ser de novo "Por quê?". Não por acaso, essa crônica deu o título a uma das três biografias de Clarice até o momento, a de Teresa Cristina Montero: a definição de si (e do mundo) só pode ser um ponto de interrogação, um espaço de vacância, uma abertura ao porvir, jamais uma resposta peremptória. E por isso se escreve: por quê?

"A descoberta do mundo" é a crônica que justamente dá título ao livro póstumo. Um dos textos mais sensíveis de Clarice, por tratar da descoberta da diferença sexual e do modo como os humanos se reproduzem. A forma abrupta como recebeu a informação, por meio de uma coleguinha despreparada, chocou sua ingenuidade ainda infantil e decerto deixou os sulcos a partir dos quais se reescreveu toda sua saga da diferença e também da convergência entre os sexos. Isso fica como uma pergunta que jamais obterá resposta, e o modo de tentar entender (tarefa humanamente impossível) será escrevendo sobre aquilo que não se entende: por que há homens e mulheres, bichos, coisas e plantas, e, sobretudo, por que há vida e morte? A diferença sexual (em sentido amplo) é a própria vacância que separa, distinguindo os diferentes, mas também relacionando-os e fazendo com que, por vezes, se convertam uns nos outros, sem prisão identitária: homens-mulher, mulheres-homem, homens-coisa, mulheres-faca ou mulheres-casa (Louise Bourgeois), e outros híbridos. Tais as esfinges: "Porque o mais surpreendente é que, mesmo depois de saber de tudo, o mistério continuou intacto" (p. 159). Esse texto serve como argumento para começar a perceber quanto o estilo de Clarice é delicado, pois ao tratar de lembrança tão íntima recorre justamente a uma reflexão sobre a delicadeza. Como se para descobrir verdadeiramente o mundo fossem necessárias luvas e pinças, não por temor do continente e do conteúdo, mas pelo risco de destruir a coisa pesquisada: "O que eu quero contar é tão delicado quanto a própria vida. E eu quereria poder usar a delicadeza que também tenho em mim, ao lado da grossura de camponesa que é o que me salva" (p. 157). Todo um campo de estudos se abre acerca da delicadeza não só em C.L., mas na literatura como um todo, cuja senha seria "como dizer o indizível?" E no entanto depreende-se da narrativa clariciana, brilhantemente intitulada "A descoberta do mundo", que só vale a pena narrar o inenarrável. Como se queria demonstrar, quer dizer, narrando os "fatos da vida" (p. 157).

Já a crônica "Perguntas e respostas para um caderno escolar" é feita de questões elementares respondidas com parcimônia pela entrevistada. Aí se destaca a voracidade como defeito que prejudica sua vida, "a grande *fome* de tudo, de onde decorre uma impaciência insuportável que também me prejudica" (p. 480). Fome, palavra grifada por ela mesma, é uma forma da vacância, esse oco devorador que nenhum alimento aplaca, e por isso se escreve, para de novo e de novo interrogar. A máquina de escrever jamais interrompe seu processo mecânico de perguntar sem obter resposta satisfatória, como se a entrevista, no fundo, fosse o gênero dos gêneros: a matriz de qualquer forma de escrita está em indagar sabendo que nem a mais alegre das entre-vistas trará satisfação. Pois quem nos vê, como vulgar ou não, é sempre o outro/a outra; mesmo quando nos olhamos no espelho, há alguém que desconhecemos nos mirando e indagando: por quê? Em vez do reflexo e da admiração, o espelho devolve a reflexão e a dúvida. O espanto.

Disso provém o método vertiginoso que o crítico Álvaro Lins nos anos 1940 não tinha instrumentos para avaliar, pois exigia da jovem escritora um "verdadeiro romance", com começo, meio e fim, além de personagens bem-configurados e enredo bem-delineado, enquanto o que ela ofereceu foi apenas o resultado de uma pesquisa e de uma descoberta (parcial) do mundo. Método em tudo semelhante ao de Proust, que também a seu modo escreveu um grande não romance, a *Recherche* (pesquisa, busca, tentativa de descoberta), a qual se conclui com a morte do escritor-narrador justamente no momento em que, depois de muita investigação, parece ter aprendido, enfim, a escrever. Todo *Em busca do tempo perdido* não passa de um ensaio para o romance que se deseja realmente inventar, contando sua própria vida, mas ao final da procura descobre-se que não há mais tempo, e o que sobra são os vestígios da tentativa necessariamente fracassada. Resume Clarice sua proustiana (outra convergência) dificuldade, que nada tem a ver com incompetência, mas sim com destinação:

> Bem sei o que é o chamado verdadeiro romance. No entanto, ao lê-lo, com suas tramas de fatos e descrições, sinto-me apenas aborrecida. E quando escrevo não é o clássico romance. No entanto é romance mesmo. Só que o que me guia ao escrevê-lo é sempre um senso de pesquisa e de descoberta. Não, não de sintaxe pela sintaxe em si, mas de sintaxe o mais possível se aproximando e me aproximando do que estou agora pensando na hora de escrever. Aliás, pensando melhor, nunca *escolhi* linguagem. O que eu fiz, apenas, foi ir me obedecendo (DM, p. 475).

A sintaxista obedece a seu cego impulso, e portanto escreve. Escritora define uma prática, não um talento natural, no máximo, como dito, um *apelo* ou *chamado*, uma *vocação* em sentido forte, como ato de indagar sem respostas. A única defesa contra os que não se satisfazem com seu modo de escrever seria declarando "é porque eu quero. E que isso bastasse" (p. 477). Por isso não há nenhuma contradição quando se autodefende, atestando numa outra crônica: "Mas é claro que *A paixão segundo G.H.* é um romance" (p. 413). Se precisa dizer "é claro", é porque não é nada claro... Romance que reinventa a forma-romance, desfigurando-o como as entranhas de uma barata, a hóstia ofertada como um dom sagrado-profano a seus leitores: o luxo do lixo.

"Delicadeza" é justamente um dos fragmentos de crônica, que reúne o tema da pesquisa ao da delicadeza: "Nem tudo que escrevo resulta numa realização, resulta mais numa tentativa. O que é também um prazer. Pois nem em tudo eu quero pegar. Às vezes quero apenas tocar. Depois o que toco às vezes floresce e os outros podem pegar com as duas mãos" (DM, p. 206). Fascina nesse trecho que em C.L. a delicadeza não é um *parti pris*, mas uma das disposições ou um dos dispositivos elementares do método de busca e descoberta do mundo. Sem isso não há pensamento.

A perda de limites entre ficção e existência, para quem era "tão ávida da vida" (PNE, p. 56), já tinha atingido um paroxismo nessa primeira coletânea só de crônicas que é *Para não esquecer*, com textos que originalmente faziam parte de *A legião estrangeira* (na seção intitulada "Fundo de gaveta"), livro que depois foi desmembrado em dois volumes por questões editoriais. Tomem-se os exemplos de duas crônicas escritas a partir de sua visita a Brasília nos anos 1960, para lá também realizar a conferência sobre a "vanguarda literária brasileira": "Brasília" e "Brasília: esplendor". Não se trata de textos apenas dotados de sentidos; configuram antes performances textuais, cada frase uma sentença performativa, um evento ficcional, envolvendo o sujeito (a sujeita?) e seus supostos objetos, ou *objectos*. Como bem diz: "Desempenho minhas histórias" (p. 56), ao modo de quem atua ou performa cada fato narrado ou cada sensação vivenciada a partir da visita à Capital Federal, num dos escritos mais experimentais *assinados C.L.*:

> Brasília é tempo integral. Tenho medo, pânico dela. É lugar ideal para se tomar sauna. Sauna? Sim. Porque lá não se sabe o que fazer de si. Olha para baixo, olha para cima, olha para o lado — e a resposta é um berro: nãããããããão! Brasília dá um fora na gente que mete medo. Por que me sinto tão culpada lá? que foi que fiz? e por que não ergueram bem no centro da cidade um grande Ovo branco? É que não tem centro. Mas o Ovo faz falta (PNE, p. 48).

Acaso e acontecimento

Há em C.L. a referida estrutura do acontecimento que, a cada vez, surpreende, embora se espalhe em praticamente por toda a obra. É assim que essa estrutura se *manifesta* nas duas partes das histórias de *A bela e a fera*. Trata-se de um *manifesto do momento que vem*, "não existe mesmo nada, nada, por que eu troque os instantes que vêm" (BF, p. 17), diz a personagem-narradora de "História interrompida" — inopinadamente, plena de incertezas. Isso é tanto mais fascinante porque essa coletânea enfeixa textos da juventude (Parte I: de 1940 e 1941) e do final da vida (Parte II: duas densas histórias do ano da morte). A primeira parte do volume, também organizado por Paulo Gurgel Valente, corresponde a um livro de contos que Clarice deixou inédito, apenas inaugurando oficialmente a obra um ano depois que o escreveu, com *Perto do coração selvagem*. Na folha de rosto dos originais datilografados do livro de juventude, consultados no arquivo do Instituto Moreira Salles, consta, numa anotação a mão pela autora, que foi escrito em 1940 e 1941 ("os contos foram arrancados em 1941 mesmo"), e "nunca publicado"; já "em 1942 escrevi 'Perto do coração selvagem', publicado em 1944". Juntas, as duas partes de *A bela e a fera* demonstram a coerência multifacetada do percurso. Em ambas, a estrutura de acontecimento se repete, porém com grandes diferenças, entre os extremos da existência da escritora. No fim como no princípio, mas, por assim dizer, à deriva. Diferença e repetição constituem a dupla clave de uma estrutura diferencial, a um só tempo organizada e dispersiva, cuja insígnia seria "Não havia hora melhor que duas da tarde" (p. 19), em "Gertrudes pede um conselho". Trata-se de uma anotação anódina, típica de uma autora estreante com laivos de realismo escolar. No entanto, é a frase marcante que em Clarice, por sua obviedade mesma, instaura o radicalmente outro, irreconduzível a qualquer vivência anterior. Pois a hora melhor reverte facilmente na pior: há nela um vazio inquietante que traz a abertura (a ferida) para o diferente. Como se tudo fosse preparado para o advento desse acontecimento, ou quase, que, no entanto, se desconhece — de outro modo, nada aconteceria, pois não haveria surpresa.

Como diz a forte narrativa de "História interrompida": "O nascimento de uma ideia é precedido por uma longa gestação, por um processo inconsciente para o gestante" (p. 16). Note-se a rasura dos gêneros em "o gestante", no masculino. A coisa se gesta (a si mesma, por meio do ou da gestante, substantivo comum de dois gêneros) e em certa hora eclode, sem que se saiba como. A abertura do quase evento ocorre, por exemplo (mas o caso é singular demais para se reduzir à estrutura generalizante do exemplo), com a ferida grande demais que um mendigo expõe à socialite Carla nos fundos do Copacabana Palace, na avenida Nossa Senhora de Copacabana. Como ela mesma reconhece, se tivesse marcado com o motorista na frente do Grande Hotel, estaria protegida pelos porteiros e pelo simples luxo da avenida Atlântica. Seu erro foi ter marcado demasiado tarde naquele lugar, caindo num tempo vazio de que o encontro com o mendigo tirará amplo proveito. Trata-se de uma função de valores. Ainda que pareça um tanto maniqueísta, o que há de alucinante nessa grande cena da ferida aberta é a *beância*, a fissura que deixa em quem a experimenta como quase nada. Acontecimento e não acontecimento convergem na nulidade do nada, pois o des-encontro com o mendigo leva à perda casual e fatal da identidade: "Ela era...// Afinal de contas quem ela era?" (p. 107).

Carla se identifica ao mendigo por sua pobreza, como quem tivesse a alma em andrajos, oculta por trás da máscara de maquiagem. Daí o imperativo de sentar-se no meio-fio, igualando-se ao companheiro de hora e meia, enquanto o motorista, "Seu" José, não chega. Mais tarde, já no conforto do ar condicionado do carro, percebe o rombo que o des-encontro deixara, impedindo-a de retomar a antiga identidade, misturada que estava agora ao outro — sujeito, objeto e abjeto, a um só tempo. A estranha permuta se completara, "Parecia-lhe difícil despedir-se dele, ele era agora o 'eu' *alter ego*, ele fazia parte para sempre de sua vida. Adeus. Estava sonhadora, distraída, de lábios entreabertos como se houvesse à beira deles uma palavra. Por um motivo que ela não saberia explicar — *ele era verdadeiramente ela mesma*" (p. 109, grifos meus). O "eu" encontra sua verdade no *alter* que é "ele", verdade não imaginada, com V maiúsculo (como na "História interrompida"), mas fomentada como o encontro inopinado com o próprio destino, numa calçada da avenida Nossa Senhora de Copacabana, nos fundos do palácio. Antes disso, expressa-se o vácuo de uma mulher que nem *self-made woman* era, como seu marido, banqueiro, era um *self-made man*. "'Ela que, sendo mulher, o que lhe parecia engraçado ser ou não ser, sabia que, se fosse homem, naturalmente seria banqueiro, coisa normal que acontece entre os 'dela', isto é, de sua classe social" (p. 100). O único papel era de esposa feliz e linda, incapaz de um pensamento, e quando tenta pensar, vêm-lhe perguntas tais como se o mendigo "já fez esportes de inverno na Suíça" (p. 103).

> A cabeça dela era cheia de festas, festas, festas. Festejando o quê? Festejando a ferida alheia? Uma coisa os unia: ambos tinham uma vocação por dinheiro. O mendigo gastava tudo o que tinha, enquanto o marido de Carla, banqueiro, colecionava dinheiro. O ganha-pão era a Bolsa de Valores, e inflação, e lucro. O ganha-pão do mendigo era a redonda ferida aberta. E ainda por cima, devia ter medo de ficar curado, adivinhou ela, porque, se ficas-

se bom, não teria o que comer, isso Carla sabia: 'quem não tem bom emprego depois de certa idade...' Se fosse moço, poderia ser pintor de paredes. Como não era, investia na ferida grande em carne viva e purulenta. Não, a vida não era bonita (p. 102).

Fazendo parte do *beautiful people*, famosa pelo dinheiro, a personagem se dá conta de que, no capitalismo, um investimento vale o outro: o banqueiro capitaliza suas ações, assim como o mendigo, seu aleijão. A ferida corresponde tradicionalmente à simbologia feminina, mas é apenas na perna desfigurada do mendigo-Fera que a Bela do título se reconhece, não para preencher o vazio de sua fútil vida, mas pela impossibilidade, doravante, de se identificar com o meio onde "ela era cinquenta milhões de unidades de gente linda" (p. 99). Sem querer se assimilar à tipicidade dos de sua classe, Carla acaba encontrando seu verdadeiro eu nos que não têm nem mesmo classe, os socialmente desclassificados, habitantes da rua, famosos sem-tetos, como refúgio social. Mas, paradoxalmente, o mendigo permanecerá anônimo — ela esqueceu de indagar seu nome — e singular, não qualquer um, mas o mendigo daquela ferida única, aberta numa tarde insuportavelmente oca de Copacabana.

Já a "História interrompida" narra a inenarrável história que não pôde ir adiante porque um dos protagonistas se suicidou. Há certa banalidade na paixão da jovem narradora de 22 anos por um rapaz de temperamento difícil, com uma vida aparentemente sem solução, "Ele era triste e alto. Jamais falava comigo que não desse a entender que seu maior defeito consistia na sua tendência para a destruição" (p. 13). O remédio por ela proposto para o mal do outro não poderia ser mais convencional:

que se casassem. Quem sabe assim, assumindo a rotina de uma família pequeno-burguesa, as forças destrutivas do pretenso esposo se apaziguassem no consolo do lar. Todavia, antes que o plano vá adiante, ele se suicida. O fio da história se interrompe, o romance encontra seu termo abruptamente, ainda em esboço, redundando numa narrativa curta e amarga, sem arremate de males. O motor e a motriz do conto é a destruição, "'Ou eu o destruo ou ele me destruirá'" (p. 14), pensa a narradora. Desse modo, a desculpa que ela inventara, supondo-o um artista, soa como mero sofisma (numa crônica, Clarice também se declara como capaz de sofismas): "destrói-se tudo em torno de si, mas a si próprio e aos desejos (nós temos um corpo) não se consegue destruir. Pura desculpa" (p. 14). Na literatura e na vida, os sofismas, as desculpas, se voltam contra quem os inventa — pois, pelo fato mesmo de se ter um corpo, nunca há verdadeiras desculpas, só efeitos, bons e/ou maus. Motivo pelo qual nenhuma convencionalidade é capaz de salvar o outro de sua deriva destrutiva (ao ter a ideia do casamento, ela se sente "como um homem de negócios à espera do resultado da Bolsa" [sic], p. 16). E a diferença sexual tão marcada (ele moreno, ela branca; ele triste, ela alegre; ele de escuro, ela numa roupa florida; ele analítico, ela subjetivista como a "literatura da moda"; etc.) acaba resultando em "um 'pedaço de hora perdida'" (p. 13). O que seria a primeira história do primeiro livro de C.L. resulta num aborto, numa flor partida: o opúsculo permanecerá inédito para o resto da vida. Resta apenas "isso", como diz a narradora tempos depois do acontecido, o incompreensível, o indizível. O inenarrado. As melhores histórias são aquelas que não se consegue narrar, e por isso se tenta e pesquisa. "Eu não posso fazer nada" é um dos títulos alternativos de *A hora da estrela*, entre os quais se insere o espectro da assinatura *Clarice Lispector*. A única solução, se há, seria uma "Saída discreta pela porta dos fundos", mais um dos títulos alternativos ao último livro publicado em vida.

A desnatureza das flores

A leitura da diferença vegetal em *Água viva* são observações impressivas de um corpo-voz buscando expressão. Expressão que, como tudo o mais, só pode vir de X, a múltipla e inventiva fonte:

> *Espero que você viva "X" para experimentar a espécie de sono criador que se espreguiça através das veias. "X" não é bom nem ruim. Sempre independe. Mas só acontece para o que tem corpo. Embora imaterial, precisa do corpo nosso e do corpo da coisa. Há objetos que são esse mistério total do "X". Como o que vibra mudo. Os instantes são estilhaços de "X" espocando sem parar. O excesso de mim chega a doer e quando estou excessiva tenho que dar de mim como o leite que se não fluir rebenta o seio. Livro-me da pressão e volto ao tamanho natural. A elasticidade exata. Elasticidade de uma pantera macia* (AV, p. 81, grifos meus).

É no contexto desse volume atravessado por X e suas metamorfoses que brotam flores de papel, tal como essa pantera elástica e macia, igualmente de papel e letra. Uma fauna e uma flora exuberantemente verbais, dentro de uma selva selvagemente luxuriante, pois "Todos os seres vivos, que não o homem, são um escândalo de maravilhamento: fomos modelados e sobrou muita matéria-prima — it — e formaram-se então os bichos" (p. 56). A diferença floral é expressa desde logo como diferença sexual, mas sem oposição simples, antes como lugares móveis do discurso, muito além das dicotomias:

> Agora vou falar da dolência das flores para sentir mais a ordem do que existe. Antes te dou com prazer o néctar, suco doce que muitas flores contêm e que os insetos buscam com avidez. Pistilo é o órgão feminino da flor que geralmente ocupa o centro e contém o rudimento da semente. Pólen é pó fecundante produzido nos estames e contido nas anteras. Estame é o órgão masculino da flor. É composto por estilete e pela antera na parte inferior contornando o pistilo. Fecundação é a união de dois elementos de geração — masculino e feminino — da qual resulta o fruto fértil (p. 57).

Nesse Éden reinventado pelo "sexo vegetal", pintam-se rosas, cravos, girassóis, violetas, sempre-vivas, margaridas, orquídeas, tulipas, flores do trigal, angélicas, jasmins, estrelícias, damas-da-noite, edelvais, gerânios, vitórias-régias, crisântemos, e por fim tajá, "uma planta que fala" (p. 61), da Amazônia. O leitor, "você", é convidado explicitamente a "mudar-se para reino novo" (p. 58), onde só não há narcisos. E onde tudo vem ao modo de pintura, segundo verdadeiro ofício da narradora-autora, "Quero pintar uma rosa" (p. 58). Será preciso um dia comparar essas duas pintoras: C.L., pintora de palavras mas também de tintas nas horas vagas, e a anônima que ruge, farfalha e exclama em *Água viva*, novela quase sem narrativa, quase novela, portanto: "Hoje usei o ocre vermelho, o ocre amarelo, o preto e um pouco de branco" (p. 76).

A rosa e o cravo, as primeiras a serem nomeadas e pintadas, configuram as marcas do feminino e do masculino: "Rosa é a flor feminina que se dá toda e tanto que para ela só resta a alegria de se ter dado"; "Já o cravo tem uma agressividade que vem de certa irritação" (p. 58). Enquanto o girassol suscita a dúvida, "Será o girassol flor feminina ou masculina? Acho que masculina" (p. 58-59).

Ressalta a leveza da violeta, "Não grita nunca o seu perfume. Violeta diz levezas que não se podem dizer" (p. 59). Seguem-se outras in-definições, que brincam com o nome próprio e comum das flores: "A sempre-viva é sempre morta" (p. 59). "A formosa orquídea é exquise e antipática. Não é espontânea. Requer redoma" (p. 59), significando o artifício da natureza. "Uma única tulipa simplesmente não é. Precisa de campo aberto para ser" (p. 59). "Flor dos trigais só dá no meio do trigo" (p. 59). "Mas angélica é perigosa. Tem perfume de capela. Traz êxtase. Lembra a hóstia" (p. 59). "O jasmim é dos namorados. Dá vontade de pôr reticências agora" (p. 60)... "Estrelícia é masculina por excelência. Tem uma agressividade de amor e de sadio orgulho" (p. 60). "Dama-da-noite tem perfume de lua cheia. É fantasmagórica e um pouco assustadora e é para quem ama o perigo" (p. 60). "Estou com preguiça de falar de edelvais. É que se encontra à altura de três mil e quatrocentos metros de altitude. É branca e lanosa. Raramente alcançável: é a aspiração" (p. 60). "Gerânio é flor de canteiro de janela"; cosmopolita, "Encontra-se em São Paulo, no bairro de Grajaú e na Suíça" (p. 60). "Vitória-régia está no Jardim Botânico do Rio de Janeiro. Enorme e até quase dois metros de diâmetro. Aquáticas, é de se morrer delas. Elas são o amazônico: o dinossauro das flores. Espalham grande tranquilidade. A um tempo majestosas e simples" (p. 60-61). "O crisântemo é de alegria profunda. Fala através da cor e do despenteado. É flor que descabeladamente controla a própria selvageria" (p. 61). Eis algumas pinceladas da *"natura florum"*, a natureza floral que se pinta, "Depois te mostrarei o meu estudo já transformado em desenho linear" (p. 61). Por fim, narra a história de um homem chamado João que lhe contou ter uma planta falante, originária da Amazônia, a tajá; certa noite, chegando em casa, a planta chamou seu nome. Uma forma inaudita de chamado... vegetal. E é no escuro que a coisa-planta floresce, "Na fria escuridão entrelaçavam-se gerânios, alcachofras, girassóis, melancias, zínias duras, ananases, rosas" (CS, p. 81).

O arquivo e a efêmera memória

A personagem Macabéa de *A hora da estrela* desconhecia o significado de "eféméride", e se apaixona por essa "palavra difícil", que se escreve originalmente no plural (HE, p. 49). Bem consultado o dicionário *Houaiss*, um dos sentidos do termo é o de "obra que registra fatos ocorridos no mesmo dia do ano em diferentes anos". As efemérides descrevem o lugar de memória de eventos importantes, usados como pretexto para se festejarem datas. No ano de 2007, por exemplo, comemoraram-se trinta anos da morte de Clarice Lispector. Normalmente, nesse tipo de data realizam-se colóquios, exposições, publicações e outros fatos e artefatos rememorativos. No caso, um dos mais relevantes foi, sem dúvida, a abertura em abril daquele ano da exposição "Clarice Lispector – A Hora da

Estrela", no Museu da Língua Portuguesa, da reformada e bela Estação da Luz, em São Paulo.

Há que se louvar iniciativas desse tipo, sobretudo num país de memória reconhecidamente curta. Só para dar um exemplo, contamos muito pouco com casas de escritores, que reconstituam o espaço de moradia do artista, uma mostra representativa dos objetos de que se serviu sobretudo para bem executar seu ofício. A própria Clarice, que residiu no bairro do Leme, no Rio de Janeiro, não dispõe de uma instituição dessa natureza, já que uma parte de seu arquivo pessoal se encontra na Casa de Rui Barbosa, este, sim, dotado de um teto todo seu, com arquivos pessoais e de outros escritores, situado em Botafogo.

O problema das efemérides notáveis e de todo o aparato que as cerca é simplesmente o motivo de muitas vezes não se desdobrarem em suplementos de memória, em novos registros e signos, que são a garantia da sobrevivência da obra, qual seja, a capacidade de engendrar novas criações. No Brasil, mas talvez não constituamos exceção, a produção ligada a eventos comemorativos costuma resumir-se a si mesma, como no caso de Guimarães Rosa em 2006, em que emergiu uma quantidade vultosa de novíssima fortuna crítica, reedições, publicações de luxo, colóquios, dossiês jornalísticos, como também uma exposição no mesmo Museu da Língua Portuguesa, em torno de *Grande sertão: veredas*. Evidentemente, isso tudo conquista novos leitores, reitera a necessidade de uma retomada urgente da obra, abrindo a possibilidade da redescoberta de inéditos. Todavia, para que esse "surto" de memória não passe de um gesto inócuo de comemoração pontual, seria preciso prever a regularidade de um retorno aos arquivos, a formação contínua de leitores aptos a atravessar as veredas indizíveis da obra, como também a criação, permanentemente, de outros livros, filmes (documentais ou ficcionais) e seminários especializados. A fim de que a efeméride não cumpra o destino de sua etimologia, quer dizer, ter a duração de alguns dias, ser efêmera, voltada à destruição — esse grande *mal de arquivo* —, seria preciso instituí-la como marco inaugural de uma nova relação com o arquivo. Tal outra disposição passaria sem dúvida por um ir além da espetacularização da memória, tornando o ato de reativar as obras e os documentos não o pretexto para mais um produto a ser consumido durante certo período, mas a possibilidade mesma de driblar ou postergar o momento inevitável da incineração, próprio a tudo o que humanamente foi concebido numa data.

Nada tenho a opor ao consumismo cultural, desde que traga consequências que ultrapassem a "sociedade do espetáculo", como há cinco décadas definiu Guy Débord, num manifesto que ainda hoje é pleno de consequências. Andreas Huyssen concebeu nossa época como inflacionada pela indústria da memória (2000). Tentando ir além da crítica de Adorno à indústria cultural, Huyssen propõe explicar a síndrome da memória dentro do que eu chamaria, com e mais além de Benjamin, a "era da hiper-reprodutibilidade técnica", como fase avançada do capitalismo econômico e cultural. O diferencial de Huyssen está justamente em se interessar pela evidência de que os processos digitais afetam a natureza mesma do artefato cultural. O advento de uma *memória virtual* efetiva, que leve às últimas consequências a virtualidade de qualquer processo mnemônico, parece-me decisivo para a ideia mesma de uma supervivência cultural, que não constitua apenas o dado residual de uma memória enlutada, ferida, embrutecida pelos processos de apagamento e recalque, por tudo, enfim, que se chama de *trauma*, com e além da psicanálise. Isso é tanto mais relevante porque a memória nada mais é do que o vestígio complexo de eventos passados, articulados em rede, imprimindo suas marcas no presente mas se abrindo como promessa ao que está ainda e sempre por vir.

Jacques Derrida, em *Mal de arquivo* (livro que primeiro constituiu uma conferência realizada no Museu de Freud em Londres, dentro de um ciclo organizado por uma das maiores arquivistas e historiadoras da psicanálise, Elisabeth Roudinesco, e pelo também psicanalista René Major), retoma explicitamente um ensaio que marcou época nos anos 1960, "Freud e a cena da escritura". Naquele ensaio de 1966 (que também foi uma conferência proferida num espaço psicanalítico, a convite de André Green), tratava-se de redimensionar a memória não apenas como função de uma instância viva, espontânea, presente a si mesma, mas também como o lugar de uma inscrição que faria transbordar os limites entre o vivo e o morto, o espontâneo e o mecânico, o natural e o artificial, o masculino e o feminino etc. Todo um trecho final do ensaio dos anos 1960 é citado pelo livro *Mal de arquivo*, escrito praticamente trinta anos depois, em 1994. Retomo esses dois textos menos para demonstrar uma coerência teleológica do pensamento derridiano, e mais para expor o que a meu ver, de fato, conta hoje no espaço *agônico* e muitas vezes *agonizante* da memória — a memória é, segundo penso, uma função agônica, libidinal *e* letal, indecidivelmente. Em resumo, interessa ver a memória menos como o lugar de uma plenitude natural ou, se quiserem, de uma pregnância, do que como a possibilidade de trilhamento, para que os rastros e os vestígios não sobrecarreguem e recodifiquem o trauma, mas minimamente o desmobilizem. A memória que me interessa, aquilo que chamaria de *memória ativa* (mas não "viva" nem "espontânea" exclusivamente) não se daria como o lugar neutro nem apenas combativo de uma recordação feliz (a boa memória) ou traumática (a má memória), mas como a possibilidade de re-significação do vivido, como potencialização máxima para a sobrevivência. Nisso, o *esquecimento ativo* nietzschiano desempenha um papel suplementar e decisivo: é fundamental saber esquecer para ativamente lembrar o que dá continuidade à vida.

O *archeîon* nomeia o *lugar* do arquivo, o domicílio onde se depositam os documentos oficiais, sob o comando dos arcontes, os arquivistas que zelam pelo arquivo como o lugar da origem e a fonte do saber como poder. Toda a questão do arquivo é uma política do arquivo, ou seja, *a relação entre o público e o privado*. Na verdade, o arquivo, contrariamente a seu fundamento, digamos, social, vem fundar o lugar de um segredo, daquilo que deve ficar resguardado ao olhar do leigo, propriamente arquivado, sob o poder dos arcontes, que são também patriarcas e intérpretes. E o segredo, diz *Gêneses, genealogias, gêneros e o gênio:* os segredos do arquivo, é uma questão de poder, menos do que um conteúdo ou mensagem (ver Derrida, 2003, p. 46). A fundação de qualquer Estado, por exemplo, parece depender desse segredo que, em princípio, contraria o arquivo como lugar de guarda daquilo que é documento oficial, ou seja, público. Toda a questão do arquivo passa por essa relação tensa entre público e privado. "*Não há poder sem controle do arquivo, se não da memória. Sempre se mede a democratização efetiva por esse critério essencial: a participação e o acesso ao arquivo, a sua constituição e a sua interpretação*" (p. 16, em nota, grifos meus).

O aparelho psíquico como máquina de arquivo é tanto mnêmico quanto hipomnésico, natural e artificial, vivo e habitado por uma potência de morte. É o homem como deus da prótese, como dirá o Freud do *Mal-estar na cultura*, que se encarrega desse arquivo pessoal e coletivo, mortal e permanente, finito e infinito, habitado desde sempre por uma pulsão de morte (desdobrada em pulsão de destruição ou pulsão de agressão), como a potência mesma do mal de arquivo. Comenta Derrida:

> Ela destrói seu próprio arquivo antecipadamente, como se ali estivesse, na verdade, a motivação mesma de seu movimento mais característico. Ela trabalha para *destruir o arquivo: com a condição de apagar*, mas também *com vistas a apagar* seus "próprios" rastros — que, sendo assim, já não podem ser chamados "próprios". Ela devora seu arquivo, antes mesmo de tê-lo produzido externamente. Esta pulsão, portanto, parece não apenas anárquica, anarcôntica (não nos esqueçamos que a pulsão de morte, por mais originária que permaneça, não é um princípio, como o são os princípios de prazer ou o de realidade): a pulsão de morte é, primeiramente, *anarquívica*, poderíamos dizer *arquiviolítica*. Sempre foi, por vocação, silenciosa, destruidora do arquivo (1995, p. 24-25).

O mal de arquivo começa com essa potência de morte que trabalha o princípio arcôntico, ali onde ele se desejaria pleno, unificador, consignador, espontâneo e natural. Essencialmente viril. Não há arquivo nem rastro arquivante sem a possibilidade de corrosão e desaparecimento. De *tombamento*, com toda a duplicidade do termo em português: derrubada *e* preservação. Como concluía "Freud e a cena da escritura": "o rastro é o apagamento de si, de sua própria presença, constituindo-se pela ameaça ou a angústia de seu desaparecimento irremediável, do desaparecimento de seu desaparecimento. Um rastro indelével não é um rastro, é uma presença plena, uma substância imóvel e incorruptível, um filho de Deus, um signo de *parousía* e não uma semente, ou seja, um germe mortal" (1967, p. 339).

O mal de arquivo, ao contrário do que se possa entender literalmente com a expressão, não é um mal em si, ele é antes o resultado de uma contradição entre, de um lado, uma pulsão de conservação, ou uma "pulsão arquival" (erótica por excelência), e, de outro, uma pulsão destruidora de arquivo, arquiviolítica.

> Não haveria certamente desejo de arquivo sem a finitude radical, sem a possibilidade de um esquecimento que não se limita ao recalque. Sobretudo, e eis aí o mais grave, além ou aquém desse simples limite que se chama de finidade ou finitude, não haveria mal de arquivo sem a ameaça desta pulsão de morte, de agressão ou de destruição. Ora, esta ameaça é *in-finita*, arrasta a lógica da finitude e os simples limites factuais, a estética transcendental, poder-se-ia dizer, as condições espaçotemporais da conservação. Melhor dizendo, ela abusa. Um tal abuso abre a dimensão ético-política do problema. Não há um mal de arquivo, um limite ou um sofrimento da memó-

ria entre outros: implicando o in-finito, o mal de arquivo tangencia o mal radical (1995, p. 38-39).

Um outro lugar-comum sobre o arquivo é o de vinculá-lo ao passado, mas, pelo fato mesmo de poder ser alterado pelo arquivista, por meio de interpretação, qualquer arquivo se encontra voltado para o porvir, "O arquivista produz arquivo, e é por isso que o arquivo não se fecha jamais. Abre-se na perspectiva do porvir" (p. 109). E é em razão disso que somos tomados por essa outra forma do mal de arquivo que é a febre de arquivo, o desejo arquivante, consignado na expressão francesa "*être en mal de*". Um mal que não é um mal, pois é visto ilusoriamente como um bem maior, o desejo total de retorno à origem e de preservação acabada, "É arder de uma paixão. [...] uma nostalgia do retorno ao lugar mais arcaico do começo absoluto" (p. 142).

Só que eu distinguiria, com e mais além de Derrida, duas formas desse desejo absoluto de arquivo, ou melhor, desse *desejo de arquivo absoluto*, quer dizer, dessa compulsão arquivante que tudo busca preservar, sem nenhuma perda. Uma seria ao modo wagneriano, na leitura de Andreas Huyssen, no referido *Seduzidos pela memória*, como desejo de obra de arte total, em que impera uma vontade de totalização: "Wagner emprega uma imagem mítica e universalizante da arquitetura como base de suas próprias reivindicações de uma monumentalidade estética adequada a uma nova cultura emergente, a do drama musical apresentado pelo novo *Gesamtkunstwerk* [obra de arte total]. A própria noção de *Gesamtkunstwerk*, a meu ver, é fundamentalmente arquitetônica" (Huyssen, 2000, p. 57). No entanto, Huyssen observa, ainda, que o desejo wagneriano pelo monumental se afirma pelas ruínas, pois somente estas seriam dotadas de permanência, segundo um preceito bastante romântico.

Outra seria a pulsão arquivante, a febre de arquivo, como dobra e desdobramento, sem que, constitutivamente, haja o desejo de totalização, qual seja, o fechamento num todo exaustivo ainda que arruinado. Não haveria sobretudo a vontade alucinatória de um retorno à origem como lugar fixo e absoluto. Nesse último caso, temos a aventura de uma vertente das vanguardas no século XX, agora em sua versão disseminada no século XXI por Cildo Meireles e Cristian Boltanski, entre outros. Fez parte de um dos gestos mais essenciais de Kurt Schwitters, ainda na primeira metade do século XX, a paixão do *lixo*, a possibilidade de recolher os detritos, o inaproveitável, mas não por um desejo de reciclagem, como nova etapa do processo industrial. Não há em Schwitters nem criacionismo absoluto nem coleta seletiva em sentido restrito, mas sim uma vontade de inseminar a partir das sobras, de corroer o valor da obra de arte pelo que jamais deveria estruturá-la, o seu outro negativo, agora tornado princípio formativo e deformador — o que Jean-Luc Nancy chamaria de inoperância, ociosidade, *désœuvrement*. Do mesmo modo atuaria Warhol com suas *cápsulas do tempo*, incorporando tudo o que a memória efêmera pôde guardar. *"What you should do is get a box for a month, and drop everything in it and at the end of the month lock it up. Then date it and send it over to Jersey"* ("O que você deveria fazer é pegar a caixa durante um mês e nela despejar tudo; ao final de um mês, fechá-la. Em seguida, datá-la e a enviar para Jersey"), diz Warhol em *The*

Philosophy of Andy Warhol: From A to B and Back Again (2007, p. 145). Depois de sua morte, foram catalogadas seiscentas cápsulas do tempo, contendo todo tipo de material, inclusive orgânico: recortes de jornais, cartões, pares de sapato, álbuns de disco, desenhos, restos de bolo, fotografias etc. Tal como seus filmes, que incidem durante horas sobre um único objeto, há aqui uma pulsão coletora que não quer desperdiçar nada, nem mesmo o mais efêmero, em contraste gritante com as gravuras do próprio Warhol, que, estas, são absolutamente depuradas e seriais. À desordem voluntária das caixas de papelão se contrapõe a organização serializada das serigrafias, numa espécie de *double bind* artístico, em que se combinam de uma só vez a inclinação do heteróclito e o desejo de assepsia estética. Uma dupla fita.

Com as cápsulas do tempo, tem-se um sobrelance de infinidade (*quase* tudo pode ser recolhido, classificado e armazenado) a partir mesmo da finitude, do precário e do efêmero. Como se essa arte celebrasse o tempo e a perda, o devir e a corrosão, não como formas de uma totalidade impossível nem idealizada, mas de uma precariedade absoluta, a ser preservada em seu valor perecível; um mal de arquivo assumido como potência e não apenas como aniquilamento. A paixão arquivante, nesse caso, se faz por um gesto de suplementação, por assim dizer, *desnatural*, pois não visa a recuperar natureza alguma, paisagem nenhuma da infância, nenhum país, tempo ou paraíso perdido — mas deseja marcar que a potência *anarquívica* ou *arquiviolítica* comanda, no final da linha de produção, o próprio ato que funda o arquivo. Pois a mesma força que destrói se disfarça naquela que erige, irredutivelmente. O que chamamos de *lixo*, em nossas sociedades industriais e pós-industriais, é o lugar de um arquivo necessário e deficiente, aberto às possibilidades de reconfiguração pelo arquivista, mas também habitado pela força que o desestrutura e impede o seu devir-obra. Um arquivo espectral, como todos, pois se instala nos fundos da casa e nos depósitos de lixo, podendo eventualmente retornar como um fantasma ao espaço nobre da galeria, como o fizeram Hélio Oiticica e Cristian Boltanski. Tal ocorre por meio de um processo que é tanto subjetivo (pois tudo parte de um eu que enuncia e performa) quanto dessubjetivante (pois se trata sempre de instaurar aquilo que problematiza o lugar de um eu autoidentificado e pleno). Essa estética de um arquivo voltado para a ereção *e* para a destruição (tombamento em seu duplo sentido) consiste também numa política desmobilizadora de um conceito tradicional de arquivo como forma engessada do passado. O arquivo dessas supostas obras de arte se encontra aberto ao porvir, porque talvez jamais conseguirá configuração definitiva.

Uma questão correlata à do arquivo é, sem dúvida, a da obra completa de um autor. Quando um escritor ou uma escritora falecem, mesmo nos casos em que um ou outra deixam organizado o seu acervo pessoal, sempre se coloca a questão do que deve permanecer para sempre inédito, seguindo-se ou não determinação expressa do autor/da autora, e o que merece publicação, a despeito da vontade contrária de quem assinou o escrito. No caso de Clarice Lispector, isso se torna mais complexo pelo fato de ela ter praticado diversos gêneros, sem que haja estritamente uma concepção única e definitiva para a sua literatura. Como venho sinalizando, a ficção clariciana participa de diversos gêneros literários e discursivos, sem pertencer propriamente a nenhum deles. Pertencer seria encontrar no romance, no conto ou na crônica, formas aparentes de sua produção, a essência fixada, ignorando-se, assim, a potência de uma escrita em jatos e formações não figurativas, que se limitam com o informe. Diria agora que não ocorre com isso uma destruição dos gêneros, mas sua máxima potencialização, tanto quanto um tornar impotente o enquadramento absoluto. Os gêneros existem para serem jogados, "driblados", diria Barthes, assumidos em parte e descartados num outro momento. Dessa escrita em espiral, sem um ponto de chegada definitivo, pode-se talvez dizer o mesmo que Derrida declarou a respeito da literatura de Hélène Cixous, leitora apaixonadamente especial de C.L. na França: "O enxerto, a hibridação, a migração, a mutação genética multiplicam e anulam de uma só vez a diferença do gênero e do *gender*, as *diferenças* literárias e as diferenças sexuais" (2003, p. 28-29).

Multiplicam os gêneros e suas formações porque os encenam a todos, um por um, mas os descartam logo em seguida como entidades genéricas e definitivas. A diferença dos gêneros discursivos se torna assim relevante, sendo preciso sempre contar com ela, e insatisfatória, pois em última instância se presta à paráfrase e à paródia, sem que se possa levá-la a sério demais, sobretudo se tomada como relação de poder. Isso tudo dificulta o modo de relacionamento com uma escrita que, por arbítrio ou necessidade econômica, exercitou essa forma liminar do não literário que é o *Correio feminino*. Algo assim como se hoje Lygia Fagundes Telles ou Nélida Piñon aceitassem escrever uma coluna para as revistas *Nova*, *Capricho* ou mesmo *Contigo*, dando conselhos sobre como "ser mulher". Trata-se de uma produção numericamente impressionante no conjunto dos textos *assinados* C.L. Foi publicada em momentos distintos da vida da autora, em periódicos como *Diário da Noite*, *Comício*, *Nossa Conversa* e *Correio da Manhã*, sob os pseudônimos de Tereza Quadros e Helen Palmer, e como *ghost-writer* da modelo e atriz Ilka Soares. A bela edição da seleta de alguns textos, lançada pela editora Rocco em 2006, reproduz os clichês do gênero (escrita feminina) e do *gender* (coisa de mulher).

Leiamos um trecho para novamente refletir sobre a questão da diferença sexual e discursiva, tanto quanto o modo como ambas se reforçam numa escrita feita, em muitos outros lugares, para frustrar as expectativas genéricas. Sob o título "Sedução e feminilidade", a coluna publicada originalmente no *Correio da Manhã*, em 30 de dezembro de 1959, principia da seguinte forma: "A sedução da mulher começa com a sua aparência física. Uma pele bem cuidada, olhos bonitos, brilhantes, cabelos sedosos, corpo elegante atraem os olhares e a admiração masculina. Para que esses olhares e essa admiração, porém, não se desviem decepcionados, é preciso que outros fatores, muito importantes, influenciem favoravelmente, formando o que poderíamos chamar a 'personalidade cativante' da mulher" (CF, 2006, p. 95). Reproduz-se assim, no final dos anos 1950, o horizonte de expectativas da leitora pré-feminista, aquela que por nenhum motivo gostaria de desagradar aos caprichos do macho, ao contrário dessas "mulheres modernas" que, cito textualmente, "adotam atitudes masculinizadas, palavreado grosseiro, liberdade exagerada de linguagem ou de maneiras" (p. 95). Tudo deve ser feito em prol dessa *feminilidade*, uma essência feminina "cativante" — o adjetivo diz tudo em sua relação etimológica com *cativo*. Eis o jogo de sedução que aprisiona a própria caçadora nas malhas de uma letra patriarcal e quimérica, pré-revolução sexual dos anos 1960.

Tem-se aí descrito e prescrito o protótipo do corpo fetichizado, hipercativado ou escravizado da mulher, que hoje se vê obrigada a se modelar por novos e terríveis parâmetros: silicone, plástica desde os vinte anos ou antes, Botox, lipoaspiração etc. Nada disso é um mal em si, mas se torna uma forma de autodestruição quando vinculado a uma escravização permanente, a um imperativo de mais-beleza. O corpo reificado, doutrinado, docilizado de uma paciente feminina, entregue às delícias do consumo irrefletido.

Como conciliar na mesma obra, no mesmo *corpus* autoral, essa escrita cativante e cativa, capturada nos jogos feminis e ancestrais, com aquela que põe em xeque a diferença ontológica entre o masculino e o feminino, em textos como o primorosamente inaugural *Perto do coração selvagem*, "O búfalo", *A paixão segundo G.H.*, "O ovo e a galinha", "Uma galinha", "Imitação da rosa", entre outros, mas sobretudo em "Amor"? Nesta história, lembremos, Ana, a dona de casa, desde as primeiras linhas se encontra prisioneira na rede de compras, até o momento em que vai se perder num Jardim Botânico entre fascinante e tenebroso, demasiado orgânico e mineral — pulsante. Ou esse desafio por excelência à lei do gênero sexual e do discursivo, que é a já comentada "A menor mulher do mundo".

A literatura *menor* de Clarice tanto encena os jogos marcados de diferença sexual, levando-os ao cúmulo da clicherização, quanto frustra e embaralha as cartas, ali onde se esperam um eterno feminino e um igualmente eterno masculino, fixados para sempre no céu das ideias platônico. "Nesse âmago tenho a estranha impressão de que não pertenço ao gênero humano. [...] Comprazo-me com a harmonia difícil dos ásperos contrários" (p. 29). Não humana e além do gênero, inaprisionável e imprópria. Todavia, quando deseja, capaz da mais voluntária servidão...

Cabe assumir o risco da perda total. Se a expressão não fosse negativa, valeria então para os escritos *assinados C.L.*: perda total. Aqui se perde, num dispêndio sem restituição, e com o risco de desaparecimento integral de qualquer rastro. Mas estejamos alertas ao trabalho do negativo...

Com isso, é o fantasma da obra completa, como um todo coeso e indiviso, que se vê inviabilizado.* O mal do arquivo é igualmente ou sobretudo seu bem: apesar das interdições, em princípio tudo o que um artista ou escritor lega poderia ser aproveitado como fazendo parte do arquivo, performando, assim, a pulsão coletora que configura todo legado. Muito do que é deixado poderá ser um dia publicado, já que essa decisão cabe aos arcontes, os ciosos arquivistas; e como esses se sucedem através das gerações, sempre algum poderá resolver trazer à luz o que épocas anteriores consideraram impublicável.

---
* Ver, anteriormente, "Aproximações do olhar".

A estética do arquivo depende de uma política (é preciso que o poder do arquivista seja liberatório e não restritivo) e de uma ética, pois a alteridade inscrita como o segredo mesmo do arquivo depende dessa organização e de-liberação dos arcontes. Quanto maior o desejo de reter as formas impublicáveis do arquivo (por qualquer mecanismo de censura ou repressão), maior o risco da destruição, que reveste a estrutura arquivística. Quanto maior a possibilidade de acesso, maiores as chances de compartilhamento e, portanto, de hiper-reprodutibilidade infinita do arquivo. O mundo digital nada mais fez do que elevar à máxima potência essa necessidade inerente a todo arquivo, a de se reproduzir para continuar existindo pelo tempo mais longo possível; e isso a web, com seus arquivos virtuais, está ajudando a viabilizar como nunca antes na história das técnicas de arquivamento. Na contramão desses procedimentos, encontram-se os arquivos da ditadura militar no Brasil, que só recentemente começaram a ser disponibilizados, mas não sem restrições e sem que se começasse a destruir parte dos documentos. Haverá sempre "guardiães do mal", dispostos a acelerar a destruição do que já é desde sempre habitado por aquilo que o corrói. Enquanto tais arquivos não forem plenamente identificados e discutidos, viveremos um eterno retorno do recalcado, com alguns surtos de memória, logo em seguida novamente repelidos para o esquecimento. Situação semelhante à da França, que até hoje não soube bem o que fazer com sua memória de república colaboracionista em relação ao nazismo. Quando esse passado deliberadamente recalcado retorna, o mal-estar é grande, como no momento em que se soube, nos anos 1990, já no final da vida do presidente François Mitterrand, que também ele tinha sido "*colabô*".

Afinal, a memória é por definição impossível e necessária, não para recuperar uma identidade (individual ou nacional), que nunca existiu em sua pureza, mas sim o dado particular da existência, a irrepresentável singularidade, reproduzível apenas com a ajuda de documentos arquivais, que são necessariamente rastros e vestígios divisíveis, divididos e, portanto, compartilháveis.

A literatura de Clarice, vista em seu conjunto em aberto (quando se poderá dizer que nada mais resta a publicar dos acervos existentes? — provavelmente nunca), constitui uma efêmera memória do que foi a vida e a obra sempre incompleta de uma escritora de origem estrangeira num país supostamente periférico. *Supostamente* porque, além de tudo o que já disse sobre a posição acêntrica clariciana, a história do mundo neste momento mesmo em que escrevo está refazendo o mapa de seu território geopolítico. Essa literatura pensante se acopla ao grande arquivo da literatura brasileira e mundial, infundindo novos traços e marcas diferenciais, em sua maior parte altamente liberatórios, mas também com alguns elementos retrógrados, do tipo *Correio feminino*. Retrógrado porque, nesse caso, fixados numa ideologia patriarcal que vigorava no momento em que o *Correio* foi produzido, muito embora os livros da própria Clarice, desde os anos 1940, já vinham ajudando a demolir o mito do macho todo-poderoso. Isso prova que nenhuma obra, mesmo a mais genial, é pura, mas vem mesclada pelo mais irruptor (a maior parte do tempo) e pelo mais conservador (de forma lateral, mas persistente). O valor dessa feminilidade essencialista é não só contrastante em relação ao que os outros textos dizem no mesmo período, mas também testemunhal, pois conta sobre como deviam se comportar as mulheres naqueles tempos hoje aparentemente tão remotos, mas que não excedem pouco mais de meio século de decurso. Essa memória bastante efêmera do ontem serve para reavaliar as estratégias de mobilização que não cessaram de surgir desde então, num movimento simulado e contínuo. Vigorosamente fingido.

A escrita de Clarice exerce a hospitalidade incondicional, acolhendo os textos do mundo (literários e outros) e dando-lhes novas destinações. A força da literatura pensante de uma autora como C.L. decorre também de sua capacidade de agenciar outros textos de múltipla procedência, os quais *enxertam* o texto de partida. Do mesmo modo, promover o diálogo inter e transtextual é a tarefa mínima de qualquer interpretação que se queira válida hoje. Mas nenhuma leitura pode deter a pretensão à perenidade, pois toda inscrição é circunstancial e condicionada a sua época, mesmo a da própria Clarice. No entanto, é legítimo o desejo de preservação do rastro do rastro. As leituras realmente fortes assinam embaixo, endossando o dito e confirmando a assinatura autoral — contra-assinando, pois. Sem acrescentar algo de seu, nenhuma interpretação se sustenta, caindo na exegese inócua, visto que o original sempre diz mais e melhor. Realizada no prazer, a leitura torna o leitor e a leitora amantes do objeto-livro, essa coisa palpitante: "Às vezes sentava-me na rede, balançando-me com o livro aberto no colo, sem tocá-lo, em êxtase puríssimo.// Não era mais uma menina com um livro: era uma mulher com o seu amante" (FC, p. 12).

A ética da literatura, como a de qualquer discurso, carece e deve reivindicar o direito à permanência ou ao que Derrida chamou de *restância* (resto como resistência, performance enunciativa). Por paradoxal que pareça, a precariedade, o efêmero, é condição para o advento do incondicionalmente outro, sem o que a reivindicação de permanência cai na pura abstração.

Temas como o perdão (e a dúvida) são menos óbvios em C.L., mas nem por isso menos decisivos para abrir a textualidade ao infinitamente diferente (em diálogos não dialéticos). Por isso Clarice diz que é preciso perdoar a Deus, por suas finitas limitações (DM, p. 484-487). O Deus de Clarice, como dito, é demasiado humano, limitado, nada onisciente. Um Deus culpado, eis o que o cristianismo só em parte concebeu na figura do próprio Cristo. Contudo, é preciso levar Deus ao abismo, humanizando-o em definitivo, para finalmente ressituá-lo no não humano, com outras determinações. A autora costumava, quando criança, brincar junto ao abismo do Capibaribe, e isso deixou a marca em sua ficção, pois muitos de seus personagens se encontram à beira ou já caíram no abismo sem se dar conta, tal como Ana de "Amor" e Sofia, a dos "Desastres" do saber, como seu nome já diz. Abissal e enigmática, dessublimada, essa ficcionalidade traga tudo, e tudo devolve de forma quase irreconhecível, estranhamente familiar. Disso deriva um Deus ultrajado, essencialmente profano, tal o pinto, cuja aparição pouco antes do Natal profetiza o advento de um impossível Messias, configurado na pessoa de uma garotinha bastante inumana, a Ofélia que pertencia a uma estrangeira tribo. Desse modo, advém, com efeito, a quarta dimensão da palavra.

Acervos de Clarice

O trabalho estava bem adiantado quando visitei os acervos da escritora Clarice Lispector na Fundação Casa de Rui Barbosa e no Instituto Moreira Salles, ambos no Rio de Janeiro. Interessavam-me, principalmente, os poucos originais que sobraram. Como ela própria narra, até os anos 1970 destruía sistematicamente todos os rastros da atividade inventiva. A partir de então, a empregada recebeu ordens para guardar qualquer pedaço de papel. Restaram, por exemplo, originais do primeiro livro de contos, não publicado, embora uma das histórias no datiloscrito do Instituto Moreira Salles tenha tido suas páginas arrancadas. Igualmente constam no Instituto os caóticos manuscritos de *A hora da estrela* e de *Um sopro de vida*, o qual foi postumamente montado pela zelosa amiga Olga Borelli. Tudo isso constitui precioso material para os pesquisadores do futuro, sobretudo os que realizam crítica genética: a gênese da obra ressalta aos olhos por meio do que chamaria de *rodopio, acrobacia ou pirueta da frase*, "Escrevo por acrobáticas e aéreas piruetas" (AV, p. 12). Tudo é suporte para Clarice inventar, qualquer tipo de papel, com qualquer textura ou tamanho. A sensação que dá é de que ela escrevia sobre o que tinha à mão, qualquer subjétil era útil para a ideia se inscrever, não se perdendo na azul gaiola das divagações. Mesmo envelopes de cartas sobrescritas serviam no momento de consignar o traço; e por vezes, do outro lado da folha improvisava-se nova utilidade: virava Programa, ou seja, uma pequena agenda, com tarefas a despachar, consultas com médicos, encontros, cabeleireiro, e tudo o que envolve a vida de uma mulher mais do que moderna e independente. Há também registros de contas a pagar, dívidas, obrigações de toda ordem, mesmo as mais comezinhas, ali, lado a lado com a escrita da obra, não como algo externo, mas como parte intrínseca de uma vida de escritora. Nunca *bio* e *grafia* estiveram tão associadas, expondo uma vasta bioficção, quanto nesses manuscritos roubados ao caos, para compor sinfonias e músicas de câmera, em tradicional harmonia ou absolutamente atonais, "A harmonia secreta da desarmonia: quero não o que está feito mas o que tortuosamente se faz" (AV, p. 12). Puro improviso, como o ritmo alucinado de um jazz verbal, "A profunda alegria: o êxtase secreto. Sei como inventar um pensamento. Sinto o alvoroço da novidade. Mas bem sei que o que escrevo é apenas um tom" (p. 29). Ou então, de modo mais preciso, "Sei o que estou fazendo aqui: estou improvisando. Mas que mal tem isso? improviso como no jazz improvisam música, jazz em fúria, improviso diante da plateia" (p. 23). Diante de nós. Nas entrevistas com ela publicadas em vida, o método declarado de invenção, se havia algum, é mesmo o das notas que vão se acumulando, nacos de texto roubados ao informe, os quais ganham forma à medida que são escritos, porém sem jamais se cristalizarem numa fôrma única: "Minhas novelas e meus contos vêm em pedaços, anotações sobre os personagens, o tema, o cenário, que depois vou ordenando, mas que nasce de uma realidade interior vivida ou imaginada, sempre muito pessoal, não me preocupo nunca pela estrutura da obra. A única estrutura é a óssea" (CL, p. 121).

Faz parte, portanto, desse ensaio geral jazzístico, dessa *jam session*, lançar a frase ao acaso, em jatos, sobre qualquer fragmento de papel ao alcance da mão. Trata-se de uma escrita fragmentária sobre restos, sobras, resquícios de folhas. Como quando narra aos pedaços os episódios da tonta história de Macabéa, a Maca, que não se manca. Por vezes a inscrição ocupa as duas faces da folha, com uma indicação em caixa alta de VIRE, como a sinalizar a um possível leitor ou leitora (Olga?) o caminho a seguir, inclusive com numeração de páginas. Outras vezes, apenas um terço da folha é ocupado com a inopinada anotação, deixando todo o resto em branco, a significar algo que escapa, uma grande lacuna a ser preenchida por quem consulta. Frequentemente a escrevinhação continua na margem, ou porque faltou espaço na folha corrida ou porque ocorreu súbita ideia, a qual suplementa o texto já escrito, fazendo as frases rodopiarem e pararem na vertical, acrobáticas. Isso atinge o clímax quando um pedaço de papel é ocupado em todas as direções: no centro, dos dois lados, em cima e embaixo, completando, assim, todo o ciclo de rodopio dos enunciados e instabilizando o fluxo normal da escrita, qual seja, da esquerda para a direita, até retornar para a esquerda. Literal e metaforicamente a sintaxe da frase *dança*. Não há mais sentido linear e unidirecional nessa escrita em jatos, que pode assaltar a inventora a qualquer hora do dia, em qualquer lugar, com todo tipo de letra: ora uma caligrafia caprichada, ora o risco miúdo e tremido, ora os traços largos, ora finalmente a simples garatuja, o garrancho esparso, o quase borrão. Gregotins. De repente, surge o desenho de uma boneca ou de um buquê de flores (podem ser também fogos de artifício espocando); ou ainda a marca dos lábios com batom sobre a lauda branca: impressões muito pessoais, enigmáticas até. Colho ao acaso essa citação de Nietzsche, da segunda pasta de *Um sopro de vida*, no Instituto Moreira Salles, "A alegria absurda por excelência é a criação", sem a referência da fonte, só o nome do pensador. O suporte verdadeiro é a superfície do mundo, que suporta o fardo dessa letra ao léu. Tudo é feito para que a efêmera memória da invenção não se perca, e para que mais uma inscrição se faça nesse imenso arquivo em aberto, a obra para sempre incompleta de C.L. Incompleta porque continuam a chegar documentos aos acervos, enquanto outros, já arquivados, podem ser liberados com o passar do tempo e com a morte dos atores do drama. Nada como a distância espacitemporal para aliviar o poder dos arcontes, antes de qualquer outro, a própria família, os íntimos, que têm todo o interesse de proteger a vida privada da curiosidade pública. E isso é tanto um bem (preservação da imagem) quanto um mal (ocultação de informações). Nada numa vida inventiva é anódino, nada, portanto, deveria ser ocultado, pois, uma vez intensivamente consignado, tudo se converte em matéria de leitura e reflexão, potencializando novos textos, os quais garantem a continuidade da obra. Sua sobrevivência e, mais ainda, sua supervivência.

Dois outros aspectos sobressaíram nas consultas que fiz aos arquivos claricianos, abrindo igualmente a perspectiva de novas investigações futuras por parte dos denodados arquivistas que os pesquisadores também são (todo leitor é um arquivista potencial, pois é ele quem guarda verdadeiramente a obra, como bem expressa o antológico poema de Antonio Cicero, "Guardar" — 1996). Primeiro aspecto relevante, a inscrição feita de próprio punho por Clarice na folha de rosto do datiloscrito dos contos juvenis e inéditos, que vou tentar descrever da melhor maneira possível. Antes disso, sinalizo que na capa desse documento, guardado no Instituto Moreira Salles, encontra-se a assinatura a caneta *Clarice Lispector*. Já na folha de rosto vem, escrito a mão, mais ou menos o seguinte: "em 1942 escrevi 'Perto do coração selvagem', publicado em 1944". Em seguida, vem o ano de "1940", completamente rasurado porém legível. Logo abaixo, dentro de um círculo igualmente em tinta de caneta, diz-se: "Este livro de contos foi escrito em// 1940// 1941". Ao lado dessas datas, se encontra uma informação também rasurada e quase ilegível, mas que dá para decifrar: "com de 14 a 15 anos de idade". Mais abaixo, em caracteres um pouco maiores, fora do círculo de tinta, informa-se: "nunca/ publicado (os contos foram arrancados, em 1941 mesmo)", sendo que "foram" está inserido fora da linha, como acréscimo posterior. Há aí toda uma história de datas e de idade por detrás, que deixo a um paciente biógrafo reinterpretar, sobretudo porque acrescenta algo de novo à mitologia que reza ter sido *Perto do coração selvagem* escrito com 17 anos de idade, quando os documentos informam o ano de 1920 como o do verdadeiro nascimento... A rigor, se o livro foi de fato escrito em 1942, ela teria nessa época em torno de 22 anos, a depender da data de conclusão.

O outro aspecto fascinante, que merecerá muitas interpretações futuras, é o datiloscrito de *Água viva*, ainda com seu título original de *Objecto gritante*, o qual faz parte do acervo da Fundação Casa de Rui Barbosa. A invenção desse quase romance ou, melhor, dessa quase novela, dada sua extensão, constitui por si só uma saga, cuja primeira versão é de 1971, intitulada *Atrás do pensamento*: monólogo com a vida, como relata o biógrafo Benjamin Moser (2010, p. 455-467). Depois de muitas hesitações, o livro vira *Objecto gritante*, que finalmente será transformado em *Água viva*. Acontece com esses escritos algo semelhante ao caso de *A maçã no escuro*, que foi submetido ao copidesque geral de Fernando Sabino.* Só que esse outro caso é ainda mais grave, e a escritora só liberará o texto para publicação em 1973, depois de muitas indecisões. Dessa vez, Clarice terá como grande interlocutor José Américo Pessanha, o qual, numa carta delicadíssima, demonstra grande apreço pelo *Objecto gritante*, mas também expõe seus temores diante das possíveis reações negativas. Datado de 5 de março de 1972, em São Paulo, esse documento integra igualmente o acervo de Clarice na Casa de Rui Barbosa, assomando como uma peça sensível de teoria e crítica literária improvisada, por parte de quem alega não ter muita intimidade com a coisa artística. O remetente era renomado filósofo e amigo de Clarice, e, pelo que diz em determinado trecho, chegaram a conversar sobre o livro por telefone. Um dos grandes receios de Pessanha é justamente a indefinição de gênero do volume: "Tentei situar o livro: anotações? pensamentos? trechos autobiográficos? uma espécie de diá-

---

* Ver "O erro de literatura", da Segunda Parte.

rio (retrato de uma escritora em seu cotidiano)? No final achei que é tudo isso ao mesmo tempo". Com efeito, *Objecto gritante*, embora bastante trabalhado como texto literário, tem a graça de um vivo rascunho ou de um edifício que deixa à mostra os alicerces. Uma obra em progressão. O cotidiano da autora realmente vaza no livro, fazendo vacilar a rígida fronteira entre o *bio* e o *gráfico*. Além disso, o texto está repleto de histórias e pensamentos que só comparecerão de maneira residual e depurada em *Água viva*. Logo na capa do datiloscrito, abaixo do título datilografado em caixa alta e sublinhado OBJECTO GRITANTE, comparece a advertência escrita a mão, com traços fortes e entre parênteses "(Transformou-se em 'Água viva)", assim mesmo, sem fechar aspas. A coisa se transformou em outra, as páginas do *Objecto* viraram essa água borbulhante que também já era o próprio original, mas que ganha novas feições na versão definitiva. *Borbulhar* é um verbo forte para C.L., utilizado quando fala, na conferência sobre literatura de vanguarda, de seu fascínio por uma língua como o português do Brasil, "que ainda borbulha" (OE, p. 106), e por isso pode ser moldada de formas diversas, no limite do amorfo e do informe.

Mas o caso é que tanto o *Objecto gritante* quanto a *Água viva* têm, apesar de tudo, forma, consistência e, sobretudo, densidade. Se a estrutura textual borbulha, à beira da desestruturação abissal, e se as frases rodopiam, ambos os textos se sustentam afirmativamente numa loucura da sintaxe, abrindo outras dimensões do pensamento. Cito um fascinante trecho do *Objecto*, com que me deparei depois de ter redigido as reflexões sobre a *loucura inventiva*:

Então comecei a escrever. A obra de arte é o ato de loucura do criador. Só que germina como não loucura e abre caminho. É inútil planejar esta "loucura" para alcançar a visão do mundo. A pré-visão desperta do sono lento da maioria dos que dormem ou da confusão de quem adivinha que alguma coisa acontecerá. A loucura dos criadores é diferente da loucura dos que estão mentalmente doentes. Estes — entre outros motivos que ignoro — erraram no caminho da procura. São casos para o compreensivo e duro médico inteligente — enquanto os criadores se realizam com o próprio ato [de/ da] loucura. Conheço um "ele" que se curará em breve.

A loucura é um ato de doação de si para si mesmo (p. 45-46 do datiloscrito).

Água viva e *Objecto gritante* são, portanto, escritas voluntariamente imperfeitas, borbulhantes, loucas, que gritam e sussurram a necessidade de humana invenção, transformando-se de objeto em sujeito, de sujeito em subjétil, até atingir esse outro e essa outra do lado da tela-pintura-verbal: o/a estupefato/a leitor/a, a quem só cabe contra-assinar o dito. Nenhum texto é superior ao outro, e importaria um dia realizar a edição fac-similar do *Objecto*, a fim de que se possa comparar esses irmãos xifópagos, visceralmente ligados, mas cada um com feições e extensão próprias (*Água viva* tem metade do número de páginas do *Objecto gritante*). Pode-se também editar esse *Objecto*, com mínimos retoques. *Água viva* é mais depurada do que *Objecto gritante*; todavia, nenhum dos dois encontra parâmetro simples na tradição literária, ampliando as fronteiras da própria instituição, que se vê lançada no limiar entre ficção e pensamento. Tem-se literatura e filosofia ao mesmo tempo, mas nenhuma das duas de maneira pura; são apenas vestígios instáveis de expropriações culturais. Valeria também uma segunda comparação, com os originais igualmente preservados de *Atrás do pensamento: monólogo com a vida*. Trata-se de três momentos textuais capazes, por si sós, de dar a dimensão exata da contribuição clariciana para a expansão do ilimitado campo literário.

Os sentidos da vanguarda

A melhor solução para se relacionar com a literatura de maneira não naturalizada seria pensá-la como forma inclusiva. Cabe imaginar que a todo momento um escritor desconhecido pode estar emergindo como força inaudita, capaz de entrar em plena interlocução com outros autores. Porque o que define uma autora forte como Clarice, capaz de "desler" a tradição (Bloom, 1995), pondo-a pelo avesso, é tanto a imanência dos conteúdos e formas que agenciou quanto o horizonte aberto de sua recepção. E o que seria um horizonte, uma vez que se encontra aberto? Deixa de ser um horizonte, o limite linear de um arquivo, para potencializar ao infinito a capacidade arquivística de gerar novas formas-valor, que são tanto literárias quanto e inelutavelmente culturais — quase transcendentais.

Porque a especificidade relativa da literatura corresponde à especificidade relativa da cultura, que encontra, assim, seus próprios limites. Se a identidade se mostrou na passagem do milênio o último fetiche a que muitos se submeteram, a ideia mesma de literatura apenas faz sentido se for útil para pôr de ponta-cabeça a identidade de seu *corpus*, a identidade do *corpus* da cultura e a identidade do *corpus* em geral. Um *corpus* (literário, artístico, cultural) é feito de inúmeros *corpos*, de múltiplas inscrições que proliferam sobre uma delimitada superfície, deixando-se registrar e se tornando acessíveis em arquivo. Como um *Objecto*. É a acessibilidade geral, tornada possível pelas novas tecnologias, em especial por aquelas ligadas à esfera do virtual, que, em vez de ameaçar a literatura, pode significar sua longa sobrevida. Isso ocorre ao preço da reformulação do próprio conceito de literatura, uma vez que este foi majoritariamente associado ao texto impresso. Pensada como inscrição geral, e não mais apenas como gravada na forma-livro, a literatura pode ganhar imensamente em termos de temas, valores, estilos, funções, alcances etc. Se, à diferença do que apregoavam Renné Wellek e Austin Warren no final dos anos 1940, a literatura não tem uma natureza em si mesma, nem uma função específica, isso não é uma deficiência, ao contrário, libera o discurso literário para múltiplas articulações no tecido social. Entre essas articulações, destaca-se a educativa, visto que muito do conceito que herdamos acerca do literário e de seus valores é forjado, não sem equívocos, nos primeiros anos da escola, servindo como auxiliar pedagógico, que terá repercussões ao longo da existência.

Coloca-se, evidentemente, neste ponto a questão da legitimação, tanto dos autores quanto das leituras que acerca deles se fazem. Se a *ideia* de literatura (que é bem mais do que uma "ideia", pois vem dotada de historicidade, ajudando a refletir sobre a própria natureza teleológica do conceito de história) não se resume mais à desgastada noção de cânone; se mais e mais produções não canônicas devem ser relacionadas, catalogadas e consultadas no acervo literário, que se torna, assim, um *corpus* em permanente expansão, então é preciso pensar o porvir da literatura como de fato ainda e sempre por-vir, num sentido relativamente próximo do *Livro por vir*, de Maurice Blanchot (1959).

Liberta dos valores modernistas de ruptura e transgressão, que se afirmaram pela fetichização do novo pelo novo, a literatura pode ser lida a partir de qualquer ponto da cronologia de sua realização e de sua recepção. Por isso mesmo, nenhum autor, nenhuma autora, está excluído de antemão, mesmo que muitos jamais sejam re-vistos, podendo desaparecer na poeira das estantes. Nesse sentido, a leitura sincrônica de autores do passado, proposta a partir dos anos 1950 pelos concretos paulistas e levada a cabo nas décadas seguintes, significa apenas um dos vieses pelos quais o acervo literário pode ser apreendido (Campos, 1987). O valor de inovação (o *make it new*, de Ezra Pound), tanto prezado pelos concretistas, continua tendo plena validade, embora não deva ser utilizado de maneira autoritária, mas sim com um olhar assumidamente sensível sobre a massa documental da história da literatura. O que se torna complexo, nesse caso, é o modo de organizar o arquivo, a forma como se opera a passagem do inventivo ao mais inventivo, em contraste com os valores contemporâneos ao crítico leitor ou à crítica leitora. No jogo entre inovação e mera repetição do mesmo, a história literária pode ser reescrita como recorte e fundação, re-fundação, que desmaterializa, rematerializa e i-materializa as relações entre texto e contexto (real-virtual), matéria e forma, vida e escrita, subjetividade e performance escritural, gramatológica, mais além do horizonte epistemológico de partida.

Realizada primeiramente em agosto de 1963, no XI Congresso Bienal do Instituto Internacional de Literatura Ibero-Americana, na Universidade do Texas, e depois em Brasília, Vitória, Belo Horizonte, Campos e Belém do Pará, a conferência "Literatura de vanguarda no Brasil" é um pequeno tratado sobre literatura e cultura brasileiras. Nela, Clarice demonstra sua total imersão no contexto nacional, por causa e não apesar de seu cosmopolitismo (morou em mais de um país, lia em mais de uma língua, traduzia, sem falar no "acaso" de ser estrangeira por nascimento). O contexto da palestra era o da política norte-americana de aproximação da América dita Latina após a revolução cubana. E Clarice não se furta a falar da literatura como forma de autoconhecimento, de si e do país, para em seguida produzir conhecimento em geral. De modo conscientemente confuso, como quem tenta de fato pensar um problema e não simplesmente repetir ideias alheias, emerge no texto uma noção de vanguarda, antes de mais nada, como experimentação, "O que me confundiu um pouco a respeito de vanguarda como experimentação, é que toda verdadeira arte é também experimentação, e, lamento contrariar muitos, toda verdadeira vida é experimentação, ninguém escapa" (OE, p. 97). Numa perspectiva bastante similar ao "experimentar o experimental" de seu contemporâneo Hélio Oiticica, o sentido primeiro e mais geral da vanguarda é experimentar o desconhecido para alcançar novas formas de conhecimento, rasgando horizontes. E, nisso, ela se recusa terminantemente a endossar a oposição fundo-forma, pois uma é indiscernível do outro na verdadeira experimentação literária e existencial; como defendeu Maiakóvski, só existe conteúdo revolucionário com forma revolucionária.

Clarice fala da vanguarda principalmente de um ângulo histórico e local, a partir do exemplo do modernismo brasileiro, inaugurado pelo grande acontecimento da semana de 1922. Mário de Andrade é a figura emblemática, no sentido de quem se rebelou contra a estagnação vigente. Esse é o valor sacrificial (a palavra é minha) das vanguardas, que ela avaliza, dizendo que, posteriormente, o escritor vanguardista é assimilado pelas gerações seguintes, e por isso ultrapassado, para contudo renascer mais adiante. O sacrifício de ontem significa a consagração de amanhã. O trecho é lúcido e atual demais para não ser reproduzido na íntegra:

> Que já tenhamos inclusive ultrapassado 1922, ainda mais o reafirma como movimento de vanguarda: foi tão absorvido e incorporado que se superou, o que é característica de vanguarda, e se a 1922 nos referimos historicamente, na realidade ainda somos resultado dele. O próprio Mário de Andrade, se ainda vivesse, teria incorporado a si próprio, ainda mais, o melhor de sua sadia rebelião, e seria hoje um clássico de si mesmo. O futuro de um homem de vanguarda é amanhã não ser lido exatamente por aqueles que mais se assemelham a ele: exatamente os mais aptos a entender sua necessidade de procura estarão amanhã ocupados demais com novos movimentos de procura. Pensando em vários homens de nossa vanguarda, ocorreu-me sem nenhuma melancolia que é então, exatamente, que o escritor de vanguarda terá atingido sua finalidade maior: se terá dado tanto e terá sido tão bem usado que amanhã desaparecerá. Eu disse amanhã. Mas depois-de-amanhã — passada a vanguarda, passado o necessário silêncio — depois-de-ama-

nhã ele se levanta de novo. E é claro que Mário de Andrade não desapareceu: 1922 não foi ontem, foi anteontem (p. 104).

De vanguarda em sentido não mais modernista mas contemporâneo aos anos 1960, como até hoje, seriam sobretudo Drummond, Cabral de Melo Neto, Manuel Bandeira e, com distinção, Guimarães Rosa, entre outros. Neles todos, tal como aconteceu nos Estados Unidos, sobretudo a partir da primeira metade do século XX, houve um apossamento de nós mesmos, que também implica uma despossessão, ou seja, uma universalização da cultura local. Universalização não como gesto abstrato, por um desejo de inserção imediata na cultura internacional; muito ao contrário, pelo investimento no falar, na literatura e na cultura brasileiras, sem provincianismo e de forma experimental, é que se é de fato vanguarda. Pois só há verdadeira universalidade literária e artística a partir do singular, do acêntrico, e não de um geral abstrato.

> Estou chamando o nosso progressivo autoconhecimento de vanguarda. Estou chamando de vanguarda "pensarmos" a nossa língua. Nossa língua ainda não foi profundamente trabalhada pelo pensamento. "Pensar" a língua portuguesa do Brasil significa pensar sociologicamente, psicologicamente, filosoficamente, linguisticamente sobre nós mesmos. Os resultados são e serão o que se chama de linguagem literária, isto é, linguagem que reflete e diz, com palavras que instantaneamente aludem a coisas que vivemos; numa linguagem real, numa linguagem que é fundo e forma, a palavra é na verdade um ideograma (p. 105-106).

Ela usa a seu modo exatamente um dos termos-chave para o vanguardismo concretista ainda em vigor no final dos anos 1960: *ideograma*, o tipo de escrita em que linguagem e referente se fundem — a forma, por assim dizer, faz o fundo, e vice-versa. Nem realismo nem formalismo puros, algo entre os dois, como modo de redescobrir o mundo via ficção realmente inventiva. Como sintetiza a partir de Guimarães Rosa: "Descobrir é inventar, ver é inventar" (p. 107). Esse é o sentido da vanguarda que, indo além da fase histórica no Brasil e no mundo, não envelheceu. Isso explica seu fascínio por "nosso" português:

> É maravilhosamente difícil escrever em língua que ainda borbulha; que precisa mais do presente do que mesmo de uma tradição; em língua que, para ser trabalhada, exige que o escritor se trabalhe a si próprio como pessoa. Cada sintaxe é então reflexo indireto de novos relacionamentos, de um maior aprofundamento em nós mesmos, de uma consciência mais nítida do mundo e do nosso mundo. Cada sintaxe nova abre então pequenas novas liberdades. Não as liberdades arbitrárias de quem pretende "variar", mas uma liberdade mais verdadeira, e esta consiste em descobrir que se é livre. Isto não é fácil: descobrir que se é livre é uma violentação criativa. Nesta se ferem escritor e linguagem, pois, qualquer aprofundamento é penoso; ferem-se, mas reagem vivos. Muita palavra nossa, para ser traduzida, precisaria de duas ou três palavras estrangeiras que explicassem o seu sentido vivo; muita frase nossa, para ser traduzida, exige que se entenda também a entrelinha. Tudo isto significa para mim uma vanguarda. A linguagem está descobrindo o nosso pensamento, e o nosso pensamento está formando uma língua que se chama de literária e que eu chamo, para maior alegria minha, de linguagem de vida. Quem escreve no Brasil hoje está levantando uma casa, tijolo por tijolo, e este é um destino humano humilde e emocionante (p. 106).

O inexpressível silêncio

Aquilo que se é ou está pode ser sempre convertido num quê ou num quem, tal a experiência por que passa Lóri de *Uma aprendizagem ou O Livro dos prazeres*, ao escrever numa noite insone para Ulisses, "o seu homem" (ALP, p. 35). Assinalo de passagem que, além de ser o título do livro mais famoso de Joyce, Ulisses é também o nome do cão de Clarice e o protagonista da história infantil *Quase de verdade* (QV, p. 51). A interlocução virtual — pois o outro é convocado a cada parágrafo, muito presente em sua ausência — se faz em torno do silêncio. Não o silêncio banal, como quando as pessoas se recolhem a suas casas, desligam os aparelhos e o mundo inteiro parece dormir. Mas o Silêncio que ficou como mais uma marca biográfica de Clarice e que Lóri repete como experiência própria quando viajava com o pai rico. Esse outro silêncio em relação ao silêncio normal se deu na cidade suíça de Berna, narrado também em carta e crônica. Um silêncio que lembra o do cosmos de Pascal, a quem "o silêncio eterno desses espaços infinitos" aterrava. Um silêncio de morte, como se diz, que reverbera a própria, e cujo único equivalente no domínio sonoro seria o som da flauta (p. 38). A neve "é muda mas deixa rastro" (p. 36), porém esse silêncio petrifica o mundo, sem deixar provas:

> O silêncio é a profunda noite secreta do mundo. E não se pode falar do silêncio como se fala da neve: sentiu o silêncio dessas noites? Quem ouviu não diz. Há uma maçonaria do silêncio que consiste em não falar dele e de adorá-lo sem palavras (p. 36).

Um silêncio infamiliar, sem parâmetro no universo humano, nem de coisa, bicho ou planta. Aquilo que sustenta a palavra como seu avesso, dispondo acentos, pontuações e gravidades.*

> Depois nunca mais se esquece, Ulisses. Inútil até fugir para outra cidade. Pois quando menos se espera pode-se reconhecê-lo — de repente. Ao atravessar a rua no meio das buzinas dos carros. Entre uma gargalhada fantasmagórica e outra. Depois de uma palavra dita. Às vezes no próprio coração da palavra se reconhece o Silêncio. Os ouvidos se assombram, o olhar se esgazeia — ei-lo. E dessa vez ele é fantasma (p. 39).

Eis um curto e intenso capítulo sobre ficção e silêncio, a literatura e seu duplo — isso numa interlocução com o amado, cujo nome vale toda uma epopeia e ao mesmo tempo nomeava um cão. Aqui, ficção e autoficção atingem um máximo de intertroca, as marcas, os rastros e os signos deslizando de um plano a outro, da vida ao reino silencioso das palavras, destas de novo à existência ficta da sensitiva. "Porque, se não expressara o inexpressível silêncio, falara como um macaco que grunhe e faz gestos incongruentes, transmitindo não se sabe o quê. Lóri era. O quê? Mas ela era" (p. 39). Entre que e quem, a antiga marca do ser comparece sob forma de dúvida, como um *tornar-se* imperativo. Afinal, "A mais premente necessidade de um ser humano era tornar-se um ser humano" (p. 31). Tornar-se sem jamais vir a ser de todo, já que desde as origens a simples identidade humana ou não, animal ou não, específica, em suma, se vê barrada. E o que sobra são os rastros de pontos luzidios, tal como na iluminada página que precede essa última citação de *Uma aprendizagem*, em que reverbera um único signo, livre, sem ponto: "Luminescência" (p. 30).

---
* Ver, anteriormente, "Um bando de mulheres loucas".

Tudo isso se passa com uma personagem que "não tinha um dia-a-dia mas sim uma vida-a-vida" (p. 34), e que era tão fascinada pela morte que só não morria por antecipação porque sabia que seria "profundamente imoral" não esperar como os outros "esta hora final". Foi nas noites de lua, com que se identificava, lunar que era, e não solar, que

> Sobretudo aprendera agora a se aproximar das coisas sem ligá-las à sua função. Parecia agora poder ver como seriam as coisas e as pessoas antes que lhes tivéssemos dado o sentido de nossa esperança humana ou de nossa dor. *Se não houvesse humanos na Terra*, seria assim: chovia, as coisas se ensopavam sozinhas e secavam e depois ardiam secas ao sol e se crestavam em poeira. *Sem dar ao mundo o nosso sentido*, como Lóri se assustava! (p. 34, grifos meus).

O mundo ainda sem sentido nem significação, não humano, inexpressível como o silêncio que perpassa todas as coisas, inclusive os homens, sustentando-os desde dentro.

Más companhias

Volto a perguntar, nesta altura, quem é a Outra que nomeei no início do livro. Seria a própria Clarice? Em parte, decerto. Mas essa Outra que aparentemente, segundo Drummond, nunca diz nada, também não é Clarice, escapando às determinações existenciais e literárias da autora. Há sempre uma Outra da Outra, uma máscara sob a máscara, sem rosto por detrás. Por exemplo, G.H. é a mesma e a outra de C.L.: tem todas as determinações de gênero, classe, tipo etc. que a escritora, porém, diz mais do que Clarice em pessoa costumava dizer. De G.H. conhecemos apenas o que disse ou escreveu em sua delirante fala depois do encontro e devoração da barata, barata que também é a outra da personagem — a ser esmagada e devorada em sacrifício. Barata que em "A quinta história" aparece no plural, como as invasoras que entram pelos ralos enquanto se dorme. G.H. tece uma narrativa procurando entender o incompreensível, aquilo que ficcionalmente importa: o inconcebível, que não pode ser reconduzido a uma nenhuma fábula educativa, pois justamente não há moral que sustente esse fio de voz narrativa. Por isso as aspas e o tracejado inicial, como índice de incompletude, antes mesmo que qualquer narrativa tenha voz e vez. Uma forma de tatear o impalpável de uma vivência que nunca se converterá em experiência edificante e restauradora de um passado sofrido, em lição de vida. Pois no plano dessa ficção não há mais divisão entre os tempos de nossa ideação: passado, presente e futuro se amalgamam como a massa informe do interior da barata que emerge e se oferece para hóstia ritual. Mas de um ritual profano, infernal, em que a figura do próprio Deus se vê desfigurada. A não-história da Outra, louca, começa (?) assim:

> ------ estou procurando, estou procurando. Estou tentando entender. *Tentando dar a alguém o que vivi e não sei a quem, mas não quero ficar com o que vivi. Não sei o que fazer do que vivi, tenho medo dessa desorganização profunda. Não confio no que me aconteceu. Aconteceu-me alguma coisa que eu, pelo fato de não a saber como viver, vivi uma outra?* A isso quereria chamar desorganização, e teria a segurança de me aventurar, porque saberia depois para onde voltar: para a organização anterior. A isso prefiro chamar desor-

ganização pois não quero me confirmar no que vivi — na confirmação de mim eu perderia o mundo como eu o tinha, e sei que não tenho capacidade para outro.

Se eu me confirmar e me considerar verdadeira, estarei perdida porque não saberei onde engastar meu novo modo de ser — *se eu for adiante nas minhas visões fragmentárias, o mundo inteiro terá que se transformar para eu caber nele* (p. 9, grifos meus).

A desorganização desejada leva a uma dupla perda, como aporia entre dois caminhos sem saída: confirmando-se como era antes, em sua "verdade" original, G.H. está perdida para a vivência que traz agora consigo. Confirmando-se nas fragmentações, do mesmo modo está perdida num mundo em que ela não cabe mais — ou, inversamente, o mundo é que não cabe nesse outro mundo descortinado. Em ambos os casos, emerge uma disparidade de mundos: o mundo de G.H. após a experimentação da Outra, a barata, não cabe no mundo dos homens; razão pela qual é impossível escolher entre um mundo e outro, porque depois da decisão o outro mundo continuará também existindo e, por assim dizer, invadindo o mundo familiar (o antigo) ou infamiliar (o outro) por que se optou. A dificuldade está em que não são mundos facilmente oponíveis, com meros sinais trocados. Se assim fosse, a escolha seria fácil. O infamiliar, por ser informe, é mais amplo, invadindo desde sempre o espaço do mesmo, do *lar*, tal como "Baratas sobem pelos canos enquanto a gente, cansada, sonha" (LE, p. 83). A outridade dos insetos é fazer parte dos dejetos, como sua matéria-prima, orgânica e, pior, automovente. São o que de mais íntimo e intrínseco existe nos lares humanos tanto quanto o de mais externo e repulsivo, como o de fora que deve ficar realmente fora.* As casas têm cercas, muros, paredes, tabiques, divisórias — o ilimitado põe abaixo uma por uma essas separações.

Tal a Outra, a empregada doméstica, a referida criada, que comparece em diversas crônicas como protagonista, em sua condição de rebaixamento social, "Por falar em empregadas, em relação às quais sempre me senti culpada e exploradora, piorei muito depois que assisti à peça *As criadas*, dirigida pelo ótimo Martim Gonçalves. *Fiquei toda alterada*. Vi como as empregadas se sentem por dentro, vi como a devoção que às vezes recebemos delas é cheia de um ódio mortal" (p. 54, grifos meus). Segue-se uma curta análise da peça de Jean Genet, cujo título em francês é *Les Bonnes*, também traduzível literalmente por "As boas"... É a força do ressentimento da Outra que eclode na cena do quarto, onde G.H. se vê confrontada a um desnudamento insuspeito, "meu espanto vinha de deparar com um quarto inteiramente limpo" (p. 26). Porém, não se trata apenas de ressentimento, mas de uma potência igualmente afirmativa, capaz de deixar a ex-patroa *alterada*, "o quarto morto era na verdade potente" (p. 32). O espanto vem daquele cubo quase perfeito no qual esperara encontrar entulhos e acabou descobrindo uma espantosa nudez. E, incrustado na parede, como inscrição rupestre, o desenho de três viventes "nus": um homem, uma mulher e um cão. Lembra Derrida que a nudez seria algo próprio ao humano, o qual conhece a experiência do pudor e, consequentemente, da dissimulação nas vestimentas (2006). Já os animais, por definição, ou estão sempre nus (a não ser quando humanos os

---
* Ver, anteriormente, "Aproximações do olhar".

cobrem com apetrechos, por exemplo, no inverno) ou nunca estão nus, já que em princípio desconhecem o contraste entre exposição e ocultamento do corpo. "Na parede caiada, contígua à porta — e por isso eu não o tinha visto — estava quase em tamanho natural o contorno a carvão de um homem nu, de uma mulher nua, e de um cão que era mais nu do que um cão" (p. 27). Porém, a nudez das figuras rabiscadas na parede ou, antes, incrustadas em baixo-relevo, como se tivessem emergido de baixo da superfície caiada, como um porejamento — a nudez vem do fato de estamparem mais um contorno do que configurações reais. Como se ocas, em vez de cheias. Personagens pré-históricas, tais os desenhos de Lascaux e os mais antigos ainda desenhos de Chauvet Pont-d'Arc, que datam de 30 mil anos, alguns realizados em alto-relevo, tendo animais como tema, quando a humanidade de hoje apenas nascia. O relevo baixo, médio ou alto da ficção clariciana realça e revela a estranha proximidade de homens e animais enquanto coisa primitiva. Talvez seja por isso que o encenador Bob Wilson diga num depoimento sobre seus *VideoPortraits* [Videorretratos], em exposição no Instituto Moreira Salles do Rio de Janeiro em abril e maio de 2011, que lhe interessa mais o comportamento animal do que o humano: aquele revela camadas insuspeitas deste, tal como fazem a pantera-negra e a coruja, que em esplendorosos vídeos Wilson retrata quase imóveis, ao modo de fotografias.

Parecem infamiliares autômatos, seres sem vida, mas por isso mesmo ameaçadores, "como três aparições de múmias" (p. 27). Isso remete ao desenho como hieróglifos, dado o hieratismo dos três personagens, "era uma escrita" (p. 27). A mensagem silenciosa veio dessa Outra absolutamente invisível com porte de "rainha africana", embora seu nome tenha origem indígena, Janair, um tipo de árvore da Amazônia. De qualquer modo, as origens da empregada contrastam com as da patroa. Nisso aflora o mesmo sentimento que ocorre a C.L. assistindo à peça de Genet: o ódio dessa outra tão próxima, quase habitando sob o mesmo teto, e todavia a uma distância infinita: "De súbito, dessa vez com mal-estar real, deixei finalmente vir a mim uma sensação que durante seis meses, por negligência e desinteresse, eu não me deixara ter: a do silencioso ódio daquela mulher. O que me surpreendia é que era uma espécie de ódio isento, o pior ódio: o indiferente. Não um ódio que me individualizasse mas apenas a falta de misericórdia. Não, nem ao menos o ódio" (p. 28). O ódio seria ainda um sentimento reconhecível e, portanto, inteligível, mas essa ausência de qualquer piedade parece ser bem mais deflagradora do incontrolável.

O quarto é descrito como um minarete separado do resto da casa e até mesmo do prédio. Um espaço que não se deixa apossar, ou seja, colonizar nem por sua pretensa dona, "olhando o baixo céu do teto caiado, eu me sentia sufocada de confinamento e restrição. E já sentia falta de minha casa. Forcei-me a me lembrar que também aquele quarto era posse minha, e dentro de minha casa: pois, sem sair desta, sem descer nem subir, eu havia caminhado para o quarto" (p. 30). Porque a Outra se apossara do quarto ou, antes, o ex-propriara da proprietária, constituindo uma espécie de *bunker*, onde praticara "a resistência pacífica" (p. 32). Ganha pleno relevo a silente luta de classes.

Um dos horrores de G.H. vem de se reconhecer no desenho da mulher, o modo como a Outra a via, sem que ela sequer desconfiasse. Como se a Outra, por ser "criada", jamais pudesse ter opinião formada sobre quem a empregava, muito menos configurar uma tão estranha imagem. Por isso o estado de estranhamento de si em que a protagonista se sente lançada desde o princípio sem começo simples do livro: "Como explicar, senão que estava acontecendo o que não entendo. O que queria essa mulher que sou? o que acontecia a um G.H. no couro da valise?" (p. 30). A paixão do título é esse estado passivo em que se recebe de pleno o ativo sentimento do outro/da outra, sem que nada se possa fazer. A via-crúcis desse corpo e dessa alma significa a impossibilidade de recuar, uma vez o mecanismo disparado. Uma vez confrontada à visão da barata, não há como não divisar o seu rosto, igualando-a a um humano: "Era uma cara sem contorno. As antenas saíam em bigodes dos lados da boca. A boca marrom era bem delineada. Os finos e longos bigodes mexiam-se lentos e secos. Seus olhos pretos facetados olhavam. Era uma barata tão velha como um peixe fossilizado. Era uma barata, tão velha como salamandras e quimeras e grifos e leviatãs. Ela era antiga como uma lenda. Olhei a boca: lá estava a boca real" (p. 37). E uma vez confrontada ao interior externalizado da barata, não há como resistir à necessidade de ingeri-la como hóstia abjeta e demoníaca.

Motivo pelo qual sua civilização esboroa, como a ruína de uma construção que, não se sabe de que modo, se mantivera até então de pé. E outra organização, mais parecida com a desordem, se manifesta: "Escuta, diante da barata viva, a pior descoberta foi a de que o mundo não é humano, e de que não somos humanos.// Não, não te assustes! certamente o que me havia salvo até aquele momento da vida sentimentizada de que eu vivia, *é que o inumano é o melhor nosso, é a coisa, a parte coisa da gente*" (p. 45, grifos meus). O pior, o inumano, ou o não humano, a coisa de que somos feitos, é o nosso melhor, e "O grande castigo neutro da vida geral é que ela de repente pode solapar uma vida" (p. 45). O neutro vital é sempre mais poderoso do que a vida em separado, individualizada, pois é do ilimitado que se originam as formações limitadas, esse "Neutro artesanato de vida" (p. 59) que se vive como um inferno ou um Sabath, um rito demoníaco. A metáfora da hóstia é a da comunhão com o imundo, aquilo que não tem mundo próprio como os humanos. Ingerir a massa amorfa da barata é comparado ao gesto bíblico de beijar o leproso, nesse martírio sem volta, "O amor já está, está sempre. Falta apenas o golpe da graça — que se chama paixão" (p. 109). E a verdadeira paixão está em ser ou tornar-se o outro, como bem entendeu Rodrigo S.M. (entre parênteses, no original: "É minha paixão ser o outro. No caso a outra. Estremeço esquálido igual a ela", HE, p. 37), e como sofre para entender G.H., "Eu, corpo neutro de barata, eu com uma vida que finalmente não me escapa pois enfim a vejo fora de mim — eu sou a barata, sou minha perna, sou meus cabelos, sou o trecho de luz mais branca no reboco da parede — sou cada pedaço infernal de mim — a vida em mim é tão insistente que se me partirem, como a uma lagartixa, os pedaços continuarão estremecendo e se mexendo" (PSGH, p. 43).

O que instabiliza o mundo prévio de G.H. é, primeiro, o quarto arrumado e o desenho deixado pela empregada, passando esta de serviçal, criada, a rainha; na sequência, vem o encontro com a barata, que será esmagada e depois ingerida. São cenas que refletem o universo feminino tradicional, não negado de todo pela modernidade de G.H., mulher independente que sai com vários homens. Fica difícil imaginar um homem tomado de horror pela visão da barata, sobretudo depois de esmagada — a não ser que ele mesmo se converta no inseto, como é o caso de Gregor Samsa, da *Metamorfose*, de Kafka. Medo de ratos e baratas faz parte da sensibilidade feminina convencional, como bem expressa a narradora-mãe, nomeadamente Clarice, no livro infantil *A mulher que matou os peixes*: "Quase todas as mães têm medo de rato. Os pais não: até gostam porque se divertem caçando e matando esse bicho que detesto" (MP, p. 11). Em ambos os casos, o universo de partida é devedor da tradição, mas o que a partir disso acontece não pode mais ser convertido ao código patriarcal. Sem dúvida, um homem poderia escrever *A paixão segundo G.H.* ou *A mulher que matou os peixes*, pois faz parte da potência mimética ex-propriar o mundo de qualquer um dos gêneros e fantasiá-lo à vontade. Todavia, é fato que as mulheres tendem a falar de si próprias — prova isso a grande quantidade de personagens femininas de C.L.: Lucrécia, Joana, Ana, Lóri, G.H., Macabéa, Carla, a própria Clarice... Porém, assumido o ponto de partida numa vivência do feminino as coisas se tornam de imediato complexas, justamente por colocar em questão as relações conflituais, mas também prazerosas, com o dito outro sexo. De modo que feminino e masculino não passam de máscaras discursivas para funcionamento do maquinário ficcional, o qual, com efeito, a maior parte do tempo não reproduz os vínculos entre humanos, bichos, plantas e coisas tais quais, mas na perspectiva de um não saber mais além do humano. A fissão da ficção em C.L., talvez com exceção do *Correio feminino*, e do correlato *Só para mulheres*, nunca se limita ao sexismo nem ao humanismo que lhe é congenial; parte-se dessa circunstância factual e histórica para de fato des-limitá-la, fazendo com que perca os contornos, como G.H. capturada, em sua própria casa, por um mundo imundo que não lhe pertence. O próprio, o mesmo, o familiar, o lar (*Heim*), se vê ex-propriado pelos outros e outras que inopinadamente o invadem, "A lembrança de minha pobreza em criança, com percevejos, goteiras, baratas e ratos, era como um meu passado pré-histórico, eu já havia vivido com os primeiros bichos da terra" (PSGH, p. 33). Por isso não há mais *representação* possível, quer dizer, simples imitação de um mundo conhecido, normalizado, conforme a uma única lei. Em vez do mundo normativo da lei, o mundo desregulado e i-mundo do neutro, sem-mundo (*weltlos*, como as pedras para Heidegger) e sem-sentido, movido pela força instabilizadora do amor, "Se era, então amor é muito mais que amor: amor é antes do amor ainda: é planctum lutando, e a grande neutralidade viva lutando. Assim como a vida na barata presa pela cintura" (p. 60). Solta-se então essa fauna na escrita clariciana, e que a personagem de *A mulher que matou os peixes* divide entre bichos naturais, "são aqueles que a gente não convidou nem comprou" (MP, p. 10), como baratas, lagartixas e ratos, e os outros, que adentram a casa como convidados: coelhos, micos, muitos cães, pintos e galinhas, que reverberam a própria biografia da autora, "Eu sempre gostei de bichos" (p. 10). Porém, os mais diversos textos se escrevem para perturbar essa classificação pueril entre o que se convida e o que se desconvida ao lar. A zoografia se torna uma legião estrangeira que nenhuma mãe-narradora mais é capaz de controlar. *Tanto a diferença sexual quanto a diferença animal, coisal e vegetal se oferecem a novas leituras.* Em si mesmas, essas diferenças não fazem sentido; só passam a tê-lo no momento em que são *lidas*, quer dizer, interpretadas e avaliadas conforme essa ou aquela tábua de valores (Nietzsche, sempre, em particular *Assim falou Zaratustra*). O que estou propondo outra coisa não é senão *re-ler* com as lentes de Clarice essas diferenças todas, destramando as fábulas que as consolidaram como ontologias e liberando outras forças, que detêm certamente uma potência outra. Vale então sempre diferir a diferença, quando esta corre o risco de se estagnar numa única imagem.

A certa altura de *Das Unheimliche*, ensaio que tenta preencher uma lacuna na disciplina estética, Freud comenta que poderia ter começado com exemplos relativos à morte, já que esta representa para nós vivos o *unheimlich* por excelência (1979, v. 17, p. 301-302). A referência forte aqui, mais uma vez, a um termo originário da psicanálise não implica repetição sem diferença, ao contrário. Desde logo porque o contexto é outro, não psíquico (apenas) nem muito menos psicanalítico. Segundo, porque o *unheimlich* não configura de todo um conceito disciplinar, pois, oriundo do romantismo, ganha em Freud uma dimensão que a expressão "retorno do recalcado" não basta para evidenciar sua verdadeira disposição. O mesmo termo comparece com vigor no *Ser e tempo* de Heidegger, e caberia um dia realizar um estudo comparado, mas também disparatado, do modo como o pai da psicanálise, o grande patriarca, e o pensador do Ser leram essa categoria romântica, com propósitos convergentes mas também distintos.

O elemento sempre a sublinhar no *unheimlich* é que a morte não constitui uma entidade, uma substância ou uma figura externa ao vivo. Diferentemente, por significar um conjunto de pulsões que atuam silenciosamente, a morte habita o coração da matéria orgânica. O horror do vivo, sobretudo dos humanos, à força deletéria vem dessa intimidade que transforma o mais estranho em familiar: um autêntico infamiliar. A força da antiliteratura clariciana provém, como visto, de abrir as comportas para o que aparentemente não tem mas ganha vida no plano do real e da ficção. Uma ficcionalidade que se dá como teatro de marionetes entre vida e morte: passando dos homens e mulheres aos bichos, dos bichos às plantas, das plantas às coisas, numa circulação pulsante sem fim. Tais movimentos simulados refletem a conversão da matéria em sua grande plasticidade, fazendo com que o orgânico se converta no inorgânico e o humano em tudo o que ele não é, e vice-versa. "A ação desta história terá como resultado minha transfiguração em outrem e minha materialização enfim em objeto. Sim, e talvez alcance a flauta doce em que eu me enovelarei em macio cipó" (HE, p. 26). Um teatro literário em que o tornar-se rasura em definitivo o ser, as máscaras desvendam a inautenticidade da ontologia, mesmo a mais fundamental, em prol de uma plasticidade humana, animal, vegetal, coisal, mundana e cósmica. Infamiliar. Nesse jogo de máscaras ficcionais, nada é em definitivo mas tudo se torna potência em ato e a vida mesma se transforma numa promessa de eternidade, não do ser, mas da conversão, da mutação. Disso tudo resulta uma sensação indiscernível entre sucesso e fracasso, como se obter fosse o resultado de perder, num fundo sem fundo da existência humana ou geral. O dom da palavra, em vez de um talento sobrenatural, seria essa capacidade infinita de doar o que não tem substância nem presença absoluta, significando todavia o mais essencial, a Coisa mesma, mas não a "coisa em si" de Kant, pois é desprovida de essência.

> Eu tenho à medida que designo — e este é o esplendor de se ter uma linguagem. Mas eu tenho muito mais à medida que não consigo designar. A realidade é a matéria-prima, a linguagem é o modo como vou buscá-la — e como não acho. Mas é do buscar e não achar que nasce o que eu não conhecia, e que instantaneamente reconheço. A linguagem é o meu esforço humano. Por destino tenho que ir buscar e por destino volto com as mãos vazias. Mas — volto com o indizível. O indizível só me poderá ser dado através do fracasso de minha linguagem. Só quando falha a construção, é que obtenho o que ela não conseguiu (PSGH, p. 113).

O indizível não é o inefável nem o transcendente — no máximo o quase transcendental —, mas o que faz falar a linguagem sem se confundir com a matéria verbal: as entrelinhas. Seria mais o silêncio que dá lugar ao som, quando se ausenta, mas nele permanecendo por contraste, tal o silêncio inexpressível de Berna. O que não se diz é o que faz falar e permite ouvir/ler. *Escute*, é tudo o que solicita o narrador ou a narradora dadivosos, mesmo quando se perdem entre cânions e desfiladeiros, como G.H.

Não há transgressismo nem desvio de norma em Clarice porque sua inserção na vanguarda é distanciada e expropriativa. Se o componente mortal habita o vivo, como potência indissociável, a própria vida já é o desvio e a agramaticalidade da morte, e vice-versa, de modo visceral. São sentenças, orações e frases que se cruzam nesse espaço de vida-e-morte, em que não há nem pureza nem impureza simples, mas um híbrido que dá toda a organicidade informe do discurso e também de tudo que nessas páginas não se resume mais ao discursivo, limitando-se com a vera vida — o outro e a outra sempre iminentes "É visão da iminência de. De quê?" (HE, p. 16). A permeabilidade é o princípio regente dessas fronteiras: a vida é vazada de morte por todos os lados: doenças, falecimentos, atos falhos, esquecimentos, ausências de vária ordem, dúvidas e incertezas. Já a morte é plena de vida: nascimentos, longevidade, grande saúde, rica memória, presença, permanência e até falsa promessa de eternidade... Superviver seria o modo de passar de uma instância a outra sem se desestruturar completamente, continuando por tempo indefinido.

O verbo e a carne

Não tenho dúvidas de que o onívoro animal humano é também carnívoro, "E então — então o súbito grito estertorado de uma gaivota, de repente a águia voraz erguendo para os altos ares a ovelha tenra, o macio gato estraçalhando um rato sujo e qualquer, *a vida come a vida*" (HE, p. 102, grifos meus). Negar isso seria tentar apagar a história relativamente específica da espécie, ou seja, sua parte de animalidade carnívora. O problema é que comemos carne, sobretudo carne vermelha, em demasia, quando uma dieta de uma vez por semana seria suficiente. Não sou vegetariano e me sinto avesso ao vegetarianismo, que considero uma ideologia ou doutrina como qualquer outra, sobretudo em sua versão atualmente em moda, o *vegan*, que rejeita qualquer produto de origem animal. Como toda seita, o vegetarianismo prega uma moral a ser seguida por todos, e já vimos que onde há moral a verdadeira disposição ética desaparece. É preciso que a relação com os animais seja a decisão de cada um, de acordo com sua própria responsabilidade, em seu lugar e tempo. É óbvio que se deve lutar por diretrizes comuns, todas visando a reduzir o sofrimento animal ao mínimo. Mas considero o abate de algumas espécies inevitável, a predação faz parte de todos os ciclos naturais. Os animais predam-se uns aos outros para sobreviver, com exceção dos herbívoros, que predam apenas as plantas — mas predam.

Predar é natural e, portanto, também cultural, mas o que pode ser evitado é a crueldade inútil, a qual consiste em fazer sofrer por sofrer, transformando os abatedouros em modernos campos de concentração. De crueldade também os animais são capazes, pois nada do que nos é imputado escapa às ditas feras: muitos felinos podem derramar sangue mesmo estando saciados; mas disso, contudo, outras espécies podem tirar proveito, de modo que nunca há desperdício. Talvez nossa diferença seja a possibilidade infinita de esbanjar violência, predando além da medida. Talvez, mas nem isso é certo. Importante é que, mesmo no que diz respeito ao chamado reino vegetal, deve-se introduzir uma nova racionalidade, a qual permita o chamado desenvolvimento sustentável. Falta no nível mundial uma ampla rede de solidariedade dos vivos, uma fina malha que nos una no momento mesmo em que nos alimentamos para viver e, na melhor das hipóteses, superviver. A vida deve alimentar a vida e não destruí-la, pois o fim último, se isso existe, seria a preservação da própria vida em sua diversidade, a qual depende, é claro, da preservação máxima das espécies. Sem essas especializações inespecíficas, ou seja, não essencialistas, o fino tecido da vida corre o risco de, cedo ou tarde, perecer e desaparecer como um todo da face do planeta. Essa é a única ética que de fato respeita a alteridade mais radical e não apenas a alteridade humana, finita como qualquer outra, mais além do idealismo humanista. Uma ética da vida em seus mecanismos de vivência, sobrevivência, sobrevida e supervivência de que trata muito bem a ficção clariciana, desde sempre. Como diz a avó da narradora de "Eu e Jimmy" (conto publicado em 1944), referindo-se ao gênero masculino e não à espécie: "Minha querida, os homens são uns animais" (OE, p. 19). A narradora reluta em aceitar o argumento, todavia acaba se identificando com o que a avó dissera: "Mas acordei feliz, puramente animal" (p. 19). "Animal contente" é como caracteriza seu amigo e "antagonista", o rebelde Jimmy. São colegas e pretendentes a namorados; ele é deselegante e propositalmente "selvagem", pois defende a teoria de que devemos ser naturais. Ela se deixa influenciar, assimilando a tese da naturalidade, quer dizer, da animalidade humana. Por isso, apesar de já ter beijado Jimmy, usando o puro instinto se apaixona por um dos examinadores de ambos, este um hegeliano. Ela se deixa influenciar tanto pelas ideias de seu colega e pretendente, procurando se aproximar cada vez mais do "tipo padrão — animal" (p. 16), quanto pela dialética do examinador. Em ambos os casos, ela está cumprindo seu "destino de mulher", tal como sua mãe, que se deixara influenciar pelas ideias de seu pai, abrindo mão da rebeldia da juventude. O conformismo da narradora, em princípio submissa aos valores viris, acaba sendo altamente irônico: como bom animal, ela segue naturalmente sua força instintiva, sem preconceitos civilizados, e se apaixona pelo outro. O tal Jimmy fica furioso, achando que ela distorcera sua teoria, enquanto ela crê ter agido de forma perfeitamente "jimmyesca" (simiesca?). A avó lhe explica que "os homens costumam construir teorias para si e outras para as mulheres" (p. 19). Ao imitá-lo, agindo com naturalidade animal, ela tinha sido masculina demais, rompendo a fronteira dos gêneros ali mesmo onde parecia reforçá-la, por fingida submissão. É essa mesma narradora feminina que, nos anos vindouros, comparecerá cada vez mais para desconstruir os laços tradicionais de família, os quais até ontem atavam homens e mulheres num "tipo padrão" — muito civilizado.

O corpo, seus sabores e dissabores

> Pois é.
> Cujo pai era amante, com seu alfinete de gravata, amante da mulher do médico que tratava da filha, quer dizer, da filha do amante e todos sabiam, e a mulher do médico pendurava uma toalha branca na janela significando que o amante podia entrar. Ou era toalha de cor e ele não entrava (VC, p. 73).

A frase que começa com o pronome relativo "Cujo..." deve ser a mais agramatical de Clarice e decerto uma das mais agramaticais de grande escritor ou escritora de língua portuguesa. Encontra-se na abertura do conto "Antes da ponte Rio-Niterói", uma das treze histórias que compõem o livro *A via crucis do corpo*. Atravessa toda a coletânea, desde a "Explicação" inicial, um forte sentimento de culpa, tão forte quanto a densidade erótica, no limite da pornografia, dos textos aí enfeixados. O fato de ser uma "Explicação", em vez de um prefácio, uma apresentação, ou mesmo uma simples advertência, indica que *isto* não deve vir sozinho, sem maiores explicações, como qualquer outro livro *assinado C.L.*; simplesmente porque tanto a matéria de que é feito quanto a própria fatura rasuram certa imagem consolidada da ficção clariciana. Uma imagem que oscila entre o hermetismo e o refinamento estilístico, sempre dentro dos parâmetros da alta cultura. O que venho tentando aludir — bem mais do que demonstrar — desde o início é que a aparente vinculação à grande tradição modernista é acompanhada de uma desconstrução dessa mesma tradição, que não é ela própria una, mas múltipla. E, mais ainda, são os limites entre o literário e o não literário que a estranha literatura de C.L. põe em suspenso, literalmente de novo entre parênteses: "(Quanto a escrever, mais vale um cachorro vivo.)" (HE, p. 43). Com *A via crucis do corpo* essa suspensão das fronteiras do literário atinge um ponto extremo, e é a autora que se sente obrigada a se justificar antes mesmo que seus leitores habituais e inabituais percorram ou abandonem o volume. Tal como exclamará a narradora, na última e escabrosa história, "oh, meu Deus, tenha piedade de mim, me perdoe por ter que escrever isto!" (VC, p. 98).

Ao contrário de Drummond, que só permitiu que seus poemas eróticos de *O amor natural* fossem publicados postumamente, Clarice aceitou o convite de seu editor na Artenova, Álvaro Pacheco, para escrever três histórias que "realmente aconteceram" (p. 9). Quer dizer, histórias com a marca do que Nelson Rodrigues chamou de "A vida como ela é". No caso de Clarice, trata-se sobretudo *da literatura como ela não é ou não deveria ser*. Daí as resistências que a proposta terá antes mesmo da publicação, como uma censura prévia de pessoas do círculo íntimo da escritora. "Uma pessoa leu meus contos e disse que aquilo não era literatura, era lixo. Concordo. Mas há hora para tudo. Há também a hora do lixo" (p. 10). Ela própria tem a premonição de que "Vão me jogar pedras" (p. 10).

Tem-se uma espécie de Cine Privê clariciano, escrito sintomaticamente entre o dia das Mães e o 13 de Maio. Sua única preocupação é com os filhos, para que não se envergonhem do que ela teve a coragem de escrever. Numa das histórias que transitam nos limites da crônica, ela diz que pediu licença a um dos filhos, explicando-lhe de que se tratava, e que ele de certo modo a autorizou a falar desse "mundo cão" (p. 10). A mesma não é a opinião de outra pessoa que a questiona sobre o que essas histórias pornográficas (*sic*) acrescentariam a sua obra. Em outros termos, qual a utilidade para uma escritora consagrada publicar material pornô (coisa que esses textos estão longe de ser, apenas, mas também o são)? Entre a consagração e a profanação da imagem sagrada da autora e sua obra, Clarice não vacila: "Pois é. Sei lá se este livro vai acrescentar alguma coisa à minha obra. Minha obra que se dane. Não sei por que as pessoas dão tanta importância à literatura. E quanto ao meu nome? que se dane, tenho mais em que pensar" (p. 65).

Certo lixo humano é exposto nesse opúsculo que poderia ter 14 histórias em vez de 13, a 14ª ela até certo ponto omite, resumindo por alto a vida real de um homem simples que lhe contou sua vida de charreteiro, separado da mulher para não derramar sangue, pois ela se desencaminhou e também a sua filha de 16 anos.

É assim que, sem medo de se expor, Clarice enfileira "casos reais", dos quais é difícil escolher o mais contundente. Decerto um dos mais delicados é "Ruído de passos", em que uma senhora de 81 anos procura o ginecologista para saber quando passa "a coisa", qual seja, "O desejo de prazer" (p. 69-70). Ao que o médico retruca que a coisa não passa nunca, "É até morrer". Tem-se então um pequeno teatro do corpo, seus sabores e dissabores. São todas pequenas fábulas do cotidiano, que oscilam entre a comédia (há muito humor nisso) e a tragédia (e muita dor também). A senhora acaba por se resolver sozinha, mas ao fim do conto surge a sombra de seu falecido marido, que espectralmente retorna.

O desejo nunca se resolve de modo tranquilo. A própria história, que acontece antes da ponte Rio-Niterói e se inicia com uma frase agramatical ao extremo, não tem pé nem cabeça, confundindo até quem a narra, "Acho que me perdi de novo, está tudo um pouco confuso, mas que posso fazer?" (p. 75). A confusão vem desses personagens que não sabem onde colocar o desejo. Daí os sabores e os dissabores do corpo, seu Éden e sua via-crúcis, pela qual, segundo a narradora, todos têm que passar. Tal como Xavier e suas duas esposas, cuja saga se intitula, naturalmente, "O corpo". Além das duas mulheres, que também fazem amor entre si, "apesar de não serem homossexuais" (*sic*, p. 23), o homem truculento e sanguíneo tem uma prostituta amante, simplesmente porque sente vontade de fazer sexo durante o dia. Beatriz e Carmen acabam por matá-lo, enterrando-o no jardim. A polícia descobre tudo, mas aconselha que fujam para evitar maiores confusões.

Outra história bastante sensível é "Ele me bebeu". Era uma vez Serjoca, que "não queria nada com mulheres. Queria homens" (p. 53), e maquiava Aurélia Nascimento, a qual "era bonita e, maquilada, ficava deslumbrante" (p. 53). Um dia, enquanto esperavam um táxi defronte ao Copacabana Palace na hora do *rush*, conhecem Affonso Carvalho, que lhes oferece carona. Tanto Aurélia quanto Serjoca desejam Affonso, e saem juntos para beber, indo depois até o apartamento dele. Lá, o industrial, a princípio interessado em Aurélia, descobre que "o Serjoca é um amor de pessoa" (p. 56). O final da história é que Affonso fica com Serjoca, desprezando a insossa Aurélia, que nada tinha a dizer. O falocentrismo se explica pela ausência de singularidade da personagem feminina, vampirizada por Serjoca, que, ao maquiá-la, vai retirando-lhe os traços, por isso o título "Ele me bebeu". A maquiagem aqui, como em "A bela e a fera", é o signo da máscara que rouba qualquer singularidade às faces, "Era isso mesmo que ela imaginara: Serjoca tinha anulado o seu rosto" (p. 57). O "movimento dissimulado" do maquiador transforma-o num artista, um fingidor capaz de tirar ou dar vida a outra pessoa. No final, Aurélia precisa se esbofetear para recuperar a própria cara, vindo então a nascer, tal como prometia seu sobrenome, "Nas-ci-men-to" (p. 58). Para C.L., o perigo dessas relações está em que "A outra pessoa é um enigma. E seus olhos são de estátua: cegos" (p. 11). A cegueira, por ser enigmática, é signo de morte. Morte esta que é, ela própria, o enigma maior, exatamente pelo fato de configurar o indecifrável por excelência: "a morte é de grande escuridão. Ou talvez não. Não sei como é, ainda não morri, e depois de morrer nem saberei. Quem sabe se não tão escura. Quem sabe se é um deslumbramento. A morte, quero dizer" (p. 74). O mistério da morte está em que, face a essa grande incógnita, tudo perde sentido; o querer-dizer que funda a comunicação humana fica privado de significação. Certamente é a única experiência de que não se pode extrair lição alguma. A Coisa, por natureza.

Motivo pelo qual o lixo de *A via crucis do corpo* é o dejeto de cada um, o detrito como o aparentemente inaproveitável da existência, mas que, por contraste com tudo o mais, desafia a uma decifração permanente. Se essas histórias são eróticas, pornôs ou simplesmente literárias, nem a própria Clarice saberia definir. O que vale é o fato de a crueza e a crueldade nela investidas porem em relevo o conjunto da obra, na contraluz. Se a obra deve se danar é porque não cabe mesmo fetichizá-la, mas lê-la naquilo que é: um intervalo espesso e obscuro entre literatura e vida, fingimento e cotidiano, *mímesis* e realidade, sem que nenhum dos polos tenha a precedência nem temporal nem lógica. Como incidentes, esses fatos crus e cruéis calharam de serem motivados por encomenda, vencendo as resistências da própria autora e se impondo pelo que simplesmente são: fragmentos de *corpos escritos*, marcas do desejo e suas pulsações, florações do vigor humano e animal. Cegos, como os olhos da estátua. Daí o espanto da narradora ao viajar a Campos a convite da universidade e descobrir que tinham traduzido sua obra em braile; fica ainda mais perturbada ao ver cegos na plateia da conferência...

A beleza dessas narrativas vem do despojamento e do caráter residual. São *restos*, despojos verbais ou, em linguagem clariciana, gregotins, garatujas, rabiscos, cujo brilho ressalta de seus defeitos demasiado humanos. A hora da estrela se converte na hora do lixo, pois Macabéa também é um refugo social, um aborto literário, atropelada no momento em que viria a nascer, como Aurélia — natimorta, portanto.

São personagens tão fascinantes quanto enjoativas, por desmesura. "Às vezes me dá enjoo de gente. Depois passa e fico de novo curiosa e atenta." Finaliza: "E é só" (p. 77), como quem diz, "Quem quiser que conte outra".

Não há aqui realismo inócuo, pois o mais cru dos relatos se dá sobretudo como fingimento ou, literalmente, *travestismo*, isto é, falsificação de gênero e literatura: transgênero. Tal é, em "Praça Mauá", o caso de Celsinho, nome de guerra Moleirão, que se declara mais mulher do que Luísa, nome de guerra Carla, a qual não sabe nem fritar um ovo... A prótese avulta mais natural do que o original, realçando os clichês da feminilidade. É mulher ou homem quem finge sê-lo, travestindo-se melhor do que o autêntico modelo. Isso é levado a um paroxismo em "A língua do 'P'", tenebrosa fábula da professora de inglês Cidinha, que viaja de trem ao Rio a fim de pegar um avião para Nova York. No meio da viagem, entram dois tipos masculinos que começam a falar em linguagem cifrada; depois de algum tempo, ela decifra a língua do pê, compreendendo que os dois pretendiam currar e, se resistisse, matá-la no próximo túnel. Virgem, ela se finge de prostituta para que percam o interesse: carrega os lábios de batom, expõe os seios, requebra "que nem sambista de morro" (p. 88). Os homens riem dela e a denunciam para o bilheteiro, este conta ao maquinista, que a entrega à polícia na estação seguinte. Os homens continuam a rir, uma mocinha olha-a com desprezo e sobe no trem. Cidinha acaba presa por três dias. Já livre, sente-se preocupada por descobrir que sentira o desejo de ser currada, "Era uma descarada. Epe sopoupu upumapa puputapa" (p. 89). Já nas ruas do Rio, lê numa banca de jornal a manchete de *O Dia* e descobre que a coisa "Acontecera, então" (p. 89): a mocinha que a desprezara fora currada e morta no trem. O fingimento de prostituição, seu travestismo de moça virgem em vagabunda, a salvara do pior.

O palavrão, que no livro comparece, embora de forma parcimoniosa, é um dos movimentos de simulação que trazem para dentro do volume o restolho da linguagem, como ocorre em "Mas vai chover", história de uma senhora de 60 anos explorada por um jovem de 19. Este explode ao ver seu último e exorbitante pedido negado: "Sua velha desgraçada! sua porca, vagabunda! Sem um bilhão não me presto mais para as suas sem-vergonhices" (p. 99).

O palavrão é a via-crúcis da linguagem, ali onde o preconceito se sedimenta, exalando o horror do desprezo, da exploração e da sevícia. E "Via crucis" é um dos dois contos que dá título ao conjunto (o outro é o já citado "O corpo"). Maria das Dores se descobre grávida apesar de virgem, porque seu marido é "meio impotente" (p. 39). Simula, assim, a Virgem Maria, que aguarda a vinda do novo Messias. O esposo se converte em São José, mas ela resolve trocar o nome do filho de Jesus, como queria, para Emmanuel, com medo de que ele venha a seguir a via-crúcis. Um forte e belo menino nasce de seu bendito ventre num estábulo, porém "Não se sabe se essa criança teve que passar pela via crucis. Todos passam" (p. 44).

Sofrimento e prazer, dor e alegria, misticismo e carne, tristeza e alegria são elementos poderosos que afirmam com outra modulação a antiliteratura da coisa clariciana. Coisa dessa vez nomeada como "desejo de prazer" em figuras exacerbadas por essa carne vistosa e repelente, apetitosa e repugnante, como num quadro de Francis Bacon ou de Lucien Freud. Tal a freira que se confessava ao padre como desejosa de ter um homem, ao que ele respondia: "— É melhor não casar. Mas é melhor casar do que arder" (p. 92). São inscrições na carne, que, diz Mallarmé e Clarice traduz a seu modo, negando, é "fraca e eu *não li* todos os livros. La chair est triste" (p. 62, grifo meu). Dá como exemplo de não leitura José de Alencar, e afirma até certo esquecimento ativo de Machado, dois monumentos da literatura nacional. Esses escritos de e sobre o corpo são movimentos dissimulados de um grafismo carnal e divino, de um verbo encarnado para experimentar no próprio corpo as humanas paixões, sem Deus onipotente, todavia. Longe de traírem a obra em curso, tais textos radicalizam o abalo da literatura como instituição beletrista. A feia letra de algumas passagens acentua, em vez de enfraquecer, a contundência geral da assinatura clariciana. Pois o verdadeiro dom é corporal, perigosa dádiva que nenhuma divindade soberana resgata: "E há uma bem-aventurança física que a nada se compara. O corpo se transforma num dom. E se sente que é um dom porque se está experimentando, em fonte direta, a dádiva de repente indubitável de existir milagrosamente e materialmente" (AV, p. 89). Nunca advérbios em "mente" marcaram tanto a força deslocadora da experiência.

SEGUNDA PARTE

Outros movimentos simulados

> *Um dia Clarice Lispector*
> *intercambiava com amigos*
> *dez mil anedotas de morte,*
> *e do que tem de sério e circo.*
>
> *Nisso, chegam outros amigos,*
> *vindos do último futebol,*
> *comentando o jogo, recontando-o,*
> *refazendo-o, de gol a gol.*
>
> *Quando o futebol esmorece,*
> *abre a boca um silêncio enorme*
> *e ouve-se a voz de Clarice:*
> *Vamos voltar a falar na morte?*
>
> João Cabral de Melo Neto,
> "Contam de Clarice Lispector"

Clarice
veio de um mistério, partiu para outro.

Ficamos sem saber a essência do mistério.
Ou o mistério não era essencial,
era Clarice viajando nele.

Era Clarice bulindo no fundo mais fundo,
onde a palavra parece encontrar
sua razão de ser, e retratar o homem.

[...]

Carlos Drummond de Andrade,
"Visão de Clarice Lispector"

1. O Mal como metáfora*

*Toute l'eau de la mer ne suffirait pas
à laver une tache de sang intellectuelle.*
[Nem toda a água do mar bastaria para
lavar uma mancha de sangue intelectual.]
Lautréamont, *Poésies I*

*Il n'est pas
bon que tout le monde lise les pages qui vont
suivre; quelques-uns seuls savoureront ce fruit
amer sans danger.*
[Nem todo mundo deve ler as páginas
que se seguem; somente alguns poderão
saborear esse fruto amargo sem correr perigo.]
Lautréamont, *Les Chants de Maldoror – I*

A metáfora do Mal

Uma questão elementar seria como falar adequadamente do Mal sem ser por ele contaminado ou corrompido, mantendo a isenção necessária a toda interpretação objetiva de uma realidade que nos ultrapassa. Há já algum tempo, mas sobretudo durante a preparação do doutorado nos anos 1990, ocupei-me detidamente do Mal, em princípio grafado com maiúscula. Tratava-se de uma leitura desse esplêndido livro de Lúcio Cardoso, *Crônica da casa assassinada*, infelizmente hoje pouco comentado (Cardoso, 1996). O romance narra a múltiplas vozes a queda da Casa dos Menezes, uma tradicional família mi-

---

* Com algumas modificações, este ensaio foi originalmente uma palestra apresentada em mesa-redonda com Augusto Boal e Denise Portinari, em 12 de maio de 2006, no colóquio "O Mal em Questão", organizado pelo Espaço Brasileiro de Psicanálise (EBEP), no Rio de Janeiro.

neira. Interessava-me, naquele momento, justamente ver como o suposto assassinato ali praticado servia como metáfora para um Mal maior. A metáfora e o Mal, antes de tangenciar esse tópico sublinho que um dos aspectos fascinantes da obra de Lúcio é que a morte, ou o assassinato, é relativa a uma *coisa*, e não a uma pessoa. Mais exatamente uma casa, que no espaço daquela ficção é quase um ser vivo e, enquanto tal, portador de *um* mal (desta vez com minúscula), o qual, por assim dizer, a deteriora desde dentro, de modo irreversível. Não há tampouco, se bem lidas as entrelinhas da trama da *Crônica da casa*, propriamente *um* assassino: todas as personagens e todos os narradores (são vários, distribuídos entre cartas, diários e testemunhos) parecem ter algum tipo de culpa, estando direta ou indiretamente implicados no "homicídio" fundamental da narrativa. Como se ninguém ali, e mesmo na Humanidade como um todo, pudesse estar livre do Mal. Como se fizesse parte da própria definição do humano o Mal que o habita, em todos e em qualquer um. Desejaria sugerir, desde já, que talvez o Mal não seja algo extrínseco à história humana, como se fora um acidente de percurso que tantos malefícios provoca, mas que um dia poderia ser extirpado.

Não. O Mal (com minúscula ou maiúscula, a depender do enfoque, a partir de agora), essa é uma de minhas hipóteses, não é simplesmente externo nem estrangeiro ao que, dentro de nossa tradição ocidental, chamamos de "natureza humana". O Mal, que tanto tememos e que dos mais diversos modos tentamos *conjurar* (com toda a ambivalência dessa palavra em português: afastar mas também convocar, reunir), parece fundante do conceito mesmo de humanidade, de homem, de ser humano, e talvez até mesmo do *Dasein* (o ser-estar-aí) heideggeriano. Isso se levarmos em conta já a própria simbologia cristã da queda, que supõe uma inocência originária, desvirtuada pela tentação do fruto proibido e o consequente advento do pecado na humana espécie.

São os animais capazes do Mal? Em sã consciência diríamos que não, só o homem, portador do *lógos*, poderia estar apto a praticar o Mal. Os animais, por mais "cruéis" e ferozes que possam ser em algumas situações, não podem ser acusados de crimes, assassinatos, homicídios nem dolos. Embora a serpente seja sintomaticamente culpabilizada por insídia no caso notório de Adão e Eva, não se pode processar um animal, mas sim seu dono, pelos danos cometidos. Pode-se enjaular animais, nunca levá-los para a prisão, pois eles não seriam responsáveis pelas mortes que eventualmente provocam na comunidade dos vivos. (Sublinhe-se, todavia, a diabolização que fazemos de certos animais por sua suposta ferocidade, como os tigres, os tubarões, os ursos e as referidas cobras, entre muitos outros.) O animal é "pobre em mundo" (*weltarm*), diz Heidegger na tese medial do já referido *Os conceitos fundamentais da metafísica: mundo, finitude, solidão*: "A tese diretriz em relação ao animal é: *o animal é pobre de mundo*" (2003, p. 216).* Portanto, o animal não pode ser acusado de desumanidade, no máximo de selvageria, bestialidade, ferocidade etc., atributos que lhe são congeniais, fazendo parte da definição mesma da maioria das espécies, com exceção daquelas que ao longo da história foram domesticadas pelo homem, ao menos em parte.

---

* Retomo, com outros argumentos, questões levantadas em "Visões do esplendor" e "Pós-colonialismo, pós-história e depois?", da Primeira Parte.

Só o homem, que é formador, construtor ou configurador de mundo (*weltbildend*), pode ser responsável pelo mal que pratica. Sendo assim, parece fazer parte do conceito de *mundo*, tal como nós humanos o entendemos, o Mal. Se for válida essa hipótese, o Mal seria constitutivo e não fortuito em relação ao conceito estritamente humano de mundo. O mundo não é igual ao Mal; mas sugiro que é essencial à compreensão do mundo, por assim dizer, desde que o mundo é mundo, o Mal. Sem o Mal, nada de mundo humano, também a seu modo muitas vezes i-mundo. Nesse sentido, as pedras, diria Heidegger, por serem desprovidas de mundo (*weltlos*), são menos ainda responsáveis pelo mal que fazem ao outro ou à outra. Não se pode acusar as pedras de nada, nem tomá-las como testemunhas, corresponsáveis, implicadas etc. Nada — ainda quando apedrejam humanos, o fazem por conta alheia e não própria. Os animais podem também estar envolvidos nos malfeitos humanos; sabe-se quanto os cães, considerados os melhores amigos do homem, são utilizados para perseguir e estraçalhar corpos, com ou sem ordem direta de seus donos. Mesmo assim, prende-se o humano culpado pela perseguição e por estraçalhamento, podendo-se, a depender do caso, deixar os cães livres, ou sob a guarda de outros donos, para serem reeducados ou reconduzidos a práticas idênticas.

O antropocentrismo de Heidegger não o impede de reconhecer algum acesso ao conceito de *mundo* por parte do animal, ainda que um acesso pobre, para menos, se comparado ao do homem. Se isso é verdade, talvez o animal possa, sim, ser portador do Mal, todavia um mal menor, com minúscula provavelmente:

> Se aproximamos ainda mais de nós a diferença entre "pobre de mundo" — "formador de mundo" desta forma, então esta diferença se revela como uma diferença de grau dos níveis de plenitude na posse do ente respectivamente acessível. Também já podemos retirar daí o conceito de mundo: mundo significa inicialmente a soma do ente acessível, seja para o animal ou para o homem, variável segundo a abrangência e a profundidade da penetração. O "pobre de mundo" é ao mesmo tempo menos valoroso diante do "formador de mundo" como o mais valoroso. Um tal fato é tão inequívoco que não se precisa continuar falando sobre ele (2003, p. 224).

Assim, mundo (concebido principalmente como formação humana, *Bildung*, em duplo sentido: formada pelo homem e formadora do homem com maior acesso ao ente) e Mal parecem manter uma relação essencial. Eu não diria que o Mal seja a essência do mundo, mas essa hipótese não pode ser descartada, ao menos em relação a nosso mundo humano. Só que isso implicaria a crença de que o homem (que forma, formata, configura ou constrói mundos, *weltbildend*) é essencialmente *mau*. Nesse caso, o Mal seria amplamente relativizado, habitando cada um de nós de modo inapelável e impossibilitando qualquer definição ética de última instância. Um Mal espalhado igualmente entre os homens impediria a compreensão mesma da justiça, já que estaríamos presos a um falso e cruel silogismo: se o Mal é essencial à própria definição do humano, somos todos maus e nada resta a fazer senão aceitar isso de modo conservador, sem reação nem resposta. Diferentemente dessa hipótese absurda, quando digo que o Mal é essencial à constituição do mundo, quero apenas sugerir que deve existir um traço que identificamos como mau, perverso, ruim etc., o qual seria inadequado ao bem-estar do homem, traço este que, todavia, se infiltra nesse bem-estar e o desvirtua, talvez desde sempre. Deve existir uma semente do Mal nos jardins do Senhor, que de modo sorrateiro transforma, esporádica ou sistematicamente, a delícia em pesadelo. Daí o mal-estar constante, uma espécie de *desajuste* que muitas vezes nos deforma, de dentro e não externamente.

Maior ou menor, maiúsculo ou minúsculo, maximizado ou minimizado, o Mal é visto como ameaça, dolo, iminência de destruição — principalmente do humano. Apesar de habitar o mundo, como um fator intrínseco e inevitável, o Mal é sempre suspeito da derrocada do mesmo mundo que pacientemente tentamos formar, configurar ou construir, de acordo com a posição especial do *Dasein*, este ser-aí ou estar-aí humano no mundo, na concepção de Heidegger. Paradoxo absoluto que vale a pena pensar: se o mal é inalienável do mundo, se não se pode conceber mundo algum sem a possibilidade do mal, mesmo o menor deles, no entanto, uma vez pressentido, esse mal ameaça pôr abaixo a arquitetura do mundo que há milênios urdimos. Cito a fala de Fedro, no diálogo socrático *Eupalinos ou O arquiteto*, de Paul Valéry: "O destruir e o construir são iguais em importância; ambos exigem almas. Mas construir agrada mais ao meu espírito. Ó felicíssimo Eupalinos!" (1999, p. 31).

Embora não se possa identificar o Mal a uma única figura e muitas vezes nem se saiba com clareza qual a origem nem qual a identidade do Mal, não se pode conceber o mundo sem o Mal. Pelas razões a que aludi anteriormente, o Mal não pode ser tomado como essência do mundo, pois isso seria uma contradição inaceitável, a qual anularia a própria existência mundana. Um mundo essencialmente mau tenderia, mais cedo ou mais tarde, à própria destruição, e isso talvez seja o que acreditam os céticos, ressentidos e niilistas de vasta plumagem, contra os quais Nietzsche lutou toda a vida. Um tal mundo provavelmente nem chegaria a existir, autodestruindo-se no momento mesmo de sua gênese. Todavia, e por outro lado, um mundo sem o Mal, menor ou maior, é aquilo mesmo que não podemos imaginar. Não há, nunca houve, até esta "altura da evolução da humanidade", mundo sem mal, ou sem a manifestação insidiosa do Mal. Um Mal absoluto, ou absolutamente essencial, destrói a ideia mesma de mundo (se isso ocorresse, sublinho, não teríamos sequer chegado a este ponto, de tanto mal); em contrapartida, um mundo sem Mal não seria nem mesmo um mundo como até hoje conhecemos. Resumidamente: excesso de mal, nada de mundo; porém, sem mal nenhum tampouco há mundo.

Clarice e o Mal

Se o Mal não corresponde a nenhuma essência, descartando assim toda metafísica do Mal, há força ou forças que nos habitam desde dentro, mas que também se manifestam a partir do "fora", da exterioridade insubsumível ao mesmo, constituindo um fator inextricável da própria abertura do mundo. Sem nenhuma dúvida, foi Nietzsche quem mais radicalmente desconstruiu a "metafísica do Mal", tornando impossível absolutizá-lo (ver, especialmente, Nietzsche, 1996 e 1987). Sem essência em si próprio, mas essencial à concepção do mundo, mesmo ou sobretudo na fase de planetarização em que vivemos, é do Mal que precisamos *tratar* (em duplo sentido) para continuar a viver mais e melhor. Para que a sobrevida no planeta seja mais do que uma simples sobrevivência a tantas calamidades praticadas pelo homem ou às tidas como fatores naturais, externos.

Chegamos ao ponto de uma aporia que eu não quereria nem poderia resolver. Gostaria apenas que essas reflexões servissem como argumento para a leitura que farei do "Mal em Clarice Lispector", mais especificamente num de seus livros, *A maçã no escuro*. A leitura aqui proposta servirá como sinédoque intensiva para o restante da obra. Tal como na abordagem que referi de Lúcio Cardoso, um texto, agora bastante clássico, me inspirou e me inspira ainda para trilhar (sem propriamente seguir...) as sendas do Mal. Trata-se do livro *A literatura e o mal*, de Georges Bataille, volume por sua vez declaradamente inspirado nos *Cantos de Maldoror*, do conde de Lautréamont. No livro de Bataille, o Mal é sobretudo uma *metáfora* e não propriamente a manifestação de uma potência. Trata-se de um livro bastante cristão em seu anticristianismo (tanto quanto em certo sentido Nietzsche o foi, mas em Nietzsche, filho de pastor e ele mesmo filólogo helenista, as coisas nunca são simples), pois vincula o Mal ao sentimento de culpa e ao que chama de hipermoral:

> A literatura é *comunicação*. A comunicação impõe a lealdade: a moral rigorosa, neste aspecto, é dada a partir de cumplicidades no conhecimento do Mal, que estabelecem a comunicação intensa.
>
> A literatura não é inocente, e, culpada, ela enfim deveria se confessar como tal. Só a ação tem os direitos. A literatura, eu o quis lentamente demonstrar, é a infância enfim reencontrada. Mas a infância que dominaria teria

uma verdade? Diante da necessidade da *ação*, impõe-se a honestidade de Kafka, que não se concedia direito algum. Seja qual for o ensinamento que emane dos livros de Genet, a defesa de Sartre não é aceitável. Enfim, a literatura deveria se advogar culpada (Bataille, 1989, p. 10).

Esse tema da literatura como infância reencontrada e, ao mesmo tempo, como culpada importa particularmente na reflexão que proporei a partir de Clarice Lispector, daí os grifos. Porém, à diferença de Bataille, interessa-me certa inocência da literatura ou, antes, a *tentação da inocência*, sem culpas. Susan Sontag, por razões que não cabe aqui discutir, defendeu que não se deve fazer metáforas com as doenças (1984). Não concordo com essa tese, pois acho que não se pode isentar nenhum campo nocional, humano ou não, das metáforas. As doenças podem, sim, dar boas (ou más) metáforas, tudo depende da dose e da adequação do uso. Em suma, da posologia. Bem dosado, o Mal também pode e vem servindo como metáfora para compreender nossa relação com o mundo. Tenho mesmo a impressão de que o Mal, isso que se chama assim, é a metáfora para um conjunto de forças que assediam os humanos desde sempre, na fronteira entre o fora e o dentro. Se não há o Mal enquanto essência, como já descartei, que se oporia a outra essência absoluta, o Bem (como quer Santo Agostinho), o Mal talvez esteja ligado a um tipo especial de "pulsão", lida por Derrida a partir e mais além de Freud.*

Para Santo Agostinho, o Mal absoluto inexiste, pois tudo procede de Deus e a ele retorna, embora o proceder, o procedimento e o retornar sejam bastante com-

---
* Ver "A efêmera memória", da Primeira Parte.

plexos e, no fundo, aporéticos. Existe apenas o mau emprego daquilo que Deus nos lega: "A natureza má é, portanto, a que está corrompida, porque a que não está corrompida é boa. Porém, ainda quando corrompida, *a natureza, enquanto natureza, não deixa de ser boa*; quando corrompida, é má" (2005, p. 7, grifos meus). No entanto, a origem mesma da corrupção só será esclarecida através do princípio do *nada*. Ao distinguir entre *ex-ipso* (coisas criadas por Deus, a partir do nada) e *de-ipso* (coisas que vêm dele mesmo, de sua própria natureza), Santo Agostinho abre a possibilidade de que algo não proceda diretamente de Deus, de sua natureza incorruptível, mas de um *nada* que, no fundo, lhe é exterior e escapa a seu controle, embora as coisas que cria venham todas desse mesmo nada (2005, p. 14-15 e 37). O Mal originário, que engendrou todos os males do mundo, adveio da transgressão que consistiu em provar da árvore da ciência do bem e do mal, ou seja, como ato de desobediência civil à lei divina. Nesse sentido, o mal humano é o desobedecer em si e o fato de adquirir a ciência, ou a consciência, a partir desse ato (p. 47).

Todavia, o mais interessante, a meu ver, nesse tratado do Bem é o resgate que ele faz da *hýle*, essa substância informe que para os gregos era a própria madeira; e para Santo Agostinho é de onde procede tudo o que ganha forma. Ela mesma informe, a *hýle* dá forma a tudo o que existe (p. 23-25).

No livro de Clarice *A maçã no escuro* — já comentado com outros propósitos —, o Mal está metaforizado de dois modos totalmente convergentes: por meio do assassinato que estrutura seu entrecho e por meio da *maçã* que desponta de modo sorrateiro e insidioso já no título.

A história é de uma simplicidade atroz: dividida em três partes, "Como se faz um homem", "Nascimento do herói" e a própria "A maçã no escuro", narra a trajetória de um homem nomeado Martim, que atravessa uma espécie de deserto no coração do Brasil, fugindo da polícia, até chegar a uma fazenda decadente, onde habitam duas mulheres mais os empregados. A motivação de sua fuga é que inscreve o Mal no coração da narrativa: supostamente ele teria assassinado sua esposa e abandonado o lar, por isso a perseguição da polícia. Percebe-se de imediato a convergência de dois eixos do Mal, o enredo criminoso e o da maçã, pois na própria trama está inscrito o conflito sexual que remete ao mito do paraíso perdido e ao mito correlato do pecado original. Nessa história, tudo será uma questão de diferença sexual e de gênero literário, de um romance que nunca se conclui de todo. Um romance que não é propriamente um romance, reexperimentando-se como poesia e como pensamento, na obra em processo de C.L. Em processo: aquilo que nunca se completa de todo, por motivos de indeterminação dessublimadora.

Martim supostamente assassina sua esposa para escapar do mal de um casamento fracassado. Em vez da solução no conflito com a alteridade, tem-se o gesto de supressão pura e simples da outra, com a melhor das intenções. No entanto, em vez de cair num drama psicológico relativamente fácil de desenvolver, a narrativa elabora uma sofisticadíssima reflexão sobre e na linguagem. Como já assinalado por Benedito Nunes (1995), a verdadeira travessia de Martim até o encontro com Vitória e Ermelinda ocorre na linguagem, com sua corrosão até o mutismo, a fim de que outro modo de comunicação possa emergir. A linguagem é a maçã mesma a ser mordida, mas dessa vez sem culpa; Martim é até certo ponto (porém só até certo ponto, até o ponto da captura, quando deverá retornar às malhas da lei) um Adão feliz, sem queda, mas que paradoxalmente precisou destruir a outra para se livrar de toda culpa. Vê-se, no final, que o crime fora meramente encenado, o narrador ou a narradora de terceira pessoa sabia desde o início que se tratava de uma farsa. Não é que não tenha havido uma tentativa real e consciente por parte de Martim, mas ele será preso por um crime que não se concretizou, permanecendo literalmente como um "ato falho", um lapso que, de fato, não deu certo, ou que funcionou justo por sua ineficácia, pois de outro modo o protagonista seria, com efeito, culpado. Insisto nesse aspecto encenado porque nos ajuda a ver o que está em causa na narrativa clariciana: a ficcionalidade dos fatos. Para isso, é preciso lembrar o que se encontra na origem do próprio livro e que foi progressivamente apagado, por sugestão do escritor e amigo Fernando Sabino.

Os fatos que vou resumir se encontram relatados na correspondência entre os dois, as *Cartas perto do coração*, organizadas e publicadas em 2001 por Sabino.[*] No original, a presença da autora (sinalizando aquilo que Roland Barthes chamou de "autor de papel" — 1993) era muito marcada de ponta a ponta na narrativa, a qual dispunha mesmo de um prefácio. Fernando Sabino, após ter lido e feito uma série de sugestões e correções, propõe que Clarice suprima todas as marcas autorais, inclusive o prefácio, pois ele acha que, independentemente de qual-

---

[*] Ver o próximo ensaio, "O erro de literatura".

quer manifestação evidente, a história de Martim "é" Clarice Lispector em toda a sua extensão:

> Ora, seu livro, da primeira à última linha, não é outra coisa senão alguém escrevendo um livro — e isso devido à sua concepção peculiaríssima, à técnica que você adotou, etc. — nunca porque você o diga a toda hora. O importante não é dizer, é saber.
> [...] Era preciso então alguém, fora do livro, que está escrevendo sobre esse alguém que está escrevendo o livro... E assim você, para se colocar do lado de fora, fica sempre do lado de fora... e do lado de dentro. Não seria mais prático ficar apenas do lado de fora? (CPC, p. 142-143).

Seria possível desenvolver todo um estudo de poética da narrativa a partir desse jogo de decisão entre o que deve ficar dentro e o que deve ficar fora de um texto. Eis que o mal foi feito, e Clarice acolhe a grande maioria das sugestões do amigo, inclusive a do assassinato do autor, antecipando assim em uma década "A morte do autor", de Barthes, mas por bem outros motivos... Ora, o que fica evidenciado em toda essa cena que retorna por meio da correspondência é que a ficcionalidade em Clarice é, antes de tudo, uma questão autoral. O que se simula e dissimula é o lugar mesmo de enunciação do discurso. Ou seja, é a fala autoral feminina que dialoga intimamente com seu protagonista, pois *A maçã no escuro* é sobretudo a história de Martim, mais do que a de Vitória ou a de Ermelinda, que aí entram como vozes de contraponto. Tem-se então uma personagem masculina sob o ângulo de uma literatura feita por mulher. Todo o mal praticado por Martim saiu em última instância de uma cabeça de mulher. O interesse do que chamo de cena de enunciação (que é antes de tudo uma cena de escrita, Martim como duplo da narradora é um escritor fracassado*) implica a conjunção conflitual do masculino *e* do feminino. Essa é a origem do mal metaforizado pela escrita *assinada C.L.* A fratura e o consequente mal-estar na literatura de Clarice vêm menos do assassinato, que se revelará ao final uma farsa, do que da diferença sexual que engendra todo o conflito. O Mal reside na *maçã* e no modo como cada personagem vai tentar pegar e comê-la — se possível, sem que ela caia. Como não há mal em si, tudo depende do sentido (vetorial) e dos valores que se atribuem às situações vivenciadas e às tensões que lhes estão relacionadas.

A cena maligna

Para tocar, ainda que parcialmente, a realidade do mal, que aflige com suas discrepâncias e dubiedades — para isso, vou recortar uma cena de *A maçã no escuro*. Uma parte desse obscuro ou amargo fruto (para lembrar uma das epígrafes de Lautréamont, a dos *Cantos de Maldoror*) poderá talvez nos esclarecer a respeito também de uma parte do mal que desde sempre nos assedia. Todo dia, toda hora, momento e manhã, todo mundo todos os segundos do minuto, afinal, vive a eternidade da parte escura da maçã.

A cena se dá no momento em que, depois de longo labor (ou seja, o labor que sucede a queda, pois antes era o gozo ou o tédio infinito), Vitória, a proprietária da fazenda, vai à cidade vender o produto da colheita. Apesar

---
* Ver "A estética das sensitivas", da Primeira Parte.

do vazio deixado pela ausência do chefe, ou *da* chefe (substantivo comum de dois gêneros), Martim não se sente livre nem propriamente à vontade naquele território em que é estrangeiro. Ou, antes, sua liberdade não lhe traz o prazer imaginável nessas situações de distanciamento do tirano ou da tirana. Ermelinda, a agregada da fazenda que se tornara sua amante, não o ama mais. Ele tampouco demonstra qualquer interesse em continuar aquela relação que ela de algum modo forçara. Vê-se então abandonado, sem objeto de desejo e sem a força correlata para estancá-lo. Sua hora de partir soou, mas ele hesita porque não está certo de que Vitória encontrará o alemão que o persegue pelo crime supostamente cometido. A fazenda afinal, mesmo agora em que se tornou um deserto, em vez de pomar ou Éden, lhe oferece refúgio aparentemente seguro, apenas ameaçado pela figura do alemão, que poderá vir em seu encalço tão logo saiba de sua presença naquelas paragens. Eis um homem absolutamente perdido, sem objeto de desejo, sem recalque imediato, sem refúgio definitivo. *Sem*. Ele, que, logo no começo do livro, atravessara o deserto, onde perdera a linguagem, para se reinventar além do humano, agora se sente isolado numa desolação maior. Bicho solto naqueles confins.

Até que se depara com a "criança preta" (assim nomeada pela narrativa), filha da empregada igualmente "preta", que também fora sua amante. Martim se surpreende que a criança não tenha medo dele; parecia, enfim, ter encontrado um vivente com quem dialogar sem surpresas, embora sinalize que "uma menina escapa à minha força" (ME, p. 159). Após um diálogo confuso e relativamente "infantil", com essa maneira algo tatibitate que os adultos têm ao se dirigirem às crianças, a "menina preta" (que nunca terá um nome nessa história, configurando o anônimo ou a anônima segundo a ordem social e étnica em que se enquadra) volta-se para Martim e lhe faz um pedido:

> — Você não quer me dar uma coisa? me dá uma coisa, disse atenta, expectante, *e sua carinha era a de uma prostituta*.
> Então o homem não quis encarar a menina. Olhou duramente para uma árvore, estoico.
> — Me dá, hein? qualquer coisa serve! disse ela muito íntima.
> — Dou, disse ele rouco.
> De repente satisfeita, apaziguada, *seu rosto se tornou de novo infantil e extremamente polido* [...] (p. 159, grifos meus).

A cena é suficientemente clara, sobretudo pelo final, quando a carinha "de prostituta" que a criança assumira se torna de novo "infantil". Não é simplesmente um lampejo de maturidade que passa pelo rosto da infante, não é apenas uma dessas situações em que, a pedido dos pais ou de outro membro do clã, a criança imita o adulto, numa cena tipicamente familiar. É uma máscara prostituída que emerge no meio de um diálogo aparentemente inocente, mas cuja "marca da maldade" já estava sinalizada no ato mesmo de pedir e nos tons que o narrador ou a narradora imprime ao episódio. Porém, depois de um pequeno lapso, quando retorna a sua tenra infância, brincando de casinha diante daquele que permanece ali um estranho estrangeiro no coração do Brasil (todo um capítulo a reescrever de literatura e nacionalidade na obra de Clarice), "maternal", não satisfeita, a garotinha volta à carga:

[...] Mas uma inquietação leve passou-lhe pelo rosto — ela o ergueu com os olhos piscando *e de novo uma falsa bajulação apareceu nos seus traços que eram maduros, doces, corruptos*:
— Você me dá mesmo uma coisinha? me dá um presentinho? Não precisa ser hoje, concedeu-lhe ávida, mas amanhã? sim? amanhã?
— Amanhã? disse ele perdido, amanhã? disse com horror.
— *Amanhã, sim! repetiu autoritária, rindo. Amanhã, seu bobo, é o que vem quando se dorme!* (p. 205, grifos meus).

Observo que ela esclarece: não é um amanhã qualquer, indeterminado, perdido no futuro, mas amanhã mesmo, quer dizer, o dia imediatamente depois de "hoje", o "hoje" desse estranho diálogo. Ao que a narradora comenta: "O homem recuou horrorizado". E o final da cena é sublinhado por esse horror que o paralisa, "Mas quando conseguiu se despregar das cobiçosas garras da criança ele quase correu — e como olhasse para trás com incredulidade viu com mais horror que a menina ria, ria, ria. Como se estivesse horrorizado consigo mesmo, ele quase corria. *A água — a água estava infetada, a menina não lhe quisera dar o símbolo de criança*" (p. 159-160, grifos meus).

É essa cena de uma inocência duplamente perdida que lhe trará a *consciência do crime*. Inocência duplamente perdida porque, segundo as palavras da narrativa, naquele momento a criança nada tem de cândida, fugindo aos estereótipos da visão sobre a infância. Principalmente o estereótipo derrubado por Freud: as crianças até a era vitoriana não tinham desejo, eram desprovidas de sexualidade, a qual brotava como que do nada na idade adulta. Ocorreu uma inocência perdida, sobretudo para Martim, que se vê diante do pior, a "tentação da inocência" (para lembrar um título de Pascal Bruckner — 1995. Mas o proveito é somente do título, pois a visão do autor é bastante conservadora no que diz respeito a interpretar questões da contemporaneidade). Ele buscara repouso no diálogo pretensamente infantil com a "menina preta" e se deparara com o pior: o mal do mal, o horror, o horror metaforizado pela "água infetada". Em vez da transparente inocência, horror, escuridão, voragem, perdição, despertados por aquela sobre quem pesa a interdição maior, a infante. Pois o *pior*, esse é o ponto a que quero chegar, é o mal levado a um grau incomensurável. O pior é mais mal do que o mal, o pior é o mal desembestado, sem controle, como o diabo, em toda parte, mesmo no rosto de uma criança. Recordo o início dos *Cantos de Maldoror*:

> Praza aos céus que o leitor, tão intrépido e momentaneamente feroz quanto o que lê, encontre, sem se extraviar, um caminho abrupto e selvagem através dos pântanos destas páginas sombrias e cheias de veneno; porque, a menos que ele traga na leitura uma lógica rigorosa e uma tensão de espírito no mínimo igual ao desafio, as emanações mortais deste livro impregnarão sua alma como a água no açúcar (Lautréamont, 1970).

Se a inocência está perdida desde tempos imemoriais, se nascemos com um nefando mal, se o desejo é o que nos constitui desde sempre como viventes e futuramente como falantes potenciais (não mais *in-fantes*), então não há mais fronteira entre o mal e o bem, ou, antes, entre o mal (o do adulto) e o mal do mal (o da criança). O pior é o que nos habita, se tomamos a simbologia judaico-cristã do pecado como paradigma; o pior é quando não sabemos o que fazer com o desejo que desde sempre nos rói por dentro, como um verme devorando a maçã ainda no pé, ou com a árvore ainda de pé... Não estou aqui pregando a suspensão de todo o interdito (o que seria historicamente inviável e mesmo indesejável), nem o contrário disso, mas procuro refletir sobre esse mal (ou esse bem, a depender do caso) que consiste em simplesmente pedir, em solicitar ao outro ou à outra uma coisa, apenas "uma coisinha", sem nunca saber se esse pedido poderá ser atendido. Provavelmente, se soubéssemos por antecipação, não haveria mais graça alguma, pois o outro/a outra estaria reduzido/a simplesmente a "minha" vontade, sob a forma acabada da tirania e do absolutismo.

Se Nietzsche nos ensinou que não há mal em si (mas de um modo completamente distinto de Santo Agostinho, ou seja, por meio da morte de Deus e não pela afirmação de sua soberania, como o Soberano Bem — Ideia agostiniana de um Bem incomparável que começou pelo menos com Platão, sobretudo em *A República*, e se espalhou por toda a filosofia ocidental, além de comparecer no cristianismo como valor supremo ligado ao Deus único. Ver, igualmente, Derrida, 2004), isso não aboliu nem de longe a questão do mal, daí o Mal em questão. Tampouco se aboliu o seu correlato absoluto: o mal do mal, se quiserem, o já referido "pior", como tratou com outros argumentos o filósofo suíço Serge Margel (2000). Sim, porque o mal existe, a destruição possível da alteridade está sempre no horizonte de meu desejo: não necessariamente apenas a destruição física, como também os diversos tipos de destruição psíquica, as torturas intermináveis a que podemos submeter outrem e a que podemos ser submetidos.

Até então sabemos que Martim cometera um crime, e por isso estava foragido. Andara nômade depois da fuga inicial do hotel abandonado. Porém, até esse ponto o suposto assassinato da esposa não fora por ele mesmo visto como um crime, ou, em lugar disso, era um crime destituído do selo do "mal". Algo assim como um "mal necessário", quase incontornável, que anula automaticamente sua maldade. Afinal, sugere empaticamente a narrativa, matar uma esposa tirana, aborrecida, torturante, corresponde a um alívio que desagrava no mesmo gesto o valor do mal. Como se o dragão da maldade se deixasse domar pelo santo guerreiro que redime a humanidade de mais um criminoso, não Martim, mas a própria esposa-torturadora, a mulher cruel e fatal. (Deixo ao julgamento do leitor avaliar se Martim e a narradora-autora têm ou não razão, nesse traço sutil de misoginia do texto.) Sob o olhar conivente da narrativa, Martim se despersonaliza no deserto, perde sua antiga humanidade, comete outro assassinato, dessa vez involuntário, o de um pássaro, desfaz-se de sua linguagem original, e renasce como homem e "herói" (termo textual). Só que, paradoxalmente, toda a terceira e última parte desse quase romance é um retorno à linguagem dos homens, uma perda da inocência, a consciência do mal como consciência do crime praticado — ou o retorno da *consciência* simplesmente, já que num certo nível de interpretação pode-se levantar a hipótese de que toda consciência é culpada, e esse nível é justamente o da cultura cristã, a do pecado original e do ressentimento, como enfatizado por Nietzsche em *Genealogia da moral*. Todavia, Nietzsche diz que a separação do homem em relação a sua animalidade mesma é que fez aflorar a "consciência", e não a racionalidade ou qualquer outro fator derivado da ideologia do progresso. Nesse sentido, mas visando a uma outra ordem de valores, para Nietzsche toda consciência é "má consciência" (ver 1987, p. 89-91). Tal como no mito edênico, após atingir o paraíso como estágio de ausência da culpa, do pecado, e da consciência como consciência do mal, Martim se vê, justamente em razão do pedido obscuro de uma "menina preta", jogado novamente nas paragens do mal, da criminalidade, do pecado, do dolo e da dor que lhe é correlata. (Levanto aqui a suspeita de que todo assassino tem em permanência a inscrição da dor, que advém da destruição do outro, destruição esta que ele porta em si mesmo; mas ele transforma essa dor e essa perda muitas vezes em necessidade de mais destruição, ainda mais, como gozo, em vez do apaziguamento que traria uma possível punição. Como se a insatisfação do dolo gerasse mais necessidade de dolo e sofrimento num círculo de horrores sem fim.)

Mas não vamos reduzir, evidentemente, *A maçã no escuro* a uma fábula moralista de teor cristão. A travessia de Martim e a perda da linguagem como corrosão da identidade são ganhos fundamentais para nossa literatura e para nossa cultura. As malhas da lei jamais conseguirão recuperar essa devastação da linguagem e seus clichês (da *doxa*, como diria Barthes, 1995), pois os atos de Martim se inscrevem por meio da força de um pensamento singular. Isso é da ordem do indelével, como se diz de certos crimes. O assassinato da linguagem consensual para obrigar a repensar as relações entre inocência, infância, pecado, mal, maldade, mal do mal, pior, e o que daí decorre — tudo isso é irrevogável, tem força de lei, de outra lei, como lei da alteridade que está na base de todo pensamento intensivo. "Escrevo portanto não por causa da nordestina mas por motivo grave de 'força maior', como se diz nos requerimentos oficiais, por 'força de lei'" (HE, p. 23). Sem essa abertura para a alteridade, ou melhor, sem essa abertura provocada pelo acontecimento que é a vinda do outro ou da outra (por exemplo, o rosto prostituído de uma criança), nada de verdadeiro pensamento, nada de reflexão radical sobre o mal, não mais como mal em si, essencial, mas o mal do mal que nos habita, o pior de nós mesmos como a tentação da inocência, a tentação de nossa própria inocência como possibilidade de amor ou destruição do outro/da outra, como iminência desse amor que muitas vezes se transforma em destruição. A metáfora do mal, ou o mal como metáfora, converte-se na escrita clariciana numa conceituação inusitada do próprio amor, como aquilo sobre o qual jamais teremos domínio absoluto, pois se faz no jogo entre afeto e desafeto.

"Pela primeira vez então ele pensou que era um criminoso, e confundiu-se todo porque, sendo um criminoso, tivera no entanto horror da impureza" (ME, p. 159). A impureza, já sabemos, é a da água infetada, do rosto prostituído da criança, desse corpo que tanto deseja e que tanto lembra "A menor mulher do mundo". Há também em Clarice uma "lei do desejo", mas com modulação diferente da de Almodóvar. E a narradora enfatiza: "E o que o confundia ainda mais é que aquela criança também era pura, com seus agudos dentinhos que mordem e seus olhos amarelados, expectantes e imundos e cheios de esperança, *olhos perdoados e delicados como os de um bicho* — ele quase corria" (ME, p. 159-160, grifos meus). É essa tentação da inocência que é perturbadora, pois é a inocência que muitas vezes tenta, a nossa inocência e a inocência do outro/da outra, num mundo em que não há mais espaço para inocência alguma. Esse assunto foi tematizado pelo filme *Mistérios da carne* (*Mysterious Skin*), de Gregg Araki (2004). Como diz Riobaldo, a atormentada personagem que narra *Grande sertão: veredas*: "Neste mundo tem maus e bons — todo grau de pessoa. Mas, então, todos são maus. Mas, mais então, todos não serão bons?" (Rosa, 1978, p. 237). Porém, o que não arremata nunca nossos males é que esse mundo é muito misturado, como conclui Riobaldo: "fui ponteando opostos. Que isso foi o que sempre me invocou, o senhor sabe: eu careço de que o bom seja bom e o rúim ruím, que dum lado esteja o preto e do outro o branco, que o feio fique bem apartado do bonito e a alegria longe da tristeza! Quero os todos pastos demarcados... Como é que posso com este mundo? A vida é ingrata no macio de si; mas transtraz a esperança mesmo do meio do fel do desespero. Ao que, este mundo é muito misturado..." (p. 169). Final de citação com muitas reticências, do narrador e minhas. Desnecessário lembrar que um dos maiores "males" de *Grande sertão* é Riobaldo desejar intensamente outro jagunço, Reinaldo ou Diadorim, que se revelará no fim uma mulher, Teodorina...

Martim, personagem "contemporânea" de Riobaldo, hamletianamente se autoindaga: "'nós somos ruins?', perguntou-se perplexo como se nunca tivesse vivido. Que coisa escura é essa de que precisamos, que coisa ávida é esse existir que faz com que a mão arranhe como garra? e no entanto esse ávido querer é a nossa força, e nossas crianças astutas e desamparadas nascem de nossa escuridão e herdam-na, e a beleza está nesse sujo querer,

querer, querer — oh corpo e alma, como julgar-vos se nós vos amamos? 'Nós somos ruins?' — nunca isso lhe ocorrera senão como uma abstração" (ME, p. 160). E repete pela terceira vez: "Nós somos ruins? perguntou-se, ele que não cometera um crime por maldade. Nem seu próprio crime lhe dera jamais a ideia de podridão e de ânsia e de perdão e de irreparável — como a inocência da menina preta" (p. 160). A inocência impossível e tentadora, quase diabólica, da infante lhe dera a medida exata da consciência de *seu* mal.

Ainda o pior

O amor da humanidade mais além do Homem, será isso um dia possível? Como amar o homem-mulher que ainda não somos? Ou, ainda, como amar a mulher-homem que sempre fomos? Indesejável, mas não impossível, amar a mulher que trucida, o homem que trai, o irmão que vinga, o pai que guerreia, a filha que envenena? Amar para, por nossa hora e vez, não trucidarmos também. Não porque sejamos um fragmento de *humanitas*, como queria Heidegger ou como ironiza Machado, e tudo se justifique num conjunto de ações e reações programadas, mas porque ninguém até hoje soube, pelo bem, pelo mal, quais são os limites últimos do animal humano, ou mesmo os limites do homem, do animal e da vida simplesmente.

No prefácio de *L'Inhumain*, Jean-François Lyotard fala de dois "inumanos". Um seria ligado às forças destrutivas que conduziram a humanidade até aqui, passando pelos diversos genocídios, pelo nazifascismo, e chegando ao advento da civilização cibernética e das novas tecnologias, muitas vezes como aliadas do pior. O outro inumano seria imprevisível, em aberto, ainda por vir, vindouro, dependendo do que possamos fazer da "infância da humanidade", que acompanha o desenvolvimento mesmo desta. "O que chamaremos de humano no homem, a miséria de sua infância ou sua capacidade de adquirir uma 'segunda' natureza que, graças à linguagem, o torna apto a compartilhar a vida em comum, à consciência e à razão adultas?" (1988, p. 11). O problema é que essas duas naturezas não se separam de todo, a inocência e a vida adulta, a candidez e a tentação. Daí a complexidade do amor da humanidade como amor do outro/da outra que somos a cada instante e que também não somos ou supomos não ser: os animais, as plantas, as pedras, o vivo e o não vivo.

Indagava no início se os animais são capazes do mal, já que, segundo Heidegger, eles são "pobres de mundo", mas não desprovidos totalmente de mundo. Pobreza, nesse contexto, não quer dizer carência total. Entretanto, Heidegger jamais resolverá inteiramente a aporia de saber se ser pobre de mundo significa mesmo ter ou não ter um mundo e, portanto, dentro de nossa argumentação, ter minimamente a consciência do mal. Abracemos agora a hipótese de que a pobreza de mundo pende para o lado da ausência de mundo e, portanto, da ausência de toda e qualquer consciência do mal. Se for assim, talvez o homem seja o único animal capaz de maldade, já que para ser mau é preciso a consciência do mal. Então a possibilidade e a consciência do mal nos definiriam como espécie. Eis, enfim, por vias muito tortas, definido "o próprio do homem". O homem, por definição, seria o único animal capaz de fazer sofrer por prazer. Se for assim, igualmente, ele não é um animal como qualquer outro. Ou melhor, ele não é nem mesmo um animal, pois a máquina corpórea é insuficiente para definir a humanidade do homem, tal também defendia Heidegger. Para ser homem é preciso a consciência, e esta advém como consciência do mal, mais além da corporalidade. Logo, a essência do homem como consciência, único traço irredutível à animalidade, seria "maligna". Vemos aonde nos levaria esse tipo de raciocínio antropocêntrico: ao avesso mesmo do que desejaria a tradição humanista.

No fundo, estaríamos creditando toda a força do humano à consciência, obliterando todo esse outro *undiscovered country* (Hamlet) que um dia Freud nomeou como inconsciente — termo ainda preso a um binarismo conceitual, a despeito de todo o redimensionamento freudiano. É nesse sentido, seguindo os passos de Freud, mas também desviando-se deles ou, antes, levando-os mais além do para além do princípio de prazer, que Derrida propõe uma redefinição da crueldade que nos deixa nas paragens do indecidível. Ali onde nem o homem nem o animal (ou os animais) são dotados de uma consciência absoluta, seja ela advinda de um mal absoluto (o Mal), seja de um soberano Bem. Nada menos óbvio do que o conceito de Mal, o qual se confunde com a própria história da cultura ocidental, mas também planetária. Cito apenas um trecho da conferência pronunciada nos Estados Gerais da Psicanálise, no ponto em que Derrida acabou de citar Freud em seu diálogo com Einstein sobre a guerra:

> Indireção, artimanha do desvio (*Umweg*), isso consiste, para dizer sucintamente, mas não é o essencial do que me importa aqui, em fazer atuar a força antagonista de

Eros, o amor e o amor da vida, contra a pulsão de morte. Existe, pois, um contrário da pulsão de crueldade, embora esta não tenha fim. Existe um termo oponível, embora não haja termo que ponha fim à oposição (2000, p. 74).

Tal termo sem termo seria a indireção do amor... Chega-se, portanto, ao fim sem que o mal-estar na civilização brasileira, ocidental ou universal se resolva. Martim é fisgado pelas malhas da lei, e uma carga pesada deverá ser jogada ao mar. No entanto, algo não se perde. Tateando, apalpando e mordendo o fruto proibido, a transgressão mais uma vez se daria. Mais uma vez, porém desta vez sem confirmar simplesmente o interdito, como quer Bataille (1957). Não há mais apenas inocência nem culpa diante da lei. O mal está feito e é irrecorrível, necessário para questionar a imanência tradicional do mundo. Mesmo sem ter de fato atingido seu intento de matar a esposa, Martim atentou contra a existência da linguagem, atingindo o ponto do silêncio onde o desejo se afirma e libera, porém sem redimir, apesar de toda aparência. Mais livre quando pego como criminoso, mais afirmador, nietzschianamente dizendo *sim* à vida para confirmar o desejo e sua lei. Deixo, para concluir, a frase que, desse modo muito obscuro e muito claro, o qual é todo o segredo da escrita clariciana, o livro termina, encerrando-nos em sua trama desejante, quase arfante, através das mãos de uma tentadora inocência, a de Martim:

> Porque eu, meu filho, eu só tenho fome. E esse modo instável de pegar no escuro uma maçã — sem que ela caia (ME, p. 334).

2. O erro de literatura

O verdadeiro pensamento parece sem autor.
[...] A verdadeira incomensurabilidade é o nada, que não tem
barreiras e é onde uma pessoa pode espraiar seu pensar-sentir.
Clarice Lispector, *Água viva*

A publicação das *Cartas perto do coração*, de Fernando Sabino e Clarice Lispector, é um dos maiores acontecimentos literários do ano de 2001. Destaque-se um dos fragmentos de ficção contidos no livro: "*Ainda hoje de manhã, diz Clarice, sentindo o cheiro da manhã gelada, pensei que cada um de nós oferece sua vida a uma impossibilidade*" (CPC, p. 151), e é muito dessa impossibilidade que falam as cartas trocadas.

Mantida, com interrupções, de 1946 a 1969, a correspondência começa com Clarice em Berna, dirigindo-se ao jovem escritor mineiro no Rio (junto a outros amigos), mas que ainda em 1946 se mudará para Nova York. Em 1952, será a vez de Clarice fixar residência em Washington, enquanto Fernando estará no Rio, passando o correio a circular entre as duas capitais. Trata-se praticamente de um *romance epistolar* — dando-se à expressão toda sua ambivalência —, que tem um clímax com a preparação de *A maçã no escuro* e a publicação de *O encontro marcado*.

Fernando e Clarice são no jogo das cartas dois parceiros formidáveis, apesar da assimetria inevitável. Nos envios iniciais, ele conseguia dar muitas notícias, enquanto ela se reduz ao mínimo. Clarice chega a declarar que quando for capaz de escrever uma carta de notícias poderá igualmente escrever uma história com enredo. Os lances entre os correspondentes fornecem uma preciosa oportunidade para entender as dificuldades de publicação e o modo como funciona a instituição chamada literatura, em seu sentido mais tradicional. Isso se torna tanto mais doloroso porque, desde seu primeiro livro, Clarice era uma escritora reconhecida. A despeito da miopia (relativa, como se verá) do crítico Álvaro Lins, declarando que ela estaria entre os chamados mas não entre os escolhidos no panteão das Letras, sua reputação só faria crescer nos anos 1950 e se consolidaria a partir dos anos 1960, depois de A maçã no escuro, A paixão segundo G.H. e outros textos decisivos de nossa cultura.

A trama é idêntica à de hoje: a divisão de campo entre os escritores feitos para vender e aqueles que, por mais prestígio tenham, vendem relativamente pouco e sustentam bem menos o mercado editorial. O temor da recusa, a ansiedade com o atraso da publicação exatamente para não mais precisar ficar preso à obra, a dificuldade de viver do que se escreve, tudo isso faz parte do drama existencial e literário de Sabino e Lispector. Ele vai se decidir pela via da crônica, passando mais de uma década sem publicar nada que considere tão relevante quanto O encontro marcado. Ela vai enfrentar problemas de sobrevivência depois de desfeito o casamento e de retornar ao Brasil, uma mulher sem profissão, a não ser a de escritora.

Este é o ponto: como se pode ainda hoje imaginar que alguém com a inteligência e o talento de Clarice tenha que depender de um meio editorial pouco afeito à audácia e ao pensamento deslocador? Essas questões não são externas à literatura, elas estruturam o discurso literário desde seu interior, e põem em questão o estatuto mesmo do que no Ocidente se chama, desde fins do século XVIII, de literatura. Mais além de qualquer concepção transcendental, como se pode garantir, hoje, o espaço de reflexão e crítica de textos como os referidos anteriormente, sem que seja preciso fazer concessões comerciais? Se a literatura pode ainda ter algum valor, não é nem exatamente por ser um produto vendável, nem por estar ligada ao mundo das essências. Nem mercadoria apenas, nem objeto de culto, alguns textos tornam possível uma reflexão radical e por definição ilimitada sobre o devir mesmo da cultura e da forma-Homem.

Nesse contexto, é o drama da linguagem (como assinalou Benedito Nunes), as questões de gênero e sexualidade, a própria inventividade ficcional, as *políticas da interpretação* que se põem em cena. A questão permanece a mesma: afinal, como escrever e publicar um livro questionador das convenções literárias como *A maçã no escuro*? A quem se destina? Entregue ao editor Enio Silveira, da então poderosa Civilização Brasileira, o texto escrito em 1956 sairá, após muitos adiamentos, somente em 1961 e pela Francisco Alves... Cito a carta de Fernando Sabino de 16 de fevereiro de 1959: "O romance com o Enio, você soube a onda que criou a ameaça de devolução: foi uma gota d'água que fez transbordar o ressentimento dos escritores de modo geral contra o tratamento dispensado pelos editores. Estão em crise e a coisa foi para os jornais, movimentos de parte a parte em defesa dos dois grupos — acabaram, como sempre, metendo o governo no meio só para atrapalhar" (p. 198-199).

Numa outra perspectiva, a correspondência é também a prova de que as instituições se movimentam pelas ligações de afeto. É através de seus escritos — cartas, crônicas, contos, romances — que os sujeitos vão se constituindo uns em face dos outros. E no lance dos impulsos afetivos eles se formam enquanto homem e mulher, afirmando seus nomes próprios, índices de assinatura: Clarice, Fernando // Lispector, Sabino. Desse modo, o fino tecido da relação se compõe — ao lado das alegrias e satisfações — de atrasos de recebimento, demora em responder, extravios, reiteração de assuntos, lacunas, dúvidas, indagações. Nada disso é simples falha, possível de evitar com facilidade. Esses *erros*, na vida e na literatura, são quase tudo e, como vêm movidos por paixões, afirmam-se mais ainda no espaço aberto da afeição. "*Estou sempre errando*", registra pontualmente Clarice logo numa das primeiras cartas (p. 55), dando vez ao entrecho decisivo de seu *romance* com Sabino. Os dois vão aprender a *errar* juntos, na dificuldade de escrever as cartas e de sustentar o frágil enredo que os une, o de uma apaixonada amizade literária, expressa das mais diversas maneiras.

O objeto-carta não é o lugar neutro de um uso. Mais do que um veículo comunicativo, torna-se fonte primacial de subjetivação e, como tudo se faz por meio de "movimentos simulados" (lindíssima expressão de Sabino, recorrente nas cartas), desfazem-se os limites entre ficção e realidade. Disso emerge a importante questão do caráter. Em franca autoironia Sabino se qualifica, com algum fingimento, de "sem-caráter" e fala de seu livro como talvez engendrado pelo "cinismo" (janeiro de 1957). Clarice responde, em 24 do mesmo mês e do mesmo ano, discordando totalmente. É nessa zona vital de desacordo e afeto, de eletivas afinidades, que brotam as frustrações (explícitas ou caladas), os entraves, os projetos fracassados, os temores, os desgastes financeiros, as separações amorosas. O resultado é o texto, tramado pela amizade limítrofe do amor, por assim dizer, dis-si-mulado, num movimento todo interior e precariamente exteriorizado. As cartas formam o lance mais forte de uma *heterobiografia* — um escreve *para* o outro/a outra, um assina *com* o outro/a outra, tornando-se coautores de uma mesma e íntima história. Afirmam, desse modo, uma literatura pensante: aquela que interpreta a sua maneira o erro do humano. O homem é uma "errata pensante" (diz Machado-Brás Cubas, corrigindo Pascal, que nos havia definido como "caniço pensante"), um esboço, um rascunho de se tornar. Sabe-se que as erratas costumam conter novos erros. "Como se faz um homem", frase que intitula a primeira parte de *A maçã no escuro*, ou "De que é feita uma mulher", poderia fornecer o título geral dessa correspondência.

A maior expressão de carinho virá justamente com o caso de *A maçã no escuro* e o de *O encontro marcado*, em 1956, mesmo ano de *Grande sertão: veredas* (Guimarães Rosa), livro que os deixa maravilhados. Aí é quando a noção de *erro* se complica ao extremo. Solicitando-lhe correções de escritor, além da referida intermediação junto a Enio Silveira, Clarice envia a Fernando os originais de *A maçã*. Ele responde com diversas observações, que posteriormente considerará "atos de violência". A violência inerente ao amor, o que não exclui a mais refinada delicadeza, muito ao contrário, esta predomina largamente. Clarice incorpora a maior parte das "correções", as quais totalizam cerca de oitenta páginas refeitas num volume com algo em torno de quatrocentas. Não sem hesitar, ela acata sugestões que já correspondiam em grande parte a suas dúvidas e aporias inventivas. As anotações do amigo ajudaram, pois, a resolver um embate interior, os dilaceramentos da escrita. Há, no entanto, um *erro* sobre o qual gostaria de me deter. Esse diz respeito ao prefácio e à presença do eu-narrador-autor ao longo da narrativa, ambos suprimidos na versão final. Ocorreu, como desenlace da história, o sequestro do autor ou da autora. Tal é o nó problemático da colaboração.

A maçã no escuro é, em minha opinião, de que podem discordar outros leitores claricianos, junto com *Água viva* e *A descoberta do mundo*, talvez o livro mais intenso de Clarice. Não que seja necessariamente o melhor, este é o ponto, se se levar em conta somente a qualidade da realização literária. Interessa-me a força de pensamento que articula o texto e se afirma através do *errar*. Embora considere extraordinário o livro tal como chegou até nós, acho uma grande perda a retirada do prefácio, assim como de todas as marcas de presença da autora, que dizia "eu" em diversos outros lugares (disso permaneceram alguns vestígios na fala da narradora). Seria, contudo, da maior importância que o livro tivesse um construtor ou uma construtora *explícitos*. Dois construtores, na verdade: Martim (o protagonista) e Clarice, um homem duplo de uma mulher, e vice-versa, sem que ninguém tenha primazia na história em curso.

Na França, o livro ganhou o título expressivo de *Le Bâtisseur de ruines* (editado pela Gallimard): *O construtor de ruínas* é genial, embora prefira a natureza-morta de *A maçã no escuro*. (Aliás, o título é um dos lances mais dramáticos na preparação do livro, e compõe por si só um "romance ocluso no romance".) Não que acredite em absoluto na metafísica de um autor-construtor-deus. Como o prefácio citado no início deste ensaio dizia, tudo é uma questão de *impossibilidade*. Fascina-me um construtor que pode muito pouco diante da precariedade de sua construção — e *A maçã* é um dos livros mais precários que conheço. Tão precário quanto o modo como o narrador Rodrigo S.M. concebe a personagem Macabéa e, indiretamente, a si mesmo, pretenso autor de *A hora da estrela*. Daí o construtor ser também um desconstrutor, um demiurgo decaído, finito e ciente de que o destino de seus personagens, e da casa como um todo, é a morte, a destruição, a ruína. Tal como acontece com *A crônica da casa assassinada*, de Lúcio Cardoso, outro amado amigo de C.L. Resumindo, seria muito bom se o atual editor de Lispector assumisse reintroduzir o prefácio e todas as marcas explicitamente autorais da obra — as implícitas são todo o livro, segundo comenta o autor de *O encontro marcado*, em 26 de setembro de 1956: "Ora, seu livro, da primeira à última linha, não é outra coisa senão alguém escrevendo um livro — e isso devido à sua concepção peculiaríssima, à técnica que você adotou etc. — nunca porque você o diga a toda hora" (p. 142).

Apesar de ter finalmente aceitado esta recomendação, a própria Clarice justificara antes (em carta de 21 de setembro de 1956) sua presença no livro como forma de se separar claramente dos demais personagens, arrematando com a seguinte questão: "*'Todo mundo sabe que 'alguém' está escrevendo um livro, por que então não admiti-lo?'*" (p. 139); em seguida, sublinhava ainda mais suas motivações pela "*necessidade de enfim não ter medo de, afirmando, errar. [...] cortar a primeira pessoa não exigiria uma profunda alteração do livro?*" (p. 139-140). Sim.

Confirmando essa hipótese, Clarice, ao comentar *O encontro marcado*, enuncia, já em 1957, os valores que para ela importam e por isso se chocam contra o mercado das apostas literárias. É o abalo da própria instituição literária tradicional que ela arrisca: "*O livro* [...] *dá às vezes a impressão desconcertante de falta absoluta de 'literatura' — e então se sente que este é o modo até sofisticado (sofisticado como contrário de 'naïve' [sic]) de literatura*" (p. 188). Essa frase performática se alinha com uma série de outras que propiciam uma rasura e um deslocamento da literatura como tradição beletrista: a incansável busca da "antiliteratura da coisa". Com efeito, o crítico Álvaro Lins tinha acertado em seu julgamento: Clarice Lispector nunca seria literata o suficiente para fazer parte da Academia.

Ao contrário do que se imagina, o comparecimento da autora ao longo da narrativa somente faria embaralhar os papéis, dando relevo ao ator ou à atriz principal: a escrita fulgurante em torno dos personagens e do mundo. Nisso consistia o *erro essencial* que reforçaria a radicalidade da obra, construída não sobre os andaimes sem viço de uma instituição arcaica, mas como ato desconstrutor, performático, de uma autora que nasce e morre dessublimada junto com seu texto, o *Objecto gritante*. Seria um gesto audacioso trazer os "eus" de C.L. de volta, *ipsis litteris* — mais uma vez, e no sentido inverso, com a colaboração do escritor Fernando Sabino. Isso tornaria a obra menos perfeita, porém mais errática, mais inteiramente aberta ao lapso, à alteridade e à diferença. Ao leitor e à leitora. Entenda-se: a correção gramatical se faz até certo ponto indispensável, e, em todo caso, a maior parte das contribuições de Sabino foi preciosa.

Porém, o *erro* da ficção clariciana é fundamental para liberar com mais intensidade a força do texto, e deveria, portanto, ser imitado ou, com a palavra de Fernando, simulado, no limite da agramaticalidade.

É nesse sentido que o então editor Fernando Sabino, em 1969 — dez anos após a última carta de Clarice Lispector —, ao receber os originais de *Uma aprendizagem ou O livro dos prazeres*, recusa-se dessa vez a fazer qualquer correção. Seja, como reconhece, por não jogar mais a mesma partida de Clarice, seja por perceber que não há, nunca houve, nada a corrigir nessa tortuosa escrita — ele declina a solicitação da amiga. "De qualquer maneira, espero poder — e certamente vou — relê-lo, como aos outros, uma, muitas vezes, até que ele também acabe fazendo parte de mim" (p. 205). De tal modo se encerra essa difícil e quase insustentável correspondência. Foram movimentos simulados que se realizaram de fato como ficção. A ficção de um impossível amor.

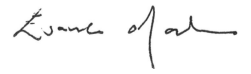

P. S.: A publicação deste artigo no *Jornal do Brasil*, em 20 de outubro de 2001, me rendeu um delicado telegrama de Fernando Sabino, agradecendo "perto do coração". Nunca o encontrei pessoalmente, mas a partir de então me enviava, por meio da editora, os livros que publicou ou relançou até o final da vida, a maior parte de cartas, sempre com calorosa dedicatória. Só não recebi o último, certamente porque mudei de endereço sem lembrar de lhe fornecer as novas coordenadas.

Referências

De Clarice Lispector

LISPECTOR, Clarice. *Água viva.* 10. ed. Rio de Janeiro: Nova Fronteira, 1988 [1973].

———. *Uma aprendizagem ou O livro dos prazeres.* 7. ed. Rio de Janeiro: Nova Fronteira, 1980 [1969].

———. *A bela e a fera.* Organização Paulo Gurgel Valente. Rio de Janeiro: Rocco, 1999 [1979].

———; SABINO, Fernando. *Cartas perto do coração.* Organização Fernando Sabino. Rio de Janeiro: Record, 2001.

———. *A cidade sitiada.* 5. ed. Rio de Janeiro: Nova Fronteira, 1982 [1948].

———. *Clarice Lispector: encontros.* Organização Evelyn Rocha; prefácio Benjamin Moser. Rio de Janeiro: Azougue, 2011.

———. *Como nasceram as estrelas.* Rio de Janeiro: Rocco, 1987.

———. *Correio feminino.* Organização Aparecida Maria Nunes. Rio de Janeiro: Rocco, 2006.

———. *Correspondências.* Organização Teresa Cristina Montero Ferreira. Rio de Janeiro: Rocco, 2002.

———. *A descoberta do mundo.* Rio de Janeiro: Nova Fronteira, 1984.

———. *Entrevistas.* Organização Claire Williams. Rio de Janeiro: Rocco, 2007.

———. *Felicidade clandestina.* Rio de Janeiro: Rocco, 1998 [1971].

———. *A hora da estrela.* 4. ed. Rio de Janeiro: J. Olympio, 1978 [1977].

———. *Laços de família.* 12. ed. Rio de Janeiro: J. Olympio, 1982 [1960].

———. *A legião estrangeira.* São Paulo: Ática, 1977 [1964].

———. *O lustre.* 4. ed. Rio de Janeiro: Paz e Terra, 1976 [1946].

———. *A maçã no escuro.* 5. ed. Rio de Janeiro: Paz e Terra, 1978 [1961].

———. *Minhas queridas.* Organização Teresa Cristina Montero Ferreira. Rio de Janeiro: Rocco, 2007.

———. *O mistério do coelho pensante.* Ilustrações Mariana Massarani. Rio de Janeiro: Rocco, 1999 [1967].

———. *O mistério do coelho pensante e outros contos.* Ilustrações Flor Opazo. Rio de Janeiro: Rocco, 2010.

———. *A mulher que matou os peixes*. Capa e ilustrações de Carlos Scliar. 9. ed. Rio de Janeiro: Nova Fronteira, 1986 [1968].
———. *Onde estivestes de noite*. 3. ed. Rio de Janeiro: Nova Fronteira, 1980 [1974].
———. *Outros escritos*. Organização Teresa Cristina Montero Ferreira e Lícia Manzo. Rio de Janeiro: Rocco, 2005.
———. *A paixão segundo G.H.* Edição crítica. 2. ed. Coordenação Benedito Nunes. Madri/Paris/México/São Paulo/Rio de Janeiro/Lima: ALLCA XX/Fondo de Cultura Económica, 1996 (Colección Archivos) [1964].
———. *Para não esquecer*. Rio de Janeiro: Rocco, 1999 [1978].
———. *Perto do coração selvagem*. 7. ed. Rio de Janeiro: Nova Fronteira, 1980 [1943].
———. *Quase de verdade*. Ilustrações Mariana Massarani. Rio de Janeiro: Rocco, 1999 [1978].
———. *Só para mulheres*. Organização Aparecida Maria Nunes. Rio de Janeiro: Rocco, 2008.
———. *Um sopro de vida: pulsações*. 2. ed. Rio de Janeiro: Nova Fronteira, 1979 [1978].
———. *A via crucis do corpo*. Rio de Janeiro: Artenova, 1974.
———. *A vida íntima de Laura*. Ilustrações Flor Opazo. Rio de Janeiro: Rocco, 1999 [1974].

Tradução

LISPECTOR, Clarice. *Le bâtisseur de ruines*. Tradução Violante do Canto. Paris: Gallimard, 2000. [*A maçã no escuro*]

Entrevista

LISPECTOR, Clarice. Entrevista a Julio Lerner no programa Panorama, da TV Cultura, em fevereiro de 1977. http://www.youtube.com/watch?v=djj_gdxUrPI&feature=related. Último acesso: 20/09/2012.

Sobre Clarice Lispector (seleção)

BORELLI, Olga. *Clarice Lispector: esboço para um possível retrato*. 2. ed. Rio de Janeiro: Nova Fronteira, 1981.

BRASIL, Assis. *Clarice Lispector: ensaio.* Rio de Janeiro: Organizações Simões, 1969.

CANDIDO, Antonio. No raiar de Clarice Lispector. In: *Vários escritos.* São Paulo: Duas Cidades, 1970, p. 123-131.

CIXOUS, Hélène. *L'heure de Clarice Lispector: précédé de "Vivre l'orange".* 2. ed. Paris: Des Femmes, 1989 [*A hora de Clarice Lispector.* Tradução Rachel Gutierrez. Rio de Janeiro: Exodus, 1999].

CURI, Simone. *A escritura nômade em Clarice Lispector.* Chapecó: Argos, 2001.

FERREIRA, Teresa Cristina Montero. *Eu sou uma pergunta: uma biografia de Clarice Lispector.* Rio de Janeiro: Rocco, 1999.

FUNDAÇÃO CASA DE RUI BARBOSA. *Clarice Lispector: inventário de arquivo.* Rio de Janeiro: Fundação Casa de Rui Barbosa/Ministério da Cultura, 1994.

GOTLIB, Nádia Battella. *Clarice: uma vida que se conta.* 3. ed. São Paulo: Ática, 1995.

———. *Clarice: fotobiografia.* São Paulo: EdUSP/Imprensa Oficial, 2007.

INSTITUTO MOREIRA SALLES. *Cadernos de Literatura Brasileira: Clarice Lispector.* v. 17 e 18. São Paulo: Instituto Moreira Salles, 2004.

LINS, Álvaro. A experiência incompleta: Clarice Lispector. In: *Os mortos de sobrecasaca: ensaios e estudos (1940-1960).* Rio de Janeiro: Civilização Brasileira, 1963, p. 186-193.

MORICONI, Italo. A hora da estrela ou a hora do lixo de Clarice Lispector. In: ROCHA, João Cezar de (org.); Araujo, Valnei Lopes de (col.). *Nenhum Brasil existe: pequena enciclopédia.* Rio de Janeiro: Topbooks/Univercidade Editora, 2003, p. 719-727.

MOSER, Benjamin. *Clarice, uma biografia.* Tradução José Geraldo Couto. 3. ed. São Paulo: CosacNaify, 2010.

NASCIMENTO, Evando. Clarice Lispector: o feminino e a questão da amizade. In: REIS, Lívia de Freitas; VIANNA, Lúcia Helena; PORTO, Maria Bernadete (orgs.). *Mulher e literatura.* VII Seminário Nacional. Niterói, Rio de Janeiro: EdUFF/Sette Letras, 1999, p. 471-476.

———. Clarice: literatura e pensamento. *Tempo Brasileiro: Clarice em questão: 20 anos sem Clarice.* Organização Vera Queiroz. Rio de Janeiro, nº 128, p. 47-52, jan.-mar. 1997.

———. Desconstruindo Sofia (apontamentos de uma aula imaginária). *Sofia* (UFES), nº 8, p. 67-88, 2001/2.

──────. A efêmera memória: Clarice Lispector. In: OLIVEIRA, Maria Clara Castellões de; LAGE, Verônica Lucy Coutinho (orgs.). *Literatura, crítica, cultura I*. Juiz de Fora: PPG em Letras/EdUFJF, 2008, p. 135-145.

──────. A ética da escrita de *A hora da estrela*. *I Congresso Internacional da Faculdade de Letras da UFRJ: discurso e ideologia – anais*. Rio de Janeiro: UFRJ/Fundação Universitária José Bonifácio, 1987, p. 180-181.

──────. O inumano hoje. *Gragoatá*, n° 8, p. 39-55, 1° sem. 2000.

──────. Literatura e filosofia: ensaio de reflexão. In: NASCIMENTO, Evando; OLIVEIRA, Maria Clara Castellões de. *Literatura e filosofia: diálogos*. Juiz de Fora/São Paulo: EdUFJF/Imprensa Oficial, 2004, p. 43-66.

──────. Uma literatura pensante: Clarice e o inumano. In: MORAES, Alexandre (org.). *Clarice Lispector em muitos olhares*. Vitória: EdUFES, 2000, p. 100-123.

──────. O mal como metáfora. *Ipotesi* (UFJF), v. 10, n° 1 e 2, p. 149-165, 2006.

──────. As máscaras na ficção de *A hora da estrela*. *Estudos linguísticos e literários* (UFBA), n° 10, p. 27-43, dez. 1990.

──────. A noção de margem em literatura e em filosofia. In: AURÉLIO, Francisco (org.). *Literatura e marginalidades*. Vitória: EdUFES, 2000, p. 30-47.

──────. A noção de margem em literatura e em filosofia. In: *Ângulos: literatura e outras artes*. Juiz de Fora, Chapecó: EdUFJF, Argos, 2001, p. 187-204.

──────. *Os textos, a interpretação, A hora da estrela*. Dissertação de mestrado. Rio de Janeiro, Pontifícia Universidade Católica, 1987.

NUNES, Benedito. *O drama da linguagem: uma leitura de Clarice Lispector*. 2. ed. São Paulo: Ática, 1995.

──────. O mundo imaginário de Clarice Lispector. In: *O dorso do tigre*. 2. ed. São Paulo: Perspectiva, 1976, p. 93-139.

PONTIERI, Regina. *Clarice Lispector: uma poética do olhar*. São Paulo: Ateliê, 1999.

SÁ, Olga de. *A escritura de Clarice Lispector*. Petrópolis/Lorena: Vozes/Faculdades Integradas Teresa d'Ávila, 1979.

SANTOS, Roberto Corrêa dos. *Lendo Clarice Lispector*. São Paulo: Atual, 1986.

SCHMIDT, Rita Terezinha (org.). *A ficção de Clarice: nas fronteiras do (im)possível*. Porto Alegre: Sagra Luzatto, 2003.

WALDMAN, Berta. *Clarice Lispector: a paixão segundo C.L.* 2. ed. revista e ampliada. São Paulo: Escuta, 1993.

VARIN, Claire. *Clarice Lispector: rencontres brésiliennes.* Laval: Trois, 1987.

Geral

AGACINSKI, Sylviane et alii. *Mimesis: des-articulations.* Paris: Aubier-Flammarion, 1975.

ANDRADE, Carlos Drummond de. *O amor natural.* 6. ed. Ilustrações Milton da Costa. Rio de Janeiro: Record, 1996.

———. *Poesia e prosa.* Rio de Janeiro: Nova Aguilar, 1979.

ARENS, William. *The Man-Eating Myth: Anthropology and Anthropophagy.* Oxford/Londres/Nova York: Oxford University Press, 1979.

ARISTÓTELES. *Poética.* Tradução Eudoro de Sousa. São Paulo: Ars Poetica, 1992.

AUSTIN, John Langshaw. *How to do Things with Words.* Oxford/Nova York: Oxford University Press, 1962.

BARTHES, Roland. Leçon. In: *Oeuvres complètes*, t. 3. Paris: Seuil, 1995, p. 799-814.

———. La mort de l'auteur. In: *Oeuvres complètes*, t. 2. Paris: Seuil, 1994, p. 491-495.

———. De l'oeuvre au texte. In: *Oeuvres complètes*, t. 2. Paris: Seuil, 1994, p. 1211-1217.

———. S/Z. In: *Oeuvres complètes*, t. 2. Paris: Seuil, 1994, p. 555-741.

BATAILLE, Georges. *L'érotisme.* Paris: Minuit, 1957.

———. *A literatura e o mal.* Tradução Suely Bastos. São Paulo: L&PM, 1989.

BENJAMIN, Walter. A obra de arte na era de sua reprodutibilidade técnica. In: *Magia e técnica, arte e política: obras escolhidas I.* Tradução Sergio Paulo Rouanet. 10. reimpressão. São Paulo: Brasiliense, 1996, p. 165-196.

BLANCHOT, Maurice. *Le livre à venir.* Paris: Gallimard, 1959.

BLOOM, Harold. *A angústia da influência: uma teoria da poesia.* Tradução Marcos Santarrita. 2. ed. Rio de Janeiro: Imago, 2002.

———. *Um mapa da desleitura.* Tradução Thelma Médici Nóbrega. Rio de Janeiro: Imago, 1995.

BOURGEOIS, Louise. *Louise Bourgeois.* Organização Frances Morris. Londres: Tate Modern, 2007.

BRITTO, Paulo Henriques. Súcubo. In: *Macau*. São Paulo: Companhia das Letras, 2003, p. 75.

BRUCKNER, Pascal. *La tentation de l'innocence*. Paris: Grasset, 1995.

CAMPOS, Augusto de; CAMPOS, Haroldo; PIGNATARI, Décio. *Teoria da poesia concreta: textos críticos e manifestos: 1950-1960*. São Paulo: Brasiliense, 1987.

CARDOSO, Lúcio. *Crônica da casa assassinada*. Edição crítica de Mario Carelli. 2. ed. Madri/São Paulo/Rio de Janeiro: ALCA XX/Fondo de Cultura Económica, 1996 (Coleção Archivos).

CÉLINE, Louis-Ferdinand. *Voyage au bout de la nuit*. Paris: Gallimard, 2000.

CÉSAIRE, Aimé. *Discours sur le colonialisme: suivi de Discours sur la négritude*. Paris: Présence Africaine, 2004.

CICERO, Antonio. Guardar. In: *Guardar: poemas escolhidos*. 2. ed. Rio de Janeiro: Record, 1996.

CHARTIER, Roger. *A força das representações: história e ficção*. Organização João Cezar de Castro Rocha. Vários tradutores e colaboradores. Chapecó: Argos, 2011.

CLARK, Lygia; OITICICA, Hélio. *Cartas: 1964-1974*. Organização Luciano Figueiredo. 2. ed. Rio de Janeiro: Ed. da UFRJ, 1998.

CONRAD, Joseph. *Youth/Heart of Darkness/The End of the Tether*. Londres/Nova York: Penguin, 1995.

DELEUZE, Gilles. *Conversações:1972-1990*. Tradução Peter Pál Pelbart. 3. reimpr. São Paulo: Editora 34, 2000.

———. *Foucault*. Tradução José Carlos Rodrigues. Lisboa: Vega, 1987.

DELEUZE, Gilles; GUATTARI, Félix. *Kafka: pour une littérature mineur*. Paris: Minuit, 1975.

DERRIDA, Jacques. *L'animal que donc je suis*. Edição estabelecida por Marie-Louise Mallet. Paris: Galilée, 2006.

———. *L'autre cap: suivi de La démocratie ajournée*. Paris: Minuit, 1991.

———. *Donner le temps: 1. la fausse monnaie*. Paris: Galilée, 1991b.

———. *Le droit à la philosophie du point de vue cosmopolitique*. Paris: Éd. Unesco/Verdier, 1997.

———. *L'écriture et la différence*. Paris: Seuil, 1967.

———. *États d'âmes de la psychanalyse: l'impossible au-delà d'une souveraine cruauté*. Paris: Galilée, 2000.

———. *De la grammatologie*. Paris: Minuit, 1967b.

———. La forme et la façon. Prefácio a DAVID, Alain. *Racisme et antisémitisme: essai de philososophie sur l'envers des concepts*. Paris: Ellipses, 2001, p. 7-27.

──────. Fourmis. In: ANEJA, Anu et alii. *Lectures de la différence sexuelle*. Paris: Des Femmes, 1994, p. 69-102.

──────. Freud et la scène de l'écriture. In: *L'écriture et la différence*. Paris: Seuil, 1967, p. 293-340.

──────. *Génèses, généalogies, genres et le génie: les secrets de l'archive*. Paris: Galilée, 2003 [*Gêneses, genealogias, gêneros e o gênio*. Tradução Eliane Lisboa. Porto Alegre: Sulina, 2005.]

──────. La loi du genre. In: *Parages*. Paris: Galilée, 1986, p. 249-287.

──────. *Mal d'archive: une impression freudienne*. Paris: Galilée, 1995. [*Mal de arquivo: uma impressão freudiana*. Tradução Cláudia do Rego Monteiro. Rio de Janeiro: Relume-Dumará, 2001.]

──────. *Politiques de l'amitié: suivi de l'oreille de Heidegger*. Paris: Galilée, 1994b.

──────. *Séminaire de la bête et le souverain: v. I (2001-2002)*. Edição estabelecida por Michel Lisse, Marie-Louise Mallet e Ginette Michaud. Paris: Galilée, 2008.

──────. *Séminaire de la bête et le souverain: v. II (2002-2003)*. Edição estabelecida por Michel Lisse, Marie-Louise Mallet e Ginette Michaud. Paris: Galilée, 2010.

──────. *Signéponge*. Paris: Seuil, 1988.

──────. A solidariedade dos seres vivos: entrevista concedida a Evando Nascimento. Mais!, *Folha de S. Paulo*, São Paulo, 21 de maio de 2001b.

──────. *Spectres de Marx: l'État de la dette, le travail du deuil et la nouvelle Internationale*. Paris: Galilée, 1993. [*Espectros de Marx: o Estado da dívida, o trabalho do luto e a nova Internacional*. Tradução Anamaria Skinner. Rio de Janeiro: Relume-Dumará, 1994.]

──────. *Le souverain bien. O soberano bem*. Tradução Fernanda Bernardo. Coimbra: Palimages, 2004.

──────. This Strange Institution Called Literature. In: ATTRIDGE, Derek (org.). *Acts of Literature*. Nova York/Londres: Routledge, 1992, p. 33-75.

──────. Survivre. In: *Parages*. Paris: Galilée, 1986, p. 109-203.

──────. Violence et métaphysique. In: *L'écriture et la différence*. Paris: Seuil, 1967, p. 117-228.

──────; DUFFOURMANTELLE, Anne. *De l'hospitalité*. Paris: Calmann-Lévy. 1997.

FELINTO, Marilene. Um surto lésbico-literário. Mais!, *Folha de S. Paulo*, 5 de setembro de 1999.

FERRY, Luc. *L'homme-Dieu ou le sens de la vie*. Paris: Grasset, 1996.

FOUCAULT, Michel. Qu'est-ce qu'un auteur?. In: *Dits et écrits: 1954-1988*. Paris: Gallimard, 1994, p. 789-821.

——. *A arqueologia do saber*. Tradução Luiz Felipe Baeta Neves. Rio de Janeiro: Forense Universitária, 1986.

FREUD, Sigmund. Além do princípio de prazer. In: *Além do princípio de prazer, psicologia de grupo e outros trabalhos*. Edição Standard das obras psicológicas completas de Freud. Rio de Janeiro: Imago, 1976. v. 18, p 13-85. (*Gesammelte Werke*. Frankfurt am Main, S. Fischer, 1964.)

——. Delírios e sonhos na Gradiva de Jensen. Edição Standard das obras psicológicas completas de Freud. Rio de Janeiro: Imago, 1976. v. 9, p. 13-98.

——. O "estranho". In: *Uma neurose infantil e outros trabalhos*. Edição Standard brasileira das obras psicológicas completas. Rio de Janeiro: Imago, 1976. v. 17, p. 273-318.

——. L'inquiétante étrangeté. In: *L'inquiétante étrangeté: et autres essais*. Tradução Bertrand Féron. Paris: Gallimard, 1985, p. 209-263.

——. *O mal-estar na civilização e outros trabalhos*. Edição Standard das obras psicológicas completas de Freud. Rio de Janeiro: Imago, 1976. v. 21. (*Gesammelte Werke*. Frankfurt am Main: S. Fischer, 1964.)

GOODY, Jack. *O roubo da história: como os europeus se apropriaram das ideias e invenções do Oriente*. Tradução Luiz Sérgio D. Silva. São Paulo: Contexto, 2008.

HEIDEGGER, Martin. A coisa. Tradução Emmanuel Carneiro Leão. In: *Ensaios e conferências*. 6. ed. Petrópolis/Bragança Paulista: Vozes/Edições Universitárias São Francisco, 2010, p. 143-164.

——. *Os conceitos fundamentais da metafísica: mundo, finitude, solidão*. Tradução Marco Antônio Casanova. Rio de Janeiro: Forense Universitária, 2003.

——. O que quer dizer pensar? Tradução Márcia Sá Cavalcante Schuback. In: *Ensaios e conferências*. 6. ed. Petrópolis/Bragança Paulista: Vozes/Edições Universitárias São Francisco, 2010, p. 123-141.

——. *A origem da obra de arte*. Tradução Maria da Conceição Costa. Lisboa: Ed. 70, 2005.

——. *Sein und Zeit*. Tübingen: Max Niemeyer, 1993.

——. Carta sobre o humanismo (1946). In: *Marcas do caminho*. Tradução Enio Paulo Giachi e Enildo Stein; revisão Marco Antônio Casanova. Petrópolis: Vozes, 2008, p. 326-376.

HOUAISS, Antônio. *Dicionário eletrônico on-line*. In: http://houaiss.uol.com.br/busca.jhtm?stype=k&verbete=Portugu%EAs. Último acesso: 10/11/2011.

HUYSSEN, Andreas. *Seduzidos pela memória*. Tradução Sergio Alcides. Rio de Janeiro: Aeroplano, 2000.

KAFKA, Franz. Vor dem Gesetz. In: *Die Erzählungen: und andere ausgewählte Prosa*. Organização Roger Hermes. Frankfurt am Main: S. Fischer, 2007, p. 162-163.

KOFMAN, Sarah. *Aberrations: le devenir-femme d'Auguste Comte*. Paris: Aubier-Flammarion, 1978.

LACAN, Jacques. *Écrits*. Paris: Seuil, 1966.

LAUTRÉAMONT, Germain Nouveau. *Oeuvres complètes*. Paris: Gallimard, 1970 (Col. Bibliothèque de la Pléiade).

LÉVINAS, Emmanuel. *Autrement qu'être ou Au-delà de l'essence*. Paris: Kluwer Academic, 1996.

———. *Totalité et infini: essai sur l'extériorité*. Paris: Kluwer Academic, 1994.

LYOTARD, Jean-François. *L'inumain: causeries sur le temps*. Paris: Galilée, 1988.

MARGEL, Serge. As denominações órficas da sobrevivência: Derrida e a questão do pior. In: NASCIMENTO, Evando; GLENADEL, Paula (Org.). *Em torno de Jacques Derrida*. Rio de Janeiro: 7Letras/CNPq, 2000, p. 203-230.

MEIRELES, Cecília. Reinvenção. *Obra poética: volume único*. Rio de Janeiro: Nova Fronteira, 1985, p. 195-196.

MELO NETO, João Cabral de. Contam de Clarice Lispector. In: *Obra completa: volume único*. 4. reimpr. Rio de Janeiro: Nova Aguilar, 2003, p. 560.

NASCIMENTO, Evando. *Derrida e a literatura: "notas" de literatura e filosofia nos textos da desconstrução*. 2. ed. Niterói: EdUFF, 2001.

NASSAR, Raduan. *Um copo de cólera*. São Paulo: Companhia das Letras, 1992.

NIETZSCHE, Friedrich. *Além do bem e do mal: prelúdio a uma filosofia do futuro*. Tradução Paulo Cezar de Souza. 2. ed. São Paulo: Companhia das Letras, 1996.

———. *Assim falou Zaratustra: um livro para todos e para ninguém*. Tradução Mário da Silva. Rio de Janeiro: Civilização Brasileira, 1983.

———. *Genealogia da moral: um escrito polêmico*. Tradução Paulo Cezar de Souza. São Paulo: Brasiliense, 1987.

_____. *A vontade de poder*. Tradução Marcos Sinésio Pereira Fernandes e Francisco José Dias de Morais. Rio de Janeiro: Contraponto, 2008.

RIMBAUD, Arthur. *Lettres de la vie littéraire: 1870-1875*. Organização e notas Jean-Marie Carré. Paris: Gallimard, 1990.

ROSA, João Guimarães. *Grande sertão: veredas*. 12. ed. Rio de Janeiro: J. Olympio, 1978.

SANTO AGOSTINHO. *A natureza do bem: De natura boni*. Tradução Carlos Ancêde Nougué. Rio de Janeiro: Sétimo Selo, 2005.

SARAMAGO, José. *Objecto quase*. 4. reimpr. São Paulo: Companhia das Letras, 1998.

SARTRE, Jean-Paul. O existencialismo é um humanismo. Tradução e notas Vergílio Ferreira. In: *Sartre*. São Paulo: Abril Cultural, 1978, p. 1-32 (Os Pensadores).

SÉGUR, Condessa. *Os desastres de Sofia*. Tradução Sônia Maria Penteado Piza. São Paulo: Ed. do Brasil, s/d.

SHAKESPEARE, William. Hamlet, prince of Denmark. In: _____. *The Complete Works of William Shakespeare*. Nova York: Avenel Books, 1975, p. 1071-1112.

_____. *Hamlet*. Tradução, introdução e notas Geraldo de Carvalho Silos. Rio de Janeiro: Ed. JB, 1984.

SLOTERDIJK, Peter. *Se a Europa despertar: reflexões sobre o programa de uma potência mundial ao final da era de sua letargia política*. Tradução José Oscar de Almeida Marques. São Paulo: Estação Liberdade, 2002.

SONTAG, Susan. *A doença como metáfora*. Tradução Marcio Ramalho. Rio de Janeiro: Graal, 1984.

SPIVAK, Gayatri Chakravorty. *A Critique of Postcolonial Reason: Toward a History of the Vanishing Present*. 3. ed. Cambridge, Massachusetts/ Londres: Harvard University Press, 2000.

STOCKINGER, Günthert. Novas pesquisas mostram que peixes têm consciência e podem sentir dor. Tradução Deborah Weinberg. *Der Spiegel*, 12 de março de 2011.

VALÉRY, Paul. *Eupalinos ou O arquiteto*. Tradução Olga Reggiani. 2. ed. São Paulo: Ed. 34, 1999.

WARHOL, Andy. *The Philosophy of Andy Warhol: From A to B and Back Again*. Londres/Nova York: Penguin, 2007.

Filmes

ARAKI, Gregg. *Mistérios da carne (Mysterious Skin)*. Estados Unidos/Holanda: Desperate Pictures/Antidote Films/Fortissimo Film Sales, 2004.
GREENAWAY, Peter. *Darwin*. Londres/Paris/Roma: Telemax Les Editions Audiovisuelles, Allarts Co-Production in association with Antennae 2, Channel 4, RAI 2, Telepool, Time Warner, 1992.

Exposições

LISPECTOR, Clarice. *Clarice Lispector – A Hora da Estrela*. São Paulo: Museu da Língua Portuguesa, abril-setembro de 2007.
OITICICA, Helio. *Museu é o mundo*. Curadoria Fernando Cocchiarale; César Oiticica Filho. Patrocínio Petrobras/MinC/IPHAN. Rio de Janeiro: Paço Imperial e Casa França Brasil, setembro-novembro de 2010.
WILSON, Bob. *VideoPortraits*. Rio de Janeiro: Instituto Moreira Salles, abril e maio de 2011.

Posfácio

Quando for interrompida a infinita servidão da mulher, dizia Rimbaud, "quando ela viver para e por ela, o homem — até aqui abominável —, tendo lhe dado a deixa, ela será também poeta! A mulher encontrará o desconhecido!". *L'inconnu*. Alguns anos depois, um muito jovem Georges Bataille também acreditava que essa emancipação era mais do que necessária entre nós, porque os latino-americanos obrigamos a mulher a levar, durante muito tempo, uma vida humilhante; mas augurava também que esse sistema de custódia e dominação que se exerce sobre a mulher estava condenado a desaparecer, salvaguardando, porém, o impulso dos desejos, com toda a sua brutalidade primitiva, que então se transformaria em uma corrupção disseminada de costumes, tão generalizada como a que caracterizava então a própria Europa.

Levaria tempo atingir essa meta. Coube a Clarice Lispector viver uma sombria época de transição. Em 1940, o crítico Álvaro Lins julgava-se incompetente para avaliar sua obra e exigia da jovem escritora um "verdadeiro romance". Quando, nos anos 1970, ela submete *Água viva* à apreciação do Instituto Nacional do Livro, o censor, Hélio Pólvora, recusa-lhe o subsídio com o argumento de não saber ao certo do que trata o livro. "Romance certamente não é. Clarice Lispector resolveu abolir o que chama de *técnica* de romance e escrever segundo um processo de livre associação de ideias, ou de palavras. Tem-se a impressão, lendo este seu novo livro, de que ela colocou o papel na máquina e foi registrando o que lhe vinha à cabeça, sem preocupação de unidade, coerência e fábula. *Objeto Gritante* — o título primitivo de *Água viva* — é mais uma de suas *coisas*, das muitas *coisas* que Clarice Lispector tem perpetrado sob o rótulo de romance."

Aguardando sempre um aproveitamento moral, uma alegoria pedagógica, o sistema nem sempre conseguiu entender a singularidade de Clarice Lispector. Pouco antes, em agosto de 1970, ela mesma admitia, em *A descoberta do mundo*: "Bem sei o que é o chamado verdadeiro romance. No entanto, ao lê-lo, com suas tramas de fatos e descrições, sinto-me apenas aborrecida. E quando escrevo não é o clássico romance. No entanto é romance mesmo. Só que o que me guia ao escrevê-lo é sempre um senso de pesquisa e de descoberta. Não, não de sintaxe pela sintaxe em si, mas de sintaxe o mais possível se aproximando e me aproximando do que estou agora pensando na hora de escrever. Aliás, pensando melhor, nunca *escolhi* linguagem. O que eu fiz, apenas, foi ir me obedecendo." Clarice é, no sentido barthesiano, uma *biografóloga*, e sua escrita, uma preparação para o romance.

Como nos explica Evando Nascimento, Clarice torna impotente o enquadramento absoluto; joga, dribla, assume, mas também usa e descarta gêneros, quer dizer, multiplica e anula, ao mesmo tempo, a diferença do gênero e do *gender*. Em 1972, a 27 de maio, num fragmento desaproveitado de *A descoberta do mundo*, Clarice confessa estar lendo *Quarup*. "É muito, é muitíssimo excelente. Eu ia dizer que as leitoras de espírito delicado não o deviam ler, pois trata-se de um livro franco, realmente sem meias palavras em matéria de fatos. Mas resolvi, muito pelo contrário: as de espírito delicado também o devem ler, para ficarem menos delicadas, para se fortificarem.

Vida é vida, e não adianta fugir: quando a gente foge, ela corre atrás. É melhor ir de encontro a ela. É mais bonito para uma pessoa."

Dois meses mais tarde, em 5 de agosto, em outro esparso, reaparece o encontro, dessa vez com Guimarães Rosa, sob o rótulo "Viver é perigoso". Clarice disse lembrar que, em um dos seus contos, teria escrito "segurou-lhe a mão, guiando-a, afastando-a do perigo de viver", mas como tem preguiça de conferir no livro, cita de cor e não consegue precisar que, de fato, em seu conto "Amor", diz "segurou a mão da mulher, levando-a consigo sem olhar para trás, afastando-a do perigo de viver". Não faz mal. O importante é o que Clarice diz a seguir: "Minha vaidade é que Guimarães Rosa, com o seu célebre 'viver é perigoso', tenha tido a mesma sensação que eu". Clarice não reivindica a cronologia, ser a primeira a formular a ideia. Sua matéria é a memória, que humaniza e reconfigura o tempo, decantando-o como imagem ausente, a Coisa, fortemente ancorada, porém, no inconsciente. "O que eu fiz, apenas, foi ir me obedecendo". Por isso Clarice escreve *coisas* e, como ela mesma diz, Guimarães Rosa profere, no entanto, *sentenças*. Eis a diferença, de gênero e de *gender*, em pleno ato.

Clarice Lispector: uma literatura pensante é uma importantíssima contribuição de Evando Nascimento, com decidido "senso de pesquisa e de descoberta", no intuito de aprofundar essa *preparação para o romance* de nossa escritora ímpar.

Raúl Antelo
Professor titular de Literatura Brasileira na Universidade Federal de Santa Catarina (UFSC) e Pesquisador sênior do CNPq

Este livro foi composto na tipologia Swift, em corpo 10/15,
e impresso em papel off-white 80g/m²
no Sistema Cameron da Divisão Gráfica da Distribuidora Record.